suhrkamp taschenbuch 2347

Selberlebensbeschreibungen berühmter Autorinnen sind hier versammelt – Ausschnitte aus Romanen, Erzählungen, Briefen, Tagebucheintragungen und Reisebeschreibungen. Es sind Reisen, von denen wir lesen – Reisen im geographischen Sinn, Lebensreisen ins immer andere, in den Wahnsinn. Es äußern sich: Ingeborg Bachmann, Charlotte Brontë, Leonora Carrington, Isabelle Eberhardt, Zelda Fitzgerald, Sir Galahad, Adrienne Monnier, Annemarie Schwarzenbach, Anne Sexton, Virginia Woolf, Unica Zürn und viele andere.

Einblicke und Ausbrüche

Lebensskizzen berühmter Frauen

Ausgewählt und kommentiert
von Susanne Gretter

Suhrkamp

Umschlag: Hermann Michels
Umschlagillustration: Hans-Jörg Brehm
Foto: Isabelle Eberhardt, Sammlung Viollet, Paris

suhrkamp taschenbuch 2347
Erste Auflage 1994

Quellennachweise am Schluß des Bandes
Suhrkamp Taschenbuch Verlag

Satz: Leingärtner, Nabburg
Druck: Ebner Ulm
Printed in Germany

1 2 3 4 5 6 – 99 98 97 96 95 94

Inhalt

George Sand (1804-1876)
Sei nett zu deiner Freundin, die traurig ist und Jugend und Glück nur bei dir allein wiederfindet 9

Charlotte Brontë (1816-1855)
Ich glaube, es gibt auf der Welt keinen ehrbareren Menschen als eine unverheiratete Frau, die ihren eigenen Weg durchs Leben geht 21

Helene von Druskowitz (1856-1918)
Laßt die Frauen ihre eigene Sphäre gänzlich durch sich selbst ausfüllen! 39

Colette (1873-1954)
Ruhm bringt eben solche Zwänge mit sich 49

Sir Galahad (1874-1948)
Der Grund des Reisens ist das eigene Heim 62

Isabelle Eberhardt (1877-1904)
Lauf! Geh! Nur zum Bersten hält die Wolke inne, und nur zum Weinen bleibt der Wanderer stehn! 67

Virginia Woolf (1882-1941)
Es ist seltsam, sich vorzustellen, wie verschwiegen und zurückhaltend wir gewesen waren, und wie lange 81

Tania Blixen (1885-1962)
Be bold. Be bold. Be not too bold 92

Edith Sitwell (1887-1964)
Die geniale Engländerin zeichnen weder leidenschaftlicher Überschwang noch die Künste weiblicher Lockung aus 111

Katherine Mansfield (1888-1923)
Hättest Du Schwindsucht und lebtest mit einem Todfeind zusammen! 119

Adrienne Monnier (1892-1955)
Mit der Poesie verlassen wir das gewöhnliche Leben 126

Djuna Barnes (1892-1982)
Das Schreckliche ist nicht, daß all diese Dinge geschehen konnten, sondern daß sie alle vorbei sind 136

Marina Zwetajewa (1892-1941)
Doch das Leben der Seele wächst aus meinen Gedichten! 148

Zelda Fitzgerald (1900-1948)
Und da war der Irrsinn des sich Drehens, Drehens, Drehens 156

Annemarie Schwarzenbach (1908-1942)
Ich weinte aus Heimweh nach meiner Mutter 169

Simone Weil (1909-1943)
Ich beneide sie um ein Herz, das imstande war, für den ganzen Erdkreis zu schlagen 184

Unica Zürn (1916-1970)
Und da wird zum ersten Mal dieses Wort vor ihr ausgesprochen: wahnsinnig 193

Leonora Carrington (geb. 1917)
Ich bin nicht mehr das entzückende junge Mädchen, das einmal verliebt durch Paris gegangen ist 210

Ingeborg Bachmann (1926-1973)
Mit meiner verbrannten Hand schreibe ich über die Natur des Feuers 228

Anne Sexton (1928-1974)
Ich fürchte mich vor dem Sterben. Und doch glaube ich, es könnte mir ein paar Vorteile bringen 238

Sylvia Plath (1932-1963)
Das Leben stürmt mit solcher Heftigkeit auf mich ein, daß ich mich manchmal frage, wer ich bin 248

Nachbemerkung 259

Autorinnen- und Quellenverzeichnis 261

Literatur 266

George Sand
1804-1876

Sei nett zu deiner Freundin, die traurig ist
und Jugend und Glück nur bei
dir allein wiederfindet

An Marie Dorval

Paris, Samstag, 22. Juni 1833

Liebe Freundin, Du hast Dich mir anvertraut, so will ich es meinerseits auch tun. Gestern in der Hitze der Diskussion, als Dumas und Buloz sehr verschiedener Meinung waren in bezug auf das, was Mérimée gesagt hat – ich muß leider zugeben, daß mir da die Worte entschlüpft sind: *»Nun gut, Marie hat alles erzählt. Ich bin ihr deshalb nicht böse; in Zukunft werde ich meinen Mund halten.«* Nachdem ich das gesagt hatte, habe ich es sofort bereut, denn es entspricht nicht dem, was ich über Dich denke. Du weißt, daß der Zorn einen dazu bringt, zu übertreiben und etwas Falsches zu sagen. Und dann habe ich mir gedacht, daß Dumas Dir alles hinterbringen wird, was ich gesagt habe, und es ohne Zweifel dabei noch entstellen wird, dieses häßliche Wort, das ich zurücknehmen möchte. Ich habe Dir nichts zu verzeihen. Du wolltest mir nichts antun, Du hast mir gegenüber keine Schuld. Das Vertrauen, das ich zu Dir habe, kann durch eine Unbesonnenheit von Deiner Seite nicht erschüttert werden. Der Schmerz, den Du mir verursacht hast, wird Dir eine Warnung sein, Dich in Zukunft klüger zu verhalten. Das ist alles. Mein Gott, niemand ist gefeit gegen Fehler, die er gegen seinen Willen macht. In einem schwierigen und kummerreichen Leben wie dem unseren passiert es häufig, daß unsere armselige Natur nicht mehr die Kraft hat, all die damit verbundene Überlastung und die Sorgen zu ertragen. Du darfst ruhig sein, liebe Marie. Niemals wird ein Wort von meinen Lippen oder eine Zeile von meiner Hand Deine Geheimnisse ausplaudern. Mein Leben ist weniger stürmisch, mein Geschick weniger ruhmreich und aufregend als das Deine. So verdient es keine besondere Anerkennung, wenn ich mir Dir gegenüber nicht einmal einen so kleinen Fehler zuschulden kommen lasse, dessen Du Dich anklagst und den ich Dir gerne verzeihe und vergesse für immer.

Höre nicht zu, wenn sie schlecht über mich reden. Du kennst mich besser als sonst irgend jemand. Du kennst meine Fehler, meinen Egoismus, meine Launen, aber Du weißt ebenso, daß ich zu wahren Gefühlen fähig bin; das habe ich wiederholt durch meine Hingabe bewiesen. Ich hänge meine Lebensgeschichte nicht an die große Glocke, nur wenige kennen sie. Du gehörst zu ihnen. Laß die reden, die mich nicht kennen. Laß Dir nicht von ihrem Geschwätz die Ohren vollblasen, verschließe ihnen Dein Herz, denke daran, daß Du mich über Dein Leid hast weinen sehen, mich, die ich sonst wenig mitteilsam bin und der normalerweise nicht oft die Tränen kommen. Wenn Du an meine Freundschaft nicht mehr glauben kannst, so stell mich auf die Probe, dann wirst Du ja sehen. Schließlich: laß Dich nicht erschüttern durch die üble Nachrede derer, denen ich mißfalle. Sie haben ohne Zweifel recht, wenn sie mich nicht leiden können, denn ich bin nicht liebenswürdig, da ich mich sehr aufzuregen scheine, um mich nicht lächerlich zu machen, wenn irgendwelche Hemmnisse auftauchen, die meine Freiheit und Unabhängigkeit in dieser Welt beeinträchtigen könnten, die ich mir schaffen will. Aber, siehst Du, bei alledem, was mich persönlich betrifft, trage ich denen nichts nach, die sich die Mühe machen, mich zu diffamieren. Was macht mir das aus, wenn die zwei oder drei Menschen, die ich liebe, mit mir Nachsicht üben und mir die Treue und Ergebenheit bewahren, die sie mir versprachen?

Du bist die einzige Frau, die ich liebe, Marie, die einzige, die ich mit Staunen und Bewunderung betrachte. Du hast Fehler, die ich liebe, und Tugenden, die ich verehre. Unter all denen, die ich aufmerksam beobachte, bist Du die einzige, die keinen Augenblick lang ins Kleinliche und in die Mittelmäßigkeit abgleitet.

Verlaß mich niemals. Es wäre eine Enttäuschung, die ich niemals verwinden könnte, wenn Du das Vertrauen, das ich in Dich habe, enttäuschen würdest. Adieu, liebe Seele, ich umarme Dich, *trotz allem*.

Seit 1832 war ich mit Madame Dorval befreundet und lebte deshalb im Streit mit einigen meiner Freunde, welche ungerechte Vorurteile gegen sie hatten. Der Ansicht meiner innigsten Freunde hätte ich viel geopfert; ich fügte mich derselben oft, auch wo ich nicht überzeugt war; aber an dieser Frau, die ebenso reich an Geist wie an Gemüt begabt war, hielt ich fest – und ich tat wohl daran.

Marie Dorval war auf einem Winkeltheater der Provinz geboren, war in Arbeit und Elend groß geworden und war zugleich kräftig und schwach, hübsch und verblüht, fröhlich wie ein Kind, und traurig und gut wie ein Engel, der verurteilt ist, die rauhsten Wege des Lebens zu durchwandeln. Ihre Mutter gehörte zu den exaltierten Naturen, welche die Empfindsamkeit ihrer Kinder zu früh und heftig erregen. Wenn sich Marie das geringste Versehen zu Schulden kommen ließ, sagte die Mutter: »Du bringst mich noch um! Der Kummer um dich wird mich töten!«, und die arme Kleine, die solche Vorwürfe ernstlich nahm, brachte ganze Nächte in Tränen zu und in heißen Gebeten, worin sie Gott unter den Ausbrüchen der tiefsten Reue und Verzweiflung anflehte, ihr die Mutter wiederzugeben, als deren Mörderin sie sich ansah. Bei dem allen handelte sich's aber nur um ein zerrissenes Kleid oder ein verlorenes Tuch.

So von frühester Jugend an erschüttert, entwickelte sich in ihr ein heißes, unerschöpfliches und sozusagen notwendiges Gefühlsleben. Wie jene zarten, lieblichen Pflanzen, die wir, tief im Felsen wurzelnd, unter den Schlägen der Katarakten, fortwährend keimen, blühen, sterben und wieder aufwachsen sehen, so richtete sich diese schöne Seele, die immer von der Wucht der bittersten Schmerzen bedrückt war, bei jedem Sonnenstrahl aufs neue empor und suchte begierig jeden Hauch des Lebens zu erfassen, mochte er noch so flüchtig verwehen, noch so sehr mit Gift getränkt sein. Zu jeder Vorsicht unfähig, gab sie sich mit aller Kraft ihrer Phantasie, aller Glut ihrer Seele tagelanger Freude, stundenlangen Illusionen hin, auf welche dann ein kindliches Erstaunen oder ein schmerzliches Bedauern folgte. Aber sie war großmütig; sie vergaß oder verzieh, und da sie sich beständig an neuen Schmerzen und Enttäuschungen wund stieß, war ihr Leben ein immerwährendes Lieben und Leiden.

In ihr wurde alles zur Leidenschaft: die Mutterliebe, die Begeisterung für die Kunst, die Freundschaft, die Aufopferung, der Unwille, das religiöse Sehnen; und da sie nichts in ihrem Inneren mäßigen oder unterdrücken wollte und konnte, hatte ihr Leben einen übermäßigen, erschreckenden Gehalt und war voller Erregungen, die das Maß menschlicher Kraft weit überstiegen.

Es ist wunderbar, daß ich mich so innig und auf immer an dieses peinigende Wesen anschloß, das auf mich zwar nicht in verderblicher Weise einwirkte – Marie Dorval liebte das Schöne und Große zu sehr, um nicht immer, auch durch ihre Verzweiflung, darauf hinzuleiten –, das mir aber all sein Ermatten mitteilte, ohne mir sein plötzliches, ganz wunderbares Auferstehen geben zu können. Ich habe mich immer nach heiteren, ruhigen Gemütern gesehnt, deren Geduld ich bedurfte und deren Weisheit meine Stütze war. Bei Marie Dorval war es dagegen meine Aufgabe, sie zu beruhigen und zu überzeugen. Diese Aufgabe war aber eine sehr schwere, besonders zu der Zeit, als ich selbst, bis zur Verzweiflung erschreckt und verwirrt, nichts Tröstliches sagen konnte, das nicht in meinem Inneren durch ein Leiden widerlegt worden wäre, welches zwar nicht so stürmisch, aber nicht weniger tief war als das ihre.

Mit vierzehn Jahren spielte sie Fanchette in der Hochzeit des Figaro, und ich weiß nicht, welche Rolle in einem anderen Stücke. Sie besaß nur einen einzigen Anzug, ein ähnliches weißes Kleid, das zu beiden Rollen dienen mußte. Um nun der Fanchette ein *spanisches Ansehen* zu geben, nähte sie einen Streifen von rotem Callicot um den

Saum des Rockes und trennte denselben, wenn beide Stücke an einem Abend gegeben wurden, während des Zwischenaktes wieder ab. Am Tage trug sie ein enges Kinderröckchen von gestrickter Wolle und war eifrig darauf bedacht, ihr köstliches weißes Kleid zu waschen und zu plätten. Eines Tages, als sie in dieser Weise gekleidet und beschäftigt war, kam ein alter reicher Kleinstädter und trug ihr sein Herz an und sein Geld. Sie warf ihm das Plätteisen ins Gesicht und vertraute die ihr widerfahrene Beleidigung einem fünfzehnjährigen Knaben, den sie als ihren Liebhaber betrachtete und der auch sofort entschlossen war, den Verführer zu töten.

Sie wurde jung verheiratet und war, wenn ich nicht irre, in Nancy bei der komischen Oper engagiert, als eines Abends ihrem kleinen Mädchen durch das Umfallen einer Dekoration der Schenkel gebrochen wurde. Die arme Mutter mußte von ihrem Kinde auf die Bühne, von der Bühne zu dem Kinde eilen, ohne die Vorstellung zu unterbrechen.

Sie wurde Mutter von drei Kindern, war mit der Sorge für ihre alte, gebrechliche Mutter belastet und mußte mit unablässiger Tätigkeit für ihren Unterhalt sorgen. So kam sie nach Paris, um ihr Glück zu versuchen, und für sie war es schon ein Glück, dem Elende zu entgehen. Da sie aber jeden anderen Erwerbszweig als ihr Talent und ihre Arbeit verabscheute, vegetierte sie noch jahrelang in Anstrengung und Entbehrungen. Erst durch die Rolle der Müllerin in dem damals beliebten Melodrama »Die beiden Sträflinge« kam ihre glänzende dramatische Begabung zur Geltung.

Von da an war ihr Erfolg schnell und glänzend. Sie schuf die Frau des modernen Dramas, die Heldin der romantischen Schule, und wenn sie ihren Ruhm den Meistern dieser Schule verdankte, so verdankten ihr diese wiederum die Eroberung eines Publikums, das die moderne Schauspielkunst in drei großen Künstlern personifiziert sah: in Frederik Lemaitre, Madame Dorval und Bocage.

Man muß sie in Marion Delorme, in Angelo, in Chatterton, in Antony und später in dem Drama Marie Jeanne gesehen haben, um zu wissen, welche leidenschaftliche Eifersucht, welche tiefe Reinheit und welche Glut der Mutterliebe sich mit gleicher Gewalt in ihr vereinigten.

Übrigens hatte sie gegen manche angeborne Schwierigkeit zu kämpfen. Ihre Stimme war klanglos, ihre Aussprache schnarrend, und ihre Haltung erschien beim ersten Anblick ohne Majestät und selbst ohne Anmut. Im konventionellen Vortrage war sie ungeschickt und verlegen, und da sie für manche Rolle, die sie zu spielen hatte, viel zu geistvoll war, sagte sie oft: »Ich finde durchaus kein Mittel, falsche Redensarten richtig zu sprechen. Auf der Bühne gibt es konventionelle Phrasen, die immer ganz verkehrt über meine Lippen kommen werden, weil ich sie nie im gewöhnlichen Leben gebrauche. Ich habe nie im Augenblick der Überraschung gesagt: was seh' ich! und nie im Moment des Zweifels: wohin gerat' ich! nun wohl, ich habe oft ganze Tiraden zu deklamieren, in denen ich nicht ein einziges naturgemäßes Wort finde und die ich viel lieber vom Anfang bis zum Ende improvisierte, wenn es mir nur gestattet würde.«

Ich glaube, daß ich nur Indiana herausgegeben hatte, als ich, durch einige Sympathie zu Madame Dorval hingezogen, ihr schrieb und sie bat, meinen Besuch anzunehmen. Ich war noch nicht berühmt und weiß nicht, ob die Dorval von meinem Buche gehört hatte, aber mein Brief gefiel ihr durch seine Aufrichtigkeit, und an demselben Tage, als sie mein Schreiben empfangen hatte und als ich eben mit Jules Sandeau davon sprach, wurde die Tür meiner Mansarde heftig aufgerissen, eine Frau stürzte atemlos ins Zimmer, warf sich in meine Arme und rief: »Da bin ich!«

Ich hatte Marie Dorval nie anders als auf der Bühne gesehen, aber ihre Stimme war mir so gegenwärtig, daß ich sie gleich erkannte. Sie war mehr als hübsch, sie war reizend; und doch war sie hübsch, aber so bezaubernd, daß das Äußere ganz überflüssig war. Es war kein Antlizt, sondern eine Physiognomie, eine Seele. Sie war damals noch schlank, und ihre Figur glich dem biegsamen Schilfe, das ein sanfter, kaum merklicher Hauch bewegt. Jules Sandeau verglich sie an diesem Tage mit der Feder, die sie auf dem Hute trug. »Ich bin überzeugt«, sagte er, »daß man in der ganzen Welt umsonst nach einer so leichten, weichen Feder suchen würde, wie sie gefunden hat; diese einzige, wunderbare Feder ist durch das Gesetz der Ansziehungskraft zu ihr geführt, oder sie ist aus den Schwingen einer vorüberfliegenden Fee zu ihr niedergefallen.«

Ich fragte die Künstlerin, wodurch es meinem Briefe gelungen wäre, sie so schnell zu überzeugen und zu mir zu führen. Sie erwiderte: durch die Erklärung meiner Liebe und Sympathie wäre sie an einen ähnlichen Brief erinnert, den sie an die Mars geschieben hatte, nachdem sie dieselbe zum ersten Male auf der Bühne gesehen. »Ich war so unbefangen und aufrichtig!« fuhr sie fort. »Ich war überzeugt, daß wir selbst nur durch den Enthusiasmus etwas werden, den uns das Talent anderer einflößt. Als ich Ihren Brief las, fiel es mir wieder ein, daß ich mich zum ersten Male Künstlerin fühlte, während ich an die Mars schrieb, und daß mein Enthusiasmus für sie mich zum Verständnis meines eigenen Wesens führte. Dann habe ich mir gesagt, daß auch Sie Künstlerin sein oder werden müßten; ich habe mich daran erinnert, daß die Mars, anstatt mich zu verstehen und mir entgegen zu kommen, kalt und hochmütig gegen mich war – und ich habe es nicht so machen wollen wie sie.«

Sie lud uns auf den folgenden Sonntag zum Essen ein, denn sie spielte jeden Abend in der Woche und verlebte den Tag der Ruhe im Kreise ihrer Familie. Sie war mit Herrn Merle verheiratet, einem bedeutenden Schriftsteller, der reizende Vaudevilles geschrieben hatte und der fast bis an sein Lebensende das Theaterfeuilleton der Quotidienne mit Geist, Geschmack und großer Unparteilichkeit redigierte. Herr Merle hatte einen Sohn, die Dorval drei Töchter, und außerdem gehörten einige alte Freunde zum Familienkreise, in welchem das Lachen und Schwatzen der Kinder den Mittelpunkt bildete.

Man weiß es nicht genug, wie rührend das Leben der dramatischen Künstler ist, wenn sie eine wirkliche Familie haben und sich derselben mit Innigkeit hingeben. Ich glaube, daß heutzutage die meisten unter ihnen häusliches Glück und Familienpflichten kennen und daß es Zeit wäre, den Vorurteilen früherer Zeiten zu entsagen. Es ist natürlich, daß in diesem Stande die Männer einen bessern Ruf haben als die Frauen, weil die Folgen der Verführungen, welche Jugend und Schönheit umgeben, für den Mann nur angenehm, für die Frau dagegen fast immer verderblich sind. Aber die Schauspielerinnen sind fast alle, selbst wenn sie nicht in gesetzlichen Verhältnissen leben, ja selbst wenn sie sich den heftigsten Leidenschaften hingeben, Mütter voll der innigsten Zärtlichkeit und voll heroischen Mutes. Im allgemeinen sind die Kinder dieser Künstlerinnen viel glücklicher als die vornehmer Frauen; denn diese, welche ihre Fehltritte nicht gestehen können und wollen, müssen die Zeugen ihrer Liebe verbergen und entfernen, oder wenn es ihnen gelingt, dieselben in die Familie einzuführen, zieht der geringste Zweifel diesen unglücklichen kleinen Wesen Abneigung und Härte zu.

Bei den Künstlerinnen dagegen wird der eingestandne Fehltritt sogleich verziehen, und das Urteil dieser Welt verdammt nur diejenige, welche ihre Kinder verleugnet oder verläßt. Mag die übrige Welt verdammen, wenn es ihr gut dünkt, die armen Kleinen werden durch die tolerante Aufnahme entschädigt, die sie in ihrem Kreise finden; denn hier werden sie von alten und jungen Verwandten, ja selbst von den späteren legitimen Gatten anerkannt und mit Sorgfalt und Liebe umgeben. Ob sie Bastarde sind oder nicht, sie sind alle von gutem Herkommen, und wenn ihre Mutter talentvoll ist, werden sie dadurch geadelt und nehmen in ihrer kleinen Welt die Stellung junger Fürsten ein.

Nirgends sind die Bande des Blutes inniger als bei den Schauspielern. Wenn die Mutter genötigt ist, am Tage fünf Stunden lang in die Probe und abends fünf Stunden lang während der Vorstellung tätig zu sein; wenn sie kaum Zeit hat, zu essen und sich anzukleiden, werden die flüchtigen Augenblicke, in denen sie ihre Kinder anbeten und liebkosen kann, Momente voll leidenschaftlichen Entzückens, und die Tage der Ruhe sind wahre Feste.

Madame Dorval verdiente höchstens fünfzehntausend Francs, indem sie sich nicht die geringste Ruhe gönnte und so einfach als möglich lebte. Ihr Geschmack und ihre Geschicklichkeit gaben ihrer Wohnung und Lebensweise einen eleganten Anstrich, obwohl sie sich nicht den geringsten Luxus erlaubte, aber sie war großmütig und freigebig, bezahlte häufig Schulden, die sie nicht gemacht hatte, war nicht imstande, die Schmarotzer zurückzuweisen, die sich bei ihr eindrängten und die kein anderes Recht an sie hatten als das beharrlicher Gewohnheit – und so kam sie beständig in die äußerste Verlegenheit. Ich habe gesehen, daß sie, um ihre Töchter zu kleiden oder um feige Freunde zu retten, sogar die kleinen Kostbarkeiten verkaufen mußte, auf die sie, als Andenken aus lieber Hand, den größten Wert legte und die sie wie Reliquien zu küssen pflegte.

Dafür wurde sie häufig mit dem schwärzesten Undanke belohnt und mußte Vorwürfe anhören, die auf den Lippen einiger Menschen wahrhafte Blasphemien wurden. Sie fand für alles Trost in der Hoffnung, ihre Töchter einst glücklich zu sehen, aber eine derselben brach ihr das Herz.

Eines Tages fand ich sie in ihrer Wohnung, in der Rue du Bac, ganz zerschmettert über einen Stickrahmen gebeugt. »Ich bin doch glücklich!« sagte sie mir, während dicke Tränen über ihr Antlitz strömten; »und doch fühle ich mich gequält, ohne zu wissen, wodurch. Die Glut der Leidenschaften hat mich vor der Zeit verzehrt; ich fühle mich alt, ermattet; ich bedarf der Ruhe, ich suche die Ruhe – aber nun muß ich einsehen, daß ich nicht zu ruhen verstehe.« Dann ging sie zu den Einzelheiten ihres Lebens über.

George Sand

Sie war wohl die erste Frau, die Männerkleider trug, Pfeifen und Zigarren rauchte. Sie machte ihre Liebschaften öffentlich, und das zu einer Zeit, als für Frauen auf Ehebruch noch Zuchthaus stand. Seit 1822 war George Sand mit dem wesentlich älteren Casimir Dudevants verheiratet, aber ab 1831 wird sie sich eine Zweitwohnung in Paris nehmen. Sie ist die berühmteste und bestbezahlte Schriftstellerin des 19. Jahrhunderts. In Worten und Taten predigt sie die leidenschaftliche Liebe und spricht sich heftig gegen die Einengung durch die Institution der Ehe aus. 1833 amüsiert sich ganz Paris über die Sand. Sie hat sich mit Prosper Mérimée, dem eleganten Schriftsteller und Weiberhelden, auf ein erotisches Abenteuer eingelassen, aber die von ihr arrangierte Verführungsszene mißlingt kläglich. Die Arme läßt sich von ihrer Zofe entkleiden, »wie nur eine langjährige Ehefrau es tut, die in Gegenwart ihres Mannes zu Bett geht«, schildert es Mérimée. Gerüchten zufolge hinterläßt er beim Abschied ein Fünffrancsstück. Verzweifelt berichtet sie ihrer neuen Freundin Marie Dorval von ihrem Unglück. Und die muß den Klatsch in die Pariser Gesellschaft getragen haben. »Los, sei nett zu deiner Freundin, die traurig ist und Jugend und Glück nur bei dir allein wiederfindet«, schreibt George Sand im März 1833 an Marie. Die Utopie der Liebesfreundschaft, mit Männern nicht realisierbar, erfüllt sich mit diesem Star des Boulevardtheaters. Siebzehn Jahre lang, bis zum Tod der Schauspielerin, werden die beiden »Unzertrennlichen«, wie sie in Paris hießen, eng befreundet bleiben. Auch wenn Graf Alfred de Vigny, der Geliebte der Dorval, gegen das »Ungeheuer von Frau« meutert und ihr den Umgang mit »dieser Sappho« verbieten will. Die Beziehung zwischen den beiden blieb ein Skandal, und noch im Januar 1840 drückte Marie d'Agoult in einem Brief an Franz Liszt ihre Befürchtung aus, man könnte ihre Beziehung zu George Sand als »eine Freundschaft à la Dorval« bezeichnen.

Charlotte Brontë
1816-1855

Ich glaube, es gibt auf der Welt
keinen ehrbareren Menschen als eine
unverheiratete Frau, die ihren eigenen Weg
durchs Leben geht

Shirley und Caroline

Daß ihre Worte, sie werde sich über Carolines Gesellschaft freuen, aufrichtig gemeint waren, bewies Shirley, indem sie häufig diesen Umgang suchte; und tatsächlich würde sie ihn wohl kaum gehabt haben, wenn sie ihn nicht gesucht hätte; denn Miß Helstone schloß nicht schnell neue Bekanntschaften. Stets wurde sie durch die Vorstellung zurückgehalten, daß die Menschen ihrer nicht bedürften, und gar ein so glänzendes und glückliches junges Geschöpf wie die reiche Erbin von Fieldhead dürfte eine so uninteressante Gesellschaft wie die ihrige kaum nötig haben und sie schwerlich willkommen heißen.

Mochte Shirley auch glänzend aussehen und wahrscheinlich auch glücklich sein, so kann doch niemand auf die Dauer anregende Gesellschaft entbehren. Obgleich die Herrin von Briarfield innerhalb eines Monats die Bekanntschaft der meisten Familien im Umkreis gemacht hatte und mit allen Misses Sykes und Misses Pearson und den beiden vortrefflichen Misses Wynne von Walden-Hall auf ganz zwanglosem und freundschaftlichem Fuße stand, so sagte ihr doch anscheinend keine von ihnen recht zu. Wäre sie wirklich ein Mann und somit in der Tat Junker Shirley Keeldar, Schloßherr von Briarfield, gewesen, sie hätte in dieser und den beiden Nachbargemeinden gewiß nicht eine einzige Schöne bitten mögen, Mrs. Keeldar und Schloßherrin zu werden. Zumindest gab sie eine in diesem Sinne gehaltene Erklärung gegenüber ihrer früheren Erzieherin ab, die von Mrs. Pryor, wie die meisten der unüberlegten Reden ihrer ehemaligen Schülerin, sehr ruhig aufgenommen und folgendermaßen beantwortet wurde:

»Meine Liebe, Sie sollten diese unschickliche Angewohnheit, sich als Gentleman aufzuspielen, endlich lassen. Sie befremdet. Wer Sie nicht kennt, möchte, wenn er Sie reden hört, glauben, Sie fänden an Männersitten Gefallen.«

Shirley lachte nie über Mrs. Pryor; selbst harmlose Schrullen dieser Dame respektierte sie. Hätte sie das nicht getan, so hätte sich darin ein charakterlicher Mangel offenbart. Nur schwache Charaktere nämlich machen verborgene Würde zur Zielscheibe ihres Spottes. Miß Keeldar nahm den Tadel schweigend hin. Am offenen Fenster stehend, beobachtete sie einen auf dem untersten Zweig der stattlichen Zeder sitzenden Vogel und begann unwillkürlich, ihm etwas vorzuzirpen. Es dauerte nicht lange, so ging das Zirpen in ein regelrechtes Pfeifen über.

»Aber meine Liebe!« wies Mrs. Pryor sie zurecht.

»Habe ich gepfiffen?« fragte Shirley. »Ich vergaß mich. Verzeihn Sie! Ich hatte mir fest vorgenommen, es in Ihrer Gegenwart nicht zu tun.«

»Aber Miß Keeldar, wo haben Sie nur so etwas gelernt? Sie müssen diese schlechte Gewohnheit erst angenommen haben, seit Sie hierhergekommen sind. Früher haben Sie sich meines Wissens dieser Unart nicht schuldig gemacht.«

»Oh, ich kann schon lange pfeifen.«

»Wer hat es Ihnen beigebracht?«

»Niemand. Ich habe es von allein durchs Zuhören gelernt, und ich hatte es mir schon wieder abgewöhnt. Aber als ich gestern abend unseren Weg heraufkam, hörte ich auf dem Felde jenseits der Hecke einen Gentleman diese Melodie pfeifen. Darum fiel sie mir eben wieder ein.«

»Welcher Gentleman war das?«

»Es gibt nur einen Gentleman in dieser Gegend, Madam, und das ist Mr. Moore. Zumindest ist er der einzige noch nicht grauhaarige Gentleman. Meine beiden Gönner, Mr. Helstone und Mr. Yorke, sind allerdings ebenfalls feine alte Kavaliere, unendlich viel bessere jedenfalls als irgendeiner von den grünen dummen Jungen.«

Mrs. Pryor schwieg.

»Sie mögen Mr. Helstone nicht?«

»Meine Liebe, Mr. Helstones Amt schützt ihn vor Kritik.«

»Sie pflegen meist das Zimmer zu verlassen, wenn man ihn anmeldet.«

»Gehn Sie heute morgen aus, meine Liebe?«

»Ja, ich werde zur Pfarre gehn, um Caroline abzuholen und sie dazu zu bringen, sich etwas Bewegung zu machen. Sie soll mit mir eine Wanderung über die Wiesen von Nunnely machen ...«

»Wenn Sie das vorhaben, so vergessen Sie nicht, Miß Helstone freundlichst daran zu erinnern, sich warm anzuziehen. Denn dort bläst ein frischer Wind, und sie scheint mir der Fürsorge zu bedürfen.«

»Ich werde es nicht vergessen, Mrs. Pryor. Doch wie wär's? Haben Sie keine Lust, uns zu begleiten?«

»Nein, meine Liebe, ich würde Sie nur behindern. Infolge meiner Korpulenz bin ich nicht mehr so gut zu Fuße wie Sie.«

Caroline ließ sich leicht zum Mitgehen überreden, und sobald sie ein Stück auf der stillen Landstraße waren, die quer über die einsamen Wiesen führte, ließ sie sich ebenso leicht in ein Gespräch ziehen. Nachdem sie ihre anfängliche Schüchternheit überwunden hatte, machte diese Unterhaltung mit Miß Keeldar sie froh. Schon der erste Austausch unbedeutender Beobachtungen genügte, um jeder einen Begriff davon zu geben, wie die andere dachte und fühlte. Shirley sagte, ihr gefielen die grünen Wiesen, noch besser aber die Heide oben auf dem Höhenrücken. Sie erzählte von einer Wanderung durch Heide und Moor im Grenzgebiet Schottlands, wo sie an einem schwülen, doch sonnenlosen Sommernachmittag bis zum Sonnenuntergang nichts als wilde Schafe gesehen und nichts außer den Schreien der Vögel gehört hatte.

»Ich weiß, wie an einem solchen Tage die Heide aussieht«, sagte Caroline. »Schwarzpurpurn, dunkler noch als die Farbe des Himmels. Er hat doch gewiß eine bleierne Farbe gehabt?«

»Ja, ganz bleiern, mit messinggelben Rändern an den Wolken und hie und da einen weißen Schimmer ... Und das wirkte geisterhafter, gespenstischer als der düsterste Gewitterhimmel, von dem man jeden Augenblick erwartet, daß er bei einem blendenden Blitzstrahl aufflammt.«

»Hat es gedonnert?«

»Es murrte und grollte in der Ferne; aber das Gewitter brach erst am Abend los, als wir die Heideschenke, ein einsames Haus am Fuße einer Bergkette, schon erreicht hatten.«

»Haben Sie die Wolken beobachtet, wie sie sich von den Bergen herabwälzten?«

»Ja, wohl eine Stunde lang habe ich vom Fenster aus dem Naturschauspiel zugesehn ... Die Berge schienen in einen finsteren Nebel eingehüllt zu sein, und als der Regen in grauweißen Strömen fiel, waren sie auf einmal aus der Landschaft weggewischt, wie fortgespült aus dieser Welt.«

»Ich habe solche Gewitter im Yorkshire-Bergland erlebt, und wenn das Toben sich auf seinem Höhepunkt befand, der Himmel ein einziger Katarakt zu sein schien und die Erde völlig überschwemmt war, habe ich an die Sintflut denken müssen.«

»Nach solchen Ausbrüchen ist es ungemein wohltuend, zu spüren, wie die Natur sich allmählich wieder beruhigt, und wenn aus dem sich auflösenden Gewölk ein tröstlicher Strahl der Sonne hervorbricht, die das Unwetter doch nicht auszulöschen vermocht hat, dann ...«

»Bleiben Sie hier stehn, Miß Keeldar, und genießen Sie den Blick auf Tal und Wald von Nunnely!« rief Caroline.

Sie standen beide auf einem Vorsprung und schauten hinab in das tiefe Tal mit seinen Matten, von denen manche mit Gänseblümchen wie mit Perlen bestickt waren, während über anderen der Goldglanz des Hahnenfußes lag. Heute lächelte dieses ganze junge frische Grün heiter im Sonnenschein, und durchsichtige Lichter von Smaragdgrün und Bernsteingelb spielten darüber hin. Über dem Nonnenwald, dem einzigen Überrest eines riesigen uralten Forstes, der einst das ganze Tiefland bedeckt hatte wie die Heide das Hochland, schlief der Schatten einer Wolke. Die fernen buntgetüpfelten Hügel, der beschattete, wie Perlmutt schillernde Horizont, silbriges Blau, schmelzendes Grün, zarte Purpurtöne und Schattierungen von Rosa, dazu die schneeweißen Vliese der im Azur zerfließenden Wolken – es war ein Farbenspiel, welches das Auge entzückte. Frisch und köstlich umfächelte die Luft die Stirn.

»Unser England ist doch ein beglückend schönes Eiland«, rief Shirley, »und Yorkshire einer seiner allerschönsten Winkel!«

»Sie sind auch ein Yorkshirer Kind?«

»Ja, von Geblüt und Geburt. Fünf Generationen meines Geschlechts schlafen unter den Seitenschiffen der Kirche von Briarfield, und ich habe meinen ersten Atemzug in jenem altersgeschwärzten Schlosse dort hinter uns getan.«

Caroline streckte ihr spontan die Hand hin, die kräftig geschüttelt wurde.

»Wir sind Landsmänninnen«, sagte sie.

»Ja«, pflichtete Shirley ihr mit ernstem Kopfnicken bei. »Und das da?« fragte sie und zeigte auf den Forst. »Ist das der Nonnenwald?«

»Ja.«

»Sind Sie je dort gewesen?«

»Schon oft.«

»Ganz weit drin?«

»Freilich.«

»Wie sieht es dort aus?«

»Es ist wie ein Lager der Enakiter, so riesig hoch sind die uralten Bäume. Wenn man an ihren Wurzeln steht, scheinen die Wipfel in einen anderen Raum hineinzuragen. Die mächtigen Stämme stehen still wie steinerne Pfeiler, während die Zweige bei jedem Lufthauch in Schwingung geraten. Selbst im tiefsten Schweigen sind ihre Blätter nie völlig ruhig, und bei starkem Wind braust es, als donnere ein Meer über einen hin.«

»Ist der Forst nicht einer von Robin Hoods Schlupfwinkeln gewesen?«

»Ja, und es gibt dort noch Stätten, die an ihn erinnern. In den Nonnenwald eindringen, Miß Keeldar, das heißt tief in die dunklen Tage der Vergangenheit zurückgehn ... Können Sie dort, ungefähr in der Mitte des Waldes, eine Lichtung erkennen?«

»Ja, ganz deutlich.«

»Das ist ein enger Talkessel, überzogen mit so kurzem Rasen wie das Gras dieses Angers hier. Die allerältesten und knorrigsten Eichen drängen sich um den Rand dieses Kessels zusammen, in dessen Grunde die Ruinen eines Nonnenklosters liegen.«

»Wollen wir da nicht mal zusammen hingehn, an einem schönen Sommermorgen, in aller Herrgottsfrühe, und dort einen langen Tag verleben? Wir könnten Bleistifte und Skizzenbücher mitnehmen und etwas zum Lesen und natürlich auch etwas zu essen. Ich habe zwei Körbchen, in die meine Haushälterin, Mrs. Gill, uns unsere Vorräte einpacken könnte. Eine so weite Wanderung würde Sie doch nicht zu sehr anstrengen?«

»O nein, besonders dann nicht, wenn wir uns unterwegs ausruhn. Ich kenne alle schönen Flecke. Ich weiß, wo die Walderdbeeren in Mengen wachsen, wo man im Herbst Nüsse findet ... Ich kenne einsame, nie betretene Lichtungen, die mit seltsamen Moosen wie mit Teppichen überzogen sind, manche wie vergoldet, andre nüchtern grau und wieder andre smaragdgrün. Ich kenne Baumgruppen, wo knorrige Eichen mit schlanken zarten Birken und hohen glatten Buchen reizvolle Kontraste bilden, wo vereinzelte Eschen, stattlich wie Saul, hocherhobenen Hauptes neben uralten Waldgoliaths stehen, umrankt von glänzendem Efeu, der sie wie in ein Leichentuch einhüllt. Miß Keeldar, ich könnte Sie überall hinführen!«

»Und Sie würden sich nicht langweilen, so allein mit mir?«

»Aber nein, ich glaube, wir passen gut zusammen! Und welchen Dritten sollte es geben, dessen störende Gegenwart uns nicht unsre Freude verdürbe?«

»Wirklich, ich kenne niemanden in unserm Alter ... wenigstens keine Dame ... und in bezug auf Herren ...«

»Der Ausflug würde gleich etwas ganz andres, wenn Herren mit dabei wären«, unterbrach Caroline sie.

»Da muß ich Ihnen allerdings recht geben ... Etwas ganz anderes als das, was uns vorschwebt.«

»Wir wollen einfach nur die alten Bäume, die alten Ruinen aufsuchen und, umgeben vom Schweigen des Waldes, einen Tag gleichsam in alten Zeiten verleben.«

»Sie haben recht, und Herren würden diesen Zauber nur stören, zumal wenn sie vom Schlage Ihres Malone oder wie die jungen Master Sykes und Wynne sind. Dann würde es nur Ärger geben, und mit der Heiterkeit des Gemüts und dem inneren Frieden wär's vorbei. Aber selbst wenn sie von der rechten Art wären, gäbe es eine Veränderung, die sich zwar schwer beschreiben, aber leicht erfühlen läßt.«

»Wir vergäßen zuallererst die Natur dabei ...«

»Und dann vergäße die Natur uns, verhüllte ihre friedliche Stirn mit einem dunklen Schleier, verbärge ihr Gesicht und entzöge uns den inneren Frieden, mit dem sie, hätten wir uns damit begnügt, sie allein zu verehren, die Herzen erfüllt haben würde.«

»Und was würde sie uns dafür geben?«

»Mehr Überschwang und mehr Unruhe: eine Erregung, die uns die Stunden wegstiehlt, und Kummer, der ihren Ablauf verwirrt.«

»Unsre Fähigkeit, glücklich zu sein, liegt wohl größtenteils in uns selbst, glaube ich«, bemerkte Caroline klug. »Ich habe schon in großer Gesellschaft – darunter alle Kuraten und noch einige andre Herren samt etlichen Damen – einen Ausflug ins Nonnenholz gemacht, und es war unerträglich langweilig, und ich bin ganz allein dahin gewandert oder in Fannys Begleitung, die dann im Forsthaus bei der Förstersfrau geblieben ist, während ich im Walde umherstreifte, und ich habe einen ganzen Tag lang ein stilles Glück genossen. Doch das ist schon mindestens zwei Jahre her.«

»Sind Sie auch schon einmal mit Ihrem Vetter Moore dort gewesen?«

»Ja, einmal.«

»Na, und wie bewährt er sich bei solcher Gelegenheit?«

»Sie wissen, ein Vetter ist etwas andres als ein Fremder.«

»Darüber bin ich mir im klaren. Doch wenn es ein langweiliger Stiesel ist, dann kann ein Vetter noch unausstehlicher sein als ein Fremder, weil man nicht so leicht Distanz wahren kann. Aber Ihr Vetter ist ja wohl nicht langweilig?«

»Nein, aber ...«

»Was, aber?«

»Wenn die Gesellschaft eines Narren ärgerlich ist, so kann die eines Klugen nicht minder peinlich sein. Man wird sich dann der eigenen Unzulänglichkeit allzu deutlich bewußt.«

»Oh, darin vermag ich Ihnen nicht zu folgen. Solche Minderwertigkeitsgefühle würde ich nicht einen Augenblick in mir aufkommen lassen. Ich halte mich nicht für unwürdig, die Gefährtin des klügsten unter den Herren der Schöpfung zu sein, obwohl das sehr selbstbewußt klingt. Beiläufig bemerkt: Ihr Onkel scheint mir kein übles Musterexemplar eines älteren Gentlemans zu sein. Ich freue mich jedesmal, wenn ich sein strenges kluges Gesicht bei mir oder anderswo auftauchen sehe. Ist er gut zu Ihnen? Haben Sie ihn lieb? Sagen Sie mir die Wahrheit!«

»Er hat mich von Kindesbeinen an aufgezogen und, ich zweifle nicht, genauso wie eine leibliche Tochter, hätte er eine gehabt. Das ist doch wohl ein Beweis von Güte? Aber lieb habe ich ihn deswegen nicht. Ich meide eher seine Nähe, als daß ich sie suche.«

»Sonderbar, da er doch durchaus die Kunst versteht, sich angenehm zu machen.«

»In Gesellschaft, ja, zu Hause aber ist er mürrisch und schweigsam. So wie er seinen Stock und Hut in der Diele des Pfarrhauses ablegt, so verschließt er seine Leutseligkeit in seinem Bücherschrank oder in seinem Schreibpult. Eine gerunzelte Stirn und ein knappes Wort am häuslichen Herd; das Lächeln, den Scherz, die witzige Bemerkung für die Gesellschaft.«

»Ist er ein Tyrann?«

»Nicht im geringsten. Er ist weder tyrannisch noch scheinheilig, eher großherzig als gutmütig, eher brillant als freundlich, eher skrupulös als gerecht. Wenn Sie so superfeine Unterscheidungen verstehen können?«

»O ja. Gutmütigkeit schließt Nachsicht ein, und die geht ihm ab; Freundlichkeit verlangt Herzenswärme, und die besitzt er nicht; und echte Gerechtigkeit entspringt dem Mitgefühl und der Rücksichtnahme, wovon mein alter Freund ganz frei ist.«

»Ich habe schon oft wissen wollen, Shirley, ob die meisten Männer meinem Onkel in ihren häuslichen Verhältnissen ähneln, ob man ihnen nicht verwandt und vertraut sein darf, sondern ihnen fremd sein muß, um ihnen begehrens- und schätzenswert zu erscheinen, und ob es wirklich in der männlichen Natur begründet liegt, daß sie kein dauerndes Interesse aufzubringen vermögen für die, mit denen sie Tag für Tag umgehn?«

»Ich weiß es nicht. Ich kann Ihre Zweifel nicht klären. Ich grüble selber manchmal über ähnliche Probleme nach. Aber eins kann ich Ihnen sagen: wäre ich überzeugt, daß sie wirklich so verschieden von uns sind, unbeständig und wankelmütig, herzlos und ohne Mitgefühl, so würde ich niemals heiraten. Ich möchte nie erleben, daß das Wesen, das ich liebe, in seiner Zuneigung zu mir erkaltet, daß es sich mir entfremdet und meiner überdrüssig wird und daß alle meine Mühen, ihm zu gefallen, dann sinn- und zwecklos wären, da es ja unvermeidlich in seiner Natur liegt, sich zu ändern und gleichgültig zu werden ... Wenn ich diese Entdeckung machen müßte, wonach sollte ich mich dann noch sehnen? Dann kann ich mich höchstens noch von jemandem, dem meine Gesellschaft keine Freude macht, zurückziehen und ihn meiden!«

»Aber das können Sie ja dann nicht mehr, wenn Sie erst einmal verheiratet sind.«

»Nein, das könnte ich dann nicht mehr, könnte nie mehr meine eigne Herrin sein ... Ein schrecklicher Gedanke! Er erstickt mich! Nichts quält mich so wie die Vorstellung, jemandem zur Last zu fallen ... Wenn ich jetzt merke, daß jemandem meine Gegenwart lästig wird, kann ich meine Unabhängigkeit wie einen Mantel um mich schlagen und meinen Stolz wie einen Schleier über mich breiten und mich in meine Einsamkeit flüchten. Als Verheiratete könnte ich das nicht.«

»Ich wundere mich, daß wir Mädchen uns nicht alle entschließen, ledig zu bleiben«, sagte Caroline. »Wir sollten es, wenn wir auf die Weisheit der Erfahrung hörten. Mein Onkel spricht von der Ehe nie anders als von einer Last und Bürde, und ich glaube, in seinen Augen ist jeder Mann, von dem er hört, daß er sich verheiratet hat oder heiraten will, ein unbelehrbarer Narr.«

»Aber Caroline, die Männer sind nicht alle wie Ihr Onkel, gewiß nicht ... hoffentlich nicht!«

Sie hielt inne, um nachzudenken.

»Ich glaube, wir meinen samt und sonders in dem einen, den wir lieben, eine Ausnahme zu finden, bis wir verheiratet sind«, sagte Caroline.

»Das glaube ich auch, ja, und wir wähnen, diese Ausnahme sei von der zuverlässigsten Art; wir stellen sie uns so vor, wie wir selber sind; wir dichten ihr Sinn für Harmonie an. Wir glauben, aus der Stimme eines solchen Mannes das zärtlichste, aufrichtigste Versprechen eines Herzens herauszuhören, das sich niemals gegen uns verhärten wird. In seinen Augen lesen wir treue Liebe. Ich meine, wir sollten überhaupt dem mißtrauen, was man

Leidenschaft nennt, Caroline. Ich glaube, Leidenschaft ist bloß ein Strohfeuer, das aufflammt und verlischt. Aber wenn wir sehen, daß ein Mann zu Tieren, Kindern und Armen gut ist, dann dürfen wir annehmen, daß er auch zu uns gut und rücksichtsvoll sein wird. Er schmeichelt den Frauen nicht, ist aber nachsichtig ihnen gegenüber, gibt sich in ihrer Gegenwart ungezwungen und natürlich und scheint ihre Gesellschaft anregend zu finden. Nicht aus Eitelkeit und selbstsüchtigen Gründen gibt er sich mit uns ab, sondern weil er uns liebt. Dann beobachten wir, daß er gerecht, gewissenhaft und wahrheitsliebend ist. Freude und Frieden erfüllt uns, wenn er ins Zimmer tritt, Trauer und Unruhe, wenn er es verläßt. Wir wissen, dieser Mann ist ein guter Sohn und ein guter Bruder gewesen; wage einer zu behaupten, er werde kein guter Gatte sein!«

»Mein Onkel würde dies ohne zu zögern behaupten und sagen: ›In einem Monat wird er dich satt haben!‹«

»Mrs. Pryor würde allen Ernstes ganz das gleiche prophezeien.«

»Und Mrs. Yorke und Miß Mann würden dasselbe orakeln.«

»Wenn sie wirklich verläßliche Orakel wären, sollte man sich besser nie verlieben!«

»Sehr richtig, wenn man es vermeiden kann.«

»Ich ziehe es vor, die Verläßlichkeit ihrer Orakelsprüche zu bezweifeln.«

»Ich fürchte, das beweist, daß Sie schon verliebt sind.«

»Ich? Nein! Doch wenn ich es wäre, wissen Sie, welche Wahrsager ich befragen würde?«

»Lassen Sie hören!«

»Weder Mann noch Weib, gleichviel ob alt oder jung;

wohl aber das irische Bettelkind, das barfuß vor meine Tür kommt; das Mäuschen, das aus dem Spalt unter der Wandvertäfelung hervorschlüpft; das Vöglein, das bei Schnee und Frost um eine Krume an mein Fenster pickt; den Hund, der mir zu Füßen sitzt und mir die Hand leckt.«

»Sind Sie je einem Manne begegnet, der zu solchen Wesen freundlich war?«

»Sind Sie je einem begegnet, dem solche Wesen instinktiv folgen und anhängen?«

»In unserer Pfarrei haben wir eine schwarze Katze und einen alten Hund. Ich kenne jemanden, auf dessen Schoß die Katze gern klettert, und der Hund kommt aus seiner Hütte und wedelt freudig mit dem Schwanze, wenn ein gewisser Jemand vorübergeht.«

»Und was tut dieser Jemand?«

»Er streichelt die schnurrende Katze und läßt sie auf seinem Schoß sitzen, solange er's einrichten kann, und wenn er doch aufstehn und sie stören muß, setzt er sie sanft nieder und wirft sie nicht roh hinunter. Dem Hunde pfeift er und streichelt ihn liebkosend.«

»Wirklich? – Sollte das nicht Mr. Moore sein?«

»Es ist Mr. Moore, freilich!«

»Ein netter, hübscher Mann!« sagte Shirley voll Begeisterung, und ihre Augen funkelten.

»Ist er nicht hübsch? Hat er nicht schöne Augen und feingeschnittene Züge und eine offne kühne Stirn?«

»Gewiß, die hat er, Caroline. Er ist schön und gut.«

»Ich war überzeugt, Sie würden gleich erkennen, daß er das ist. Als ich zum ersten Male Ihr Gesicht sah, wußte ich das.«

»Ich war ihm schon zugetan, noch ehe ich ihn gesehen

hatte. Als ich ihn dann sah, gefiel er mir; jetzt bewundre ich ihn. In der Schönheit liegt an sich schon ein Zauber, Caroline; wenn sie sich aber mit Güte paart, dann übt sie einen mächtigen, unwiderstehlichen Zauber aus.«

»Und wenn gar noch Klugheit und Verstand hinzukommen, Shirley?«

»Wer könnte dann noch widerstehn?«

»Erinnern Sie sich an meinen Onkel, an die Damen Pryor, Yorke und Mann!«

»Erinnern Sie sich an das Quaken der Frösche Ägyptens! Er ist ein edler Mann, und ich sage Ihnen, wenn Männer edel und gut sind, sind sie die Herren der Schöpfung, die Söhne Gottes! Geformt nach dem Bilde ihres Schöpfers, erhebt sie der winzigste Funke seines Geistes über die Sterblichkeit hinaus. Unbestreitbar ist ein bedeutender, guter und schöner Mann das höchste aller Geschöpfe Gottes.«

»Und steht noch über uns?«

»Ich würde es verschmähn, mit ihm um die Siegespalme zu ringen. Soll meine Linke meiner Rechten den Vorrang streitig machen? Soll mein Herz mit meinem Pulse um die Wette schlagen? Sollen meine Adern auf das Blut eifersüchtig sein, das sie füllt?«

»Aber Mann und Weib, Ehegatten streiten sich oft schrecklich, Shirley!«

»Arme, gefallene, entartete Wesen! Gott hat sie für ein besseres Schicksal geschaffen!«

»Aber gleichen wir den Männern nun oder nicht?«

»Nichts entzückt mich mehr, als einem Manne zu begegnen, der mich offen fühlen läßt, daß er mir überlegen ist.«

»Und sind Sie je einem begegnet?«

»Ich wäre jederzeit froh, einem zu begegnen. Je höher er über mir steht, desto besser. Gewiß, es demütigt, sich zu beugen, aber es ist köstlich, emporzublicken. Es kränkt mich jedoch, wenn meine Verehrung getäuscht wird, wenn ich einsehn muß, daß ich mich voll Frömmigkeit vor Götzenbildern verneigt habe. Ich verabscheue es, Götzendienerin zu sein!«

»Wollen Sie mit hereinkommen, Miß Keeldar? Wir sind am Tor des Pfarrhauses angelangt.«

»Heute nicht. Aber morgen hole ich Sie ab, und wir verbringen den Abend zusammen bei mir. Und wenn Sie wirklich so sind, Caroline, wie Sie mir jetzt zu sein scheinen, dann werden wir uns ausgezeichnet verstehn. In meinem ganzen Leben habe ich noch mit keinem jungen Mädchen so reden können wie heute morgen mit Ihnen. Geben Sie mir einen Kuß und leben Sie wohl!«

Charlotte Brontë

Die Freundschaft zwischen Shirley und Caroline beginnt mit feministischem Schwung, beide sind sich wunderbar einig, wenn es um die Unzulänglichkeit der Männer geht. Am Ende verheiratet Charlotte Brontë die beiden Frauen dann aber doch. Auch Charlotte Brontë wird 38jährig noch eine Ehe eingehen, nachdem sie im Laufe ihres Lebens mindestens vier Anträge ausgeschlagen hat, um frei zu sein für ihre Hauptaufgabe, das Schreiben. Aber das Leben der erfolgreichsten Schriftstellerin ihrer Zeit, die ihre Romane mit dem männlichen Pseudonym Currer Bell versah, wurde allzu einsam. Nach dem Tod ihrer Geschwister war sie im Pfarrhaus in Haworth ständig allein, auch zu den Mahlzeiten. Nicht zuletzt, um es dem alten Vater zu ermöglichen, auch weiterhin im Pfarrhaus zu wohnen, heiratete sie am 29. Juni 1854 also Arthur Bell Nicholls, den Hilfspfarrer ihres Vaters, über den sie zehn Jahre früher in einem Brief an Ellen Nussey schrieb: »Ich kann beim besten Willen nicht jene interessanten Ansätze zur Gutherzigkeit an ihm erkennen, die Du entdeckt hast, seine Engstirnigkeit berührt mich äußerst unangenehm. Seine verborgenen Schätze verdankt er, fürchte ich, Deiner Einbildung.« Ein Happy-End trotz allem gibt es für Brontë nicht. Sie hat sich eingelassen auf etwas, wogegen sie immer anschrieb: auf eine konventionelle Ehe. Zum Schreiben kommt sie jetzt nicht mehr. An ihre ehemalige Lehrerin Miss Wooler schreibt sie: »Meine Zeit gehört mir jetzt nicht mehr. Jemand anderes beansprucht ein gutes Stück davon und sagt: Wir müssen dieses und jenes tun.« Wenn sie sich zum Schreiben hinsetze, beklagt sich Charlotte, stehe er gleich neben ihr und dränge auf einen Spaziergang. Von einem dieser Spaziergänge kehrt sie mit einer schweren Erkältung zurück. Sie erholt sich davon nicht mehr, und am 31. März 1855, drei Wochen vor ihrem 39. Geburtstag, stirbt sie, inzwischen schwanger, an Schwindsucht. Da ist sie noch nicht einmal ein Jahr verheiratet. Im Gemeinderegister ist unter der Sparte »Stellung oder Beruf« notiert: »Ehefrau des Arthur Bell Nicholls, Hilfspfarrer in Haworth.«

Ihre wahre Liebe gehörte vermutlich Ellen Nussey, die sie 15jährig in der Schule kennengelernt hatte. Über 500 Briefe hat sie im Laufe ihrer Freundschaft an sie geschrieben. »Schlicht und einfach Liebesbriefe« seien es gewesen, heißt es im Tagebuch von Vita Sackville West, und daß diese »wenig Zweifel daran ließen, wohin Charlotte wirklich tendierte«. 1849 schrieb die inzwischen finanziell unabhängige Schriftstellerin an Ellen: »Ich glaube, es gibt auf der Welt keinen ehrbareren Menschen als eine unverheiratete Frau, die ihren eigenen Weg durchs Leben geht, ruhig und standhaft und ohne die Unterstützung von Ehemann oder Bruder.« Und viel früher, 1836 – da hatte die »französisierte Närrin«, wie sie sich selbst bezeichnete, gerade begeistert George Sands *Lélia* gelesen, in dem die Liebe zwischen zwei Frauen beschrieben wird, und von dem

Skandal um George Sands Liebschaft mit der Schauspielerin Marie Dorval gehört –, schrieb sie in Aufbruchstimmung an Ellen: »Ich wünschte, ich könnte immer mit Dir zusammenleben. Ich hänge immer mehr an Dir ... Wenn wir nur ein kleines Cottage hätten und das Recht, weiter leben und lieben zu können bis zum Tod, ohne für unser Glück von irgend jemand Drittem abhängig zu sein.«

Helene von Druskowitz
1856-1918

Laßt die Frauen ihre eigene Sphäre gänzlich durch sich selbst ausfüllen!

Männertafel
Normalsätze für das männliche Geschlecht

1. Ihr habt euch ungemein auf euch selbst zu besinnen und eure Anmaßung herabzumindern. Ich kann nicht mit Blitze und Donner zu euch sprechen, wohl aber aus tiefster Überzeugung und aus schwerwiegendsten Beweggründen.

2. Ihr solltet in einem hartnäckigen Kampfe zu euch selbst und zu eurer Natur leben, nicht aber ihrem Zuge folgen. Horcht auf eure innerste Stimme, und ihr wisset, daß ihr euch selbst fortwährend unrecht gebt und eure Hauptstrebungen verurteilt. Deshalb ist es ungeziemend, daß ihr an der Spitze aller Einrichtungen steht und die Welt beherrschen zu können glaubt.

3. Laßt an Stelle eurer Eigenliebe und Selbstbehauptung ein pessimistisches Urteil treten, prüfet und untersucht euch schonungslos, und ihr werdet von Haß gegen euch und eure Existenz überfließen.

4. Überschaut euch äußerlich, und ihr erblickt ein Subjekt, das streng genommen in genereller Hinsicht mit dem einfachen männlichen Tierkörper nicht mehr konkurrieren kann. Ihr habt nämlich das Primat der männlichen Erscheinung verloren. Eure Gefährtin vielmehr ist

die Krone der Schöpfung. Ihr selbst habt von dem männlichen Tiere nur die Kraft und nicht die Superiorität der schönen und durch die natürliche Einrichtung geschlechtlich versteckten Form geerbt. Ihr tragt wie bei körperlichen Strafen das Zeichen vorne und zeigt ebensowenig ein menschenwürdiges und glattes Antlitz.

5. Prüft euch innerlich, und ihr findet ein Subjekt voll von Grundirrtümern, voll von Torheiten und Narreteien, voll von schwerfälligster und mühsamster Umständlichkeit, bei jedem Schritte strauchelnd, und voll von Begierde, für Fundamentalfehler dadurch Ersatz zu bieten, daß die Menge fortwährend zu neuen Torheiten verleitet wird, was so lange geschieht, bis die Welt ein Narrenhaus, eine Stätte für allgemeine Blamage, ein Kaleidoskop der krassesten Lügen und Ungereimtheiten und eine Voliere für die buntesten Karikaturen geworden ist ... Habt ihr unter andern vielen, vielen Hauptirrtümern nicht auch die Religionen mit ihrem Wust von Unsinn, von falscher Moral und albernen Zeremonien mit ihren unseligen Konsequenzen für Fortschritt, Ruhe und Ordnung hervorgebracht? Allerdings seid ihr nun damit befaßt, diese Irrlehren für nichtig zu erklären. Allein zunächst ist es für Millionen von Seelen viel zu spät mit dieser Entdeckung, zweitens fehlt es trotz oder wegen des ergänzungsbedürftigen Materialismus und vagen Comtismus noch an einer zusammenhängenden und befriedigenden Lehre: es müßte denn der Pessimismus mit seinen Grundelementen der Entrückung einer möglichen metaphysischen Instanz und der Nichtigsprechung der Welt insbesondere aus Gründen einer unvollkommen beschaffenen Menschheit zum Siege führen.

6. Blickt ferner in euer Inneres, und ihr erfahrt oder

wißt es wohl schon, ohne euch zu verraten, daß ihr vielfach die gewalttätigsten unter allen Wesenheiten seid. Wenn das wildeste Tier sogar sich nur bestimmter Verbrechen schuldig macht und nicht durch und durch lasterhaft oder beutegierig ist, wie schon seine Einteilung in pflanzen- und fleischfressende Arten beweist, so zeigt der Mann anders sich als Meister in allen bösen und schwarzen Dingen, so daß er auch die Frauenwelt aufs schwerste schuldig macht und durch die elenden Verhältnisse, die seine Geschlechts- und Fortpflanzungsgier herbeiführt, sie sogar dem Henker überliefert.

7. Ihr sollt in allen höheren und gemeinsamen Fächern, die richtig besehen nur die Folgeerscheinung der Übervölkerung sind, nach der ihr unwillkürlich strebt, und nachdem dieses Unglück nun einmal geschehen ist, nicht ohne Beiziehung der anderen Geschlechtshälfte Beschlüsse fassen und diese realisieren. Anders seid ihr die Willkür und Tyrannei selbst und dies mit doppeltem Überschuß, weil ihr den eigentlich menschlichen und sympathischen Teil eurer ruchlosen Despotie unterwerft. Wisset, daß eure Zwangsherrschaft unerträglich ist und daß kein Tier es dabei aushielte, wenn es sich dieselbe vergegenwärtigen könnte! Es ist geradezu schauderhaft, daß in einer Welt voll Frauen der Mann, überdies mit unebenbürtigen Merkmalen versehen, den Ton bestimmt. Daher nenn ich es eure Pflicht und Schuldigkeit, der skandalösen Despotie, die im ganzen Wesensreiche einzig dasteht, ein Ziel zu setzen. Eure Lügenhaftigkeit hat nicht den Höhepunkt zu erreichen, so daß ihr die Frauen, die euch sittlich und geschlechtlich voranstehen, von den Geschäften ausschließt, die sie in allererster Linie selbst versehen und besorgen sollten. So wie, wenn ein Stein ins

Rollen kommt, die ganze Last herabstürzt, so hat umgekehrt eine geringe Nachgiebigkeit in der Natur euch bestimmt, die grausigste Alleinherrschaft zu begründen. So stark ist die Hypnose, die ihr ausübt, so daß jetzt noch die Mehrzahl kaum bemerkt, in welcher unhaltbaren Lage sie sich befindet.

8. Gebt den Frauen all ihr Recht zurück, lebt nicht länger von ihrer Ehre, sucht nicht bei ihnen die Erlösung von euren Naturfehlern. Begehrt sie nicht zur Ehe, befreit sie von eurer unmittelbaren Gegenwart, seid ihrer Gesundheit nicht mehr schädlich, laßt sie ganz für sich sein, laßt sie in eigenen Stadthälften als Priesterinnen ihres Geschlechtes wohnen!

9. Laßt die Frauen ihre eigene Sphäre gänzlich durch sich selbst ausfüllen! Die Frauen sollen ihre eigenen Erzieher, Lehrer, Ärzte, Ökonomen und höheren Amtspersonen sein. In mancher Beziehung seid ihr das Roheste, was auch innerhalb der Staatenentwicklung je dagewesen ist. Denn wenn in den alten Mythologien die höchsten Allegorien für Recht und Wissenschaft und Naturkraft weiblicher Repräsentation waren und die Römer außerdem ihre gesamte Weisheit auf Priesterinnen zurückführten, seid ihr solcher Ideale gänzlich bar, und stinkt überall die Pest der parfümlosen männischen Art!

10. Allein dies muß anders werden. Nicht nur einige Felder, sondern alle Gebiete sollen von Frauenkraft durchbrochen werden. Es darf fürs erste kein Komitee sich bilden, ohne daß Frauen zugezogen werden oder ihrerseits ihren Beitritt verkünden. Alle Versammlungen und Repräsentationen von Stadt und Land haben ein entsprechendes Quantum von Frauen aufzuweisen. Eine regierende Königin, da selten erscheinend, hat doppelt und

dreifach gepriesen zu werden, und schließlich sollen auch die Republiken Frauen an die Spitze stellen.

11. Ihr habt ungeheuer viel umzubauen und die wesentlich von euch begründete Weltmacht aus den Fundamenten zu transformieren. Denn ihr habt euch ideell, d. h. in allen allgemeinen Einrichtungen, und materiell oder physisch durch die Verzichtleistung auf die Umgebung und Gemeinschaft mit den Frauen zu bewähren. Gebt ihnen all ihre Domänen zurück und suspendiert das Wort von der verworfenen oder verletzten Perle. Wenn nichts euch von der Berechtigung solcher Forderungen überzeugen sollte, obwohl nur ein Magen, der Eisen, Nägel und brennende Kohlenstücke verträgt, hier unempfindlich bleiben sollte, so denkt, wie unerträglich vielen von euch eine Abschwächung freier Grundsätze durch Schwankungen im Staatswesen und durch das Hervortreten von einzelnen Maulhelden, die jeder höheren Überzeugung bedrohlich werden, erscheinen. Deshalb beginnt mit euch, durchgeht das ganze Feld, auf dem ihr so schreiend schlecht gewirtschaftet habt, und ihr seid bemüßigt, zu Reformen im allergrößten Stil zu schreiten.

12. Als Lohn winke euch die Annehmlichkeiten der Pflege eigener Gewohnheit, ein reines Gewissen, ein klarer Himmel und das Bewußtsein, am Ende wie Philosophen der gediegensten Rasse gedacht und gehandelt zu haben, ein Ruf, von dem ihr wohl selbst kaum geträumt habt!

Frauentafel
Maximen für Frauen

1. Ihr sollt euch selbst getreu sein!

2. Ihr sollt nicht zu Gott streben! Denn dies ist nichts als ein männliches Hirnprodukt voll von Irrtümern und Fehlern. Es genüge euch, das Innere zu veredeln und im Denken und Empfinden eine höhere Stufe zu behaupten. Außerdem existiert, wie das philosophische Denken beweist, eine Übersphäre, die zur Materie den reinsten Gegensatz bildet, mit derselben nur durch die Kategorie des Seins verbunden ist und ihr anspruchs- und teilnahmslos gegenübersteht. Dieselbe stellt sich wie das Vollkommene stets für die logische und die poetische Anschauung als weiblich dar und verdient insbesonders von der Frauenwelt immer wieder zur lebendigen Vorstellung gebracht zu werden.

3. Ihr sollt euch von den Männern nicht imponieren lassen, Einzelfälle ausgenommen, die jedoch die Regel bestätigen. Der Mann ist an und für sich kein annehmbares Beispiel. Durch seine geschlechtliche Erscheinung tief unter den eigenen Haustieren stehend und seiner Frau völlig unwürdig, durch seinen Mangel an Selbstbeherrschung und Willenseinheit das gefürchtetste aller Lebewesen, durch sein unbescheidenes Denken und Streben, das in einem irrationellen Verhältnis zu seiner geschlechtlichen Natureinrichtung steht, ein fraglicher und bezweifelnswerter Geist oder ein vollkommener Narr, – eignet er sich schlecht dazu, an der Spitze der Welt zu stehen und das Frauengeschlecht im allgemeinen zu tyrannisieren.

4. Fühlt euch vermöge eurer unbeanstandbaren Schön-

heit, eurer milden Art und eures klaren Geistes als höhere Naturwesen, als ein edleres, aristokratischeres Geschlecht von natürlichem priesterlichen Nimbus umflossen. Glaubt, daß ihr auf andere höhere Naturwesen zurückführt und mit den Männern nur äußerlich verbunden waret!

5. Hasset die Männer und die Ehe! Fühlt euch als Kollektivmacht von hohem Kulturwert, der bis zur höchsten philosophischen Bedeutung sich steigert und als solcher über Leben und Tod entscheidet.

6. Deshalb erklärt jede neue Religion oder Angleichung an diese für nichtig … Würde eine solche doch wieder optimistisch sein, während die Weisheit der Frau ethisch und pessimistisch in bezug auf das allgemeine Getriebe ist und tiefsinnig das eigene Geschlecht, nachdem es dasselbe von unlauterer Berührung befreit hat, dem Aussterben überliefert.

7. Führt einen heiligen Kampf gegen die männliche Welt, um die verlorene Ehre und Freiheit wiederzugewinnen und den Beweis zu liefern, daß euch das Ende eures Geschlechtes dem Fortleben desselben in Sünde und Schmach, in Geistesschwäche und totaler Abgestumpftheit der Sinne und des Geschmackes bevorzugenswert erscheint.

8. Wisset, daß die Ehelosigkeit aus bewußten und allgemein gültigen Gründen das vornehmste Zeichen für die geniale weibliche Verfassung ist, ja, daß sie das Genie der Frau selbst bedeutet.

9. Fordert stürmisch euren Anteil an der Rechtsprechung im Staate! Fordert mit Energie, daß der einseitige und ewig unbillig richtende Männerstaat zu bestehen aufhöre und alle Regierungs- und Verwaltungsgebiete

auch von Frauen oder auf deren Anordnung besorgt werden.

10. Wisset, daß, wo weibliche Angelegenheiten oder Fälle zur Erörterung kommen, Frauen nicht nur mitberaten sollen, sondern die erste Stimme, das Primat bzw. die Entscheidung, besitzen.

11. Da ihr allein sein sollt, so fordert die Teilung der Städte nach den Geschlechtern und die Konzentrierung der gesamten weiblichen Tätigkeit auf die eigene Stadthälfte, die selbstredend auch besondere Todesstätten für das Geschlecht enthalten soll ... Nur dann, wenn die häßliche Promiskuität von Männern und Frauen, die im Adel solch einen intensiven Charakter annimmt, so daß beide Geschlechter nur nach dem Spitznamen unterschieden werden, aufhört, nur, wenn ihr gesondert lebt und wohnt, werdet ihr alle Rechte besitzen und alle schicklichen Berufszweige mit Leichtigkeit ausüben, während an Orten, wo der Kampf noch unmittelbar tobt und der gesamte Knäul in eins verstrickt ist, der männliche Neid und die herausfordernde und hypnotisch wirkende Art des Räubers und Totschlägers »Mann« der Frauenwelt den Lorbeer immer wieder zu entwinden strebt.

12. Haltet euch fern von aller schädlichen Verehrung männlicher Werke und Schöpfungen. Wählt von allen nur die besten, nützlichsten ... Denn der Mann hat sich durch seine proletarische Arbeits- und Produktionslust dem Bewußtsein maßlos aufgedrängt. Es gilt deshalb, sich seiner müßigen Leistungen und Lockspeisen zu erwehren. Die scheinbar edelsten Dichtungsgattungen, wie beispielsweise die Tragödie, beruhen auf Überschätzung des Affektes. Der gereifte Sinn aber geht den schweren Erschütterungen aus dem Wege und verschmäht es, häß-

liche oder gar schändliche Dinge oder Ereignisse, welche die Wirklichkeit mit sich führt, in einem pseudokünstlerisch zu benennenden Spiegelbilde sich neuerdings zu Gemüte zu führen. Lebt außer in der Eroberung und Behauptung eurer Rechte in der Sympathie für euer Geschlecht sowie in der feinsten Etikette zu demselben, denn euer Geschmack hat nur noch reiner, euer Selbstgefühl gestählter und die Vorliebe für das eigene Geschlecht, für dessen Ansprüche, Rechte und Fortschritte verdichtet zu werden, damit das Rittertum der Frauen sich begründe und sich würdig dem Priestertum derselben anschließe; lebt in maßvollen, von milder Gesinnung inspirierten Gefühlen und in dem Genusse der unerschöpflichen Schönheit der Natur!

Helene von Druskowitz

Als Helene von Druskowitz 1903 ihre Gesetzestafeln für Männer und Frauen publizierte, lebte sie bereits seit zwölf Jahren in der Psychiatrie. Weitere fünfzehn Jahre wird sie dort verbringen, bis zu ihrem Tod. Die Diagnose: Verrücktheit und Paranoia. »Dieses Werk«, schrieb sie im Editorial ihres Buches, »soll ebenso gelesen und gewürdigt, wie das Chamonixtal und die Rhonegletscher bewundert werden.« 1874 übersiedelt sie mit ihrer Mutter von Wien nach Zürich, wo Frauen zum Studium an der Universität zugelassen waren. Sie studierte u. a. Archäologie, Orientalistik und Germanistik und promovierte als zweite Frau überhaupt zum Doktor der Philosophie. Von 1878 bis 1882 hält sie Vorlesungen in Wien, München, Zürich, Basel. Sie reist nach Nordafrika, Frankreich, Italien und Spanien. Sie schreibt und publiziert unermüdlich. Ihre literaturwissenschaftlichen und philosophischen Schriften werden von der Fachwelt, von Nietzsche, von C. F. Meyer anerkannt. Sie schreibt über Shelley, über die englischen Dichterinnen Elizabeth Barrett-Browning und George Eliot und über die Dramatikerin Joanna Baillie. Vermutlich 1887 beginnt ihre Liebesbeziehung zu Teresa Malten, einer bekannten Opernsängerin der Dresdner Staatsoper. Die diese Beziehung begleitende Verleumdungskampagne mag eine erste Paranoia bei ihr ausgelöst haben. Sie schreibt, heißt es im Krankenbericht von 1904, »meist konfuse androphobe Aufsätze, die indes trotzdem wegen ihres wütenden Tones von frauenrechtlerischen Zeitschriften abgedruckt werden«. Gegen ihren »halluzinatorischen Wahnsinn« erhält sie Schlaf- und Beruhigungsmittel. Ein Versuch, sie davon zu heilen, wird nicht gemacht. 1907 schreibt sie ihren Letzten Willen auf: »Die Endesgefertigte bestimmt letztwillig nach ihrem Ableben ein passendes und standesgemäßes, wenn auch einfaches Grabmal, wie sie hofft, auf freier Erde für sie setzen zu lassen ... Endesgefertigte wünscht, daß eine Mittheilung über ihr erfolgtes Ableben in den Blättern unterbleibe.«

Colette
1873-1954

Ruhm bringt eben solche Zwänge mit sich
(Natalie Barney)

Ich habe Renée nie traurig gesehen. Alle Dentallaute mit dem englischen h begleitend, rief sie: »Ach, mein khleines Coletthchen, wie ekhelerregend isth doch dieses Leben!«, worauf sie laut auflachte. In so manchem Billett finde ich den gleichen Ausruf wieder. Oft schreibt sie sogar unumwunden: *»Ist dieses Dasein nicht eine reine Beschissenheit? Ich hoffe, es wird bald zu Ende sein.«* Ungeduld, die ihre Freunde amüsant fanden, Hoffnung, die nicht enttäuscht wurde: sie starb in ihrem dreißigsten Jahr ...

Unsere freundschaftlichen Beziehungen hatten, das versteht sich von selbst – ich sollte sagen: das versteht sich von mir –, nichts Literarisches. Wenn ich nicht mitteilsam bin, was Literatur angeht, und, von Bewunderungsausrufen abgesehen, mit Worten geize, so begegnete ich bei Renée einer vollkommenen beruflichen Schamhaftigkeit, einem Schweigen guter Geselligkeit. Ihre Bücher, die sie mir gab, versteckte sie jedesmal unter einem Strauß Veilchen, einem Obstkorb, einer Stoffbahn orientalischer Seide ... Die beiden literarischen Aspekte ihres kurzen Lebens: ihre Traurigkeit und ihre Arbeit hat sie mir verborgen. Wo arbeitete sie? Zu welchen Stunden? Die weitläufige, dunkle, prächtige und changierende Wohnung in der Avenue du Bois sprach durchaus nicht von Arbeit. Man hat diese Erdgeschoßetage selten und dann unzutreffend geschildert. Außer einigen riesigen Buddhas bewegten sich alle Möbel auf geheimnisvolle Weise, riefen eine Zeitlang Staunen und Bewunderung hervor, machten sich dann davon …

Zwischen diesen Herrlichkeiten, durch das duftende Dunkel der von Kirchenfenstern versperrten Salons, in einer durch Vorhänge, Weihrauch gesättigten Luft irrte Renée, mehr schwarz oder violett verschleiert als gekleidet, umher. Drei- oder viermal überraschte ich sie in einer Sofaecke lehnend und auf den Knien kritzelnd. Sie stand mit Sündermiene auf und entschuldigte sich: »Das hath nichths zu bedeuthen … Ich bin ghleich ferthig …« Ihr langer Körper ohne Rundungen war vorgeneigt und trug wie eine schwere Mohnblüte den Kopf, die goldenen Haare und große schwankende Hüte. Sie streckte ihre langen tastenden Hände aus. Ihre Kleider bedeckten ihre Füße, und sie ging, geschlagen mit engelhafter Ungeschicklichkeit, und verlor im Gehen ihre Handschuhe, ihr Taschentuch, ihr Schirmchen, ihren Schal …

Sie gab alles ab, ohne Unterlaß: an ihren Armen öffneten sich die Armbänder, die Halskette glitt von ihrem Halse eines Opfers … Sie schien sich zu entblättern, ihr nachgiebiger Körper verweigerte jedes fleischliche Relief.

Als ich das erste Mal bei ihr zu Abend aß, weinten drei braune Wachskerzen in hohen Ständern. Das Dunkel vertrieben sie nicht. Ein aus dem Fernen Osten stammender niedriger Tisch bot, bunt durcheinander, um Glasstäbchen gewickelte Streifen rohen Fischs, Gänseleber, Krabben, mit Zucker und Pfeffer angemachte Salate, einen sehr gut gewählten trockenen Piper-Heidsieck und – schon – außergewöhnlich steife Cocktails dar. Vom

Dunkel gewürgt, durch das unbekannte Feuer russischer, griechischer, chinesischer Spirituosen mißtrauisch gemacht, aß ich fast nichts. Ich erinnere mich, daß die gute Laune Renées, die lachte, munter war, über deren Goldhaar ein schwacher Lichthof zitterte, mich so traurig machte wie die der blinden Kinder, die lachen und ohne Hilfe des Lichts geschickt spielen.

Ich glaubte nicht, daß aus dieser Begegnung im Schutz schattengetränkten Luxus eine wirkliche Freundschaft entstehen könnte für das langaufgeschossene junge Mädchen, das sein Glas auf ähnlich unachtsame Weise leerte wie Brautjungfern auf bürgerlichen Hochzeiten. Unter anderem führte sie an ihre Lippen ein mit einem zweifelhaften Elixier gefülltes Glas, in dem eine mit einem Zahnstocher harpunierte Kirsche umherschwamm ... Ich legte ihr die Hand auf den Arm:

»Trinken Sie nicht!«

Sie riß die Augen weit auf, die Wimpern des oberen Lids berührten ihre Brauen:

»Warum?«

»Ich habe das versucht«, sagte ich verlegen. »Es ist ... es ist ungenießbar ... Seien Sie vorsichtig ... Es ist irgendeine Art Vitriol ...«

Ich wagte ihr nicht zu sagen, daß ich einen heimtückischen Streich vermutete. Sie lachte, zeigte alle ihre frischen Zähne:

»Aber das sind *meine* Cocktails, meine khleine Coletthe. Sie sind ausgezeichnet.«

Sie leerte ihr Glas in einem Zug, rang nicht nach Luft, zuckte nicht mit der Wimper, und ihre runde Wange behielt ihr blütenzartes Weiß.

Nicht an jenem Abend bemerkte ich, daß sie von

einem Löffelvoll Reis, einer Frucht, hauptsächlich von Alkohol lebte. An jenem Abend konnte nichts das Unbehagen vertreiben, das körperliche Mißtrauen, das ein neuer, mit seiner Einrichtung die Überraschung des Geladenen bezweckender Raum, die Quasi-Dunkelheit und, auf ihren hispano-maurischen Platten, ihren Tellern aus Jade, aus vergoldetem Silber, aus chinesischem Porzellan, die von allzu weit herkommenden Speisen hervorriefen ...

Ich sollte Renée Vivien jedoch oft wiedersehen.

Wir entdeckten, daß dank zweier nur durch ein Gitter voneinander getrennter Gartenhöfe zwischen unseren beiden Wohnhäusern eine direkte Verbindung bestand, daß die schlüsseltragende Concierge keineswegs unbestechlich war; auf diese Weise konnte ich mich, ohne den üblichen Weg zu benutzen, von der Rue de Villejust zur Avenue du Bois begeben. Ich machte von der Erleichterung selten Gebrauch. Im Vorbeigehen klopfte ich mit dem Nagel an die auf den Hof hinausgehenden Scheiben im Erdgeschoß, das Robert d'Humières bewohnte. Er öffnete sein Fenster und hielt mir einen Armvoll Schnee, einen makellosen Schatz, seine weiße blauäugige Katze Lanka entgegen: »Ich reiche Ihnen«, sagte er, »das Kostbarste, was ich besitze.«

Noch zwanzig Meter, und ich trotzte bei Renée der Luft, die wie ein Wasserschwall meine Schritte verlangsamte, dem Duft des Weihrauchs, der Blumen, der überreifen Äpfel. Daß ich dort vor Dunkelheit fast erstickte, heißt wenig sagen. Ich wurde dort unduldsam, fast bösartig, ohne die Geduld des fadendünnen Engels zu erschöpfen, der den Buddhas kleine rotbäckige Äpfel als Weihegaben darbrachte. Eines Tages, als der Frühlingswind die Judasbäume in der Avenue entblätterte, erfaßte mich Ekel vor soviel Beerdigungsgerüchen, und ich wollte ein Fenster öffnen: das Fenster war zugenagelt. Welcher Beitrag eine solche Einzelheit, welche Fioritur für ein ohnedies reiches Thema! So viele rötliche Schimmer, Goldreliefs in den Halbschatten, flüsternde Stimmen hinter den Türen, chinesische Masken, an den Wänden stumme alte Instrumente, die nur beim Stoß einer Tür unter meiner brüsken Hand leicht stöhnten ... Bei Renée Vivien hätte ich jünger werden wollen, um mich ein wenig zu fürchten. Aber die Ungeduld packte mich wieder, und eines Abends brachte ich eine kränkende, eine unstatthafte, dicke Petroleumlampe mit und stellte sie angezündet vor mein Gedeck, Renée vergoß auf kindliche Weise heiße Tränen darüber; es ist billig hinzuzufügen, daß sie sich schnell wieder tröstete.

Obwohl sie, damit ich nur zufrieden sei, gleichzeitig mit mir zwei oder drei meiner liebsten Freunde einlud, schien unsere Vertrautheit keine Fortschritte zu machen. Im Dunkel um den Tisch versammelt oder im Dunkel bequem ausgestreckt, mit seltenen Speisen und Getränken, mit türkischem Tabak in Zigaretten, blondem chinesischem Tabak in silbernen Pipetten reichlich versehen, blieben wir ein wenig steif und unruhig, als ob die junge Gastgeberin und wir selbst die unverhoffte Rückkehr eines abwesenden und unbekannten »Herrn« gewärtigten.

Von diesem »Herrn«, dessen weiblichen Namen niemand aussprach, schienen wir vage zu erwarten, daß ihn eine Katastrophe in unsere Mitte versetzen oder ein Exorzismus in Nichts auflösen würde. Doch er schickte Renée lediglich unsichtbare und schwerbepackte Boten, Überbringer von Lacken, Jaden, Emaillen, Stoffen ... Eine

Sammlung alter persischer Goldmünzen traf ein, glänzte, verschwand, den Platz Vitrinen mit exotischen Schmetterlingen und Insekten überlassend, die sich ihrerseits vor der Kolossalstatue eines Buddha, einem Strauchgarten mit Blättern aus Kristall, Früchten aus Edelsteinen zurückzogen ... Von einem Wunderwerk zum anderen ging Renée, unsicher, schon losgelöst, und legte eine gleichgültige Wärterinnenbescheidenheit an den Tag.

Wenn ich mich auf die Veränderungen besinne, die Renée mir allmählich verständlicher machten, glaube ich, daß zunächst einige Gesten, einige Worte sie mir in neuem Licht zeigten. Es gibt Menschen, die sich durch Bereicherung wandeln, andere erreichen nur dadurch, daß sie sich entblößen, wirkliches Leben, und allein ihr Elend erzeugt sie. Wann begann ich, vergessen zu können, daß Renée Vivien Dichterin war, das heißt, ihr ein wahrhaftes Interesse zu beweisen? Zweifellos eines Abends beim Essen in ihrem Haus, eines Abends der würzigen Speisen und furchteinflößenden Getränke – aber ich verließ mich nur auf eine oder zwei Schalen trockenen, vorzüglichen Chamagner –, eines lustigen und gleichwohl unerklärlich gezwungenen Abends, an dem die muntere Renée pflichteifrig lachte, bemüht, jedes gefällige Wort im Übermaß zu feiern.

Sie trug ausnahmsweise ein weißes Kleid, das ihren jungen geneigten Hals frei ließ, ihren Nacken, von dem, immer zerzaust, ihre weichen, geraden, nie ondulierten Haare herabhingen ... Zwischen Rede und Gegenrede, ohne daß irgendeine Störung darauf vorbereitet hätte, ließ sie ihren zarten hohlen Oberkörper gegen das Polster ihres Sessels sinken und senkte mit geschlossenen Augen den Kopf auf die Brust ... Ich sehe die beiden schmalen Hände vor mir, die geöffnet und leblos auf dem Tischtuch ruhten ... Diese Art Bewußtlosigkeit dauerte weniger als zehn Sekunden, und Renée kam wieder zu sich, unbefangen: »Ich bitthe euch um Verghebung, meine Khinderchen, ich glaube, ich habe geschlafen ...« Und mit sonderbarer Kraft und verstörter Gereiztheit stürzte sie sich in die, wegen des vorübergehenden Todes, von dem sie zurückkehrte, verlassene Diskussion:

»Dieser B. ...«, rief sie, »ich will nicht, daß man hier noch weiter über seine Verse spricht. Er hat kheinerlei Thalenth. Dieser B. ... isth ... wartheth, ich weiß, was das isth. Das isth ein Sch ... mit Feder. Jawohl. Ein Sch ... mit Feder. Das isth ein Sch ... mit Feder ...«

Das Wort fiel, derb, kurz, in unser Schweigen. Alle wären wir imstande gewesen, dasselbe Wort hervorzubringen, von Mund zu Mund, weder laut noch leise. Aber auf den kindlichen Zügen Renées herrschte, als sie das Schimpfwort wiederholte, eine Geistesabwesenheit, die sie jeder Bedeutung beraubte, alterslos machte und eine tiefe Unordnung offenbarte ...

Der umsichtige Wahnsinnige ist verloren, wenn er ein einziges Mal durch eine einzige enge Bresche den Blick des Gesunden sein verrammeltes Universum überraschen und entweihen läßt. Danach ist es der Blick des Gesunden, der sich ändert, über das Geheimnis, das er entdeckt hat, in Aufruhr, in Entzücken gerät und der nicht aufhört, es zu befragen. Je scharfsinniger der Geisteskranke ist, desto weniger widersteht er dem Ansuchen des Normalen. Ich spürte, daß Renées Modulation – in Gedanken verglich ich Renée mit einer süßen, trotz beflissener Harmonisierung ein wenig flachen Melodie – näher kam.

Zehn Tage vor dem Kostümball, den Robert d'Humières in dem von ihm geleiteten Théâtre des Arts veranstaltete, zog Renée Vivien beim Kostümbildner Pascaud, nach der Anprobe ihres Kostüms – sie wollte Jane Grey auf dem Richtblock darstellen, wie sie Paul Delaroche leider gemalt hat –, aus Versehen statt ihres schwarzen Mantels meinen schwarzen Mantel an.

»Er paßt Ihnen fast«, sagte ich ihr lachend. »Aber einiges fehlt Ihnen noch, um ihn würdig zu tragen, hier etwas ... Und dort ... Davon abgesehen ...«

»Er paßt mir ... fast? ...« wiederholte Renée. »Fast ...«

Wieder sah ich an ihr eine verdüsterte Miene, den dümmlich offenstehenden Mund ... Sie stammelte:

»Ein großes Unglück ... Ein großes Unglück ist das, was Sie mir da verkünden ...«

Mit trostlosem Blick maß sie das nette Pony – ein Cobhorse etwa –, das ich dazumal war ... Sie faßte sich ziemlich rasch wieder, und wir trennten uns. Am Abend wurden mir in ihrem Auftrag folgende, an meine im lebenden Bild Jane Grey mitwirkenden Freunde und an mich gerichteten Zeilen gebracht:

Liebe Kinder, mir begegnet das größte Unglück, das mir widerfahren konnte: ich habe aus Unachtsamkeit zehn Pfund zugenommen. Aber mir bleiben noch zehn Tage vor unserem Ball, um sie wieder zu verlieren, das ist genug, das muß genug sein, denn ich darf um keinen Preis das Gewicht von zweiundfünfzig Kilo überschreiten. Sucht mich nicht, ich gehe an einen allen unbekannten Ort. Verlaßt euch auf mich, ich werde in zehn Tagen zur Stelle und für den Ball gerüstet sein

Eure Renée

Sie hielt Wort. Wir erfuhren später, daß sie zehn Tage im Pavillon Henri-IV in Saint-Germain zugebracht hatte. Morgens trank sie ein Glas Tee und wanderte durch den Wald, bis ihre Kräfte sie verließen. Dann trank sie nochmals Tee, dem Alkohol zugesetzt war, legte sich fast ohnmächtig zu Bett und begann mit der nicht versiegenden Kraft der Überspannten tags darauf von neuem. »Wir machten vielleicht zwanzig Kilometer«, gestand ihre Begleiterin später. »Ich weiß nicht, wie Mademoiselle das durchhielt ... Ich aß, und ich konnte nicht mehr ...«

Als die zehn Tage verflossen waren, stieß Renée um elf Uhr im Théâtre des Arts wieder zu uns. Sie war sehr hübsch in ihrem Kostüm, geschminkt, hohläugig, mit frei auf eine Schulter fallendem Haar und ausgelassen fröhlich. Sie hatte noch die Kraft, Jane Grey darzustellen – mit gefesselten Händen, weißem Nacken, die auf den Richtblock eine Flut blonder Haare ergoß –, ehe sie auf der Bühne hinter dem Prospekt mit den höchst kläglichen und heftigen Anzeichen einer durch die Entkräftung und einiges ›doping‹ verschärften Alkoholvergiftung zusammenbrach ...

Ein ziemlich armseliges Geheimnis, Zeugnis einer ziemlich gewöhnlichen Neurose? Ja, sofern man sich mit einer einzigen Gewißheit zufriedengeben mag, und einige Zeit gab ich mich damit zufrieden ... Während kurzer Zeit: Renée siechte dahin, als man mir verriet, mittels welcher List von unseliger Einfachheit sie trank, ohne daß ein Mensch in Paris oder in Nizza im kleinen Haus im Parc Cessoles sie dabei überraschen konnte ... Neben dem Badezimmer, in einem Kabinett, das als Wäschekammer diente, saß ihr gefügiges Zimmermädchen und nähte. Renée, die lebhaft war, ungeschickt, sich an den Möbeln stieß, ersuchte alle Augenblicke die Hilfe – sagen wir: Justines, denn das Zimmermädchen hieß nicht so:

»Justhine, mein Khleines, nähen Sie mir schnell die Agraffe wieder an ... Haben Sie mein Stickereikleid gebügelt, meine khleine Justhine? Schnell, mein Schuhband isth aufgegangen ... Oh, die neuen Handschuhe da haben noch ihr Preisschild, enthfernen Sie es, meine khleine Justhine ... Bitthe, Justhine, sagen Sie der Khöchin, daß heute abend ...«

Hinter dem Flügel der offenbleibenden Tür ließ sich nur eine gemurmelte Antwort vernehmen: »Ja, Mademoiselle ... Sehr wohl, Mademoiselle ...«, und das Zimmermädchen stand nicht vom Näherinnenstuhl auf. Bei jedem Erscheinen Renées mußte Justine sich lediglich ein wenig vorneigen, um einen der unter ihrem Stuhl von ihrem Rock verborgenen vollen Becher zu fassen. Sie reichte ihn schweigend Renée, die ihn in einem Atemzug leerte und sich von der Wäschekammer ins Badezimmer verfügte, wo ein Glas mit pünktlich erneuertem, milchigem parfümiertem Wasser sie erwartete. Sie spülte sich den Mund, spuckte rasch aus. Weil sie das duftende Glas im Vorübergehen gesehen und gerochen hatten, glaubten und behaupteten manche, Renée Vivien trinke Eau de toilette ... Was sie mit solchem Wahnwitz zu sich nahm, war nicht besser.

Wenn ich des Morgens meine denkwürdige Katze Prrou angeleint ausführte längs der Ränder der von ihr geliebten Rasenflächen, begegnete ich auf der Straße manchmal der stets ein wenig wie für einen Sonntag auf der Promenade geschmückten Renée ... Sie stieg in den

Wagen, trat in den Saum ihres langen Kleides, verfing sich mit dem Ärmel am Griff des Wagenschlags ...

»Wohin so früh, Renée?«

»Ich gehe meinen Buddha khaufen. Ich habe beschlossen, jeden Thag einen zu khaufen. Isth das nichth eine gute Idee?«

»Ausgezeichnet. Viel Vergnügen!«

Sie wandte sich zurück, um mir zuzuwinken, und ihr großer Hut schwankte. Um ihn festzuhalten, hob sie den Arm, den sie durch den Bügel ihrer Tasche gesteckt hatte, und ihre schlechtgeschlossene Tasche verstreute eine Menge zerknitterter Banknoten. Sie rief: »Oh! mein Gotth!« und lachte freundlich. Schließlich entfernten sich die Droschke, der große Hut, das Kleid mit dem abgerissenen Saum, und neben meiner angeleinten Katze, die säuberlich im Rasen scharrte, blieb ich stehen und dachte: »Der Alkohol ... die Magerkeit ... Die Poesie, der tägliche Buddha ... Das ist doch nicht alles. Was liegt am düsteren Grund dieser Kindereien?«

Colette

Als »Mosieur Willy« die junge Colette 1893 aus einem burgundischen Provinznest nach Paris brachte und heiratete, wußte er noch nicht, welches Talent er eingefangen hatte. Aber als er sie in der »Rue Jacob, dritter Stock, zwischen zwei Höfen ... Kein Sonnenstrahl ... ein dunkler Arbeitsraum« einsperrte, damit sie die erfolgreichen Claudine-Romane schrieb, die er unter seinem Namen publizierte, »da hatte mein Mann schon erkannt, welchen Profit ich abwarf«. In der Claudine-Fabrik entstand ein Buch nach dem anderen. Und weil es en vogue war, ging es auch immer um Liebe unter Männern oder unter Frauen. Als der sehr viel ältere Willy ihr im zweiten Jahr der Ehe bereits untreu wird, fällt es ihr »schwer zu akzeptieren, daß es einen so großen Unterschied zwischen einem Jungmädchendasein und dem Dasein als Frau gab, zwischen dem Landleben und dem Leben in Paris, zwischen dem Glück – zumindest der Illusion von Glück – und seinem Fehlen, zwischen der Liebe und dem mühseligen, erschöpfenden sexuellen Zeitvertreib«. Aber da ist die zehn Jahre ältere »Missy«, die Marquise de Belbeuf, und sie fängt die unglückliche Colette auf. In der Stadt erzählt man sich, Colette trage ein Armband, auf dem stehe »Ich gehöre Missy«. Missy kauft und richtet Colette ein Haus in der Bretagne ein. Tritt mit ihr auf der Bühne auf, wo sie lange und leidenschaftliche Küsse austauschen und damit einen gesellschaftlichen Skandal auslösen. Missy wird Colette auf ihren Theatertourneen durchs Land begleiten, und wenn sie in Paris sind, leben sie in einer gemeinsamen Wohnung – bis Colette im Frühjahr 1911 den Grafen Henry de Jouvenel kennenlernt und heiratet. 1924 wird sich auch dieser Mann von ihr trennen. Als Colette 1931 *Diese Freuden* schreibt, lebt sie bereits mit Maurice Goudeket zusammen, und es gelingt ihr in diesem Text nur selten »mit Würde und das heißt mit Feuer, über das zu sprechen, was ich die edle Zeit einer Leidenschaft zwischen Frauen nenne«. Noch später wird sie in ihren Erinnerungen *Meine Lehrjahre* schreiben, Lesbischsein sei eine modische Nachkriegserscheinung gewesen, so wie der Kurzhaarschnitt. Und dort schreibt sie auch: »Den Möglichkeiten, die der Zufall mir nach meiner Heirat bot, zeigte ich kein Entgegenkommen, nicht weil ich besonders frauenfeindlich war, aber ich war jungenhaft und fürchtete den Umgang mit Frauen.« Dennoch dauerte ihre Beziehung mit Missy sechzehn Jahre. Und eng war sie auch mit der begabten Dichterin Renée Vivien befreundet, die mit 30 an Alkoholismus und Unterernährung starb. »In meinem Unterholz«, erinnert sich Natalie Barney, die Geliebte von Renée, spielte die Colette einmal *Le Faune*, »ein Gedicht, das Renée Vivien ihr gewidmet hatte.« Und in demselben Text über die Colette sagt sie auch: »Aber standen ihr die Dichtung von Renée Vivien und Renée Vivien selbst nahe? Nicht, wenn man sich auf *Diese Freuden* bezieht, dieses Buch, in dem Colette sie verständnis- und rücksichtslos aburteilt ... Ruhm bringt solche Zwänge mit sich!«

Sir Galahad
1874-1948

Der Grund des Reisens ist das eigene Heim

Zur Dämonologie des Haushaltes

Der Grund des Reisens ist das eigene Heim!

Leichtherzig halte sich der Mensch Rennställe, Jachten, sechzigpferdige *Mercedes* und bleibe sorglos wie ein Kind! – –

Anders der Mann, auf dessen Karma ein bürgerlicher Haushalt lastet! Zur Sanierung seiner Verhältnisse muß er unweigerlich von Zeit zu Zeit in den Glanz fashionabler Hotels flüchten – nach Aix les Bains, Heluan, Isle of Wight. –

Der Traum meines Lebens ist es, mir durch unaufhörliche Weltreisen dereinst so viel zu ersparen, daß ich mir einmal durch drei Monate ununterbrochen den Luxus eines bürgerlichen Haushaltes gestatten kann.

Geht's gar nicht anders, so nehme ich auf der Rückreise noch jedesmal Australien dazu, um jene Summen zu erübrigen, die in den folgenden drei Monaten dann für Brennspiritus, Reibsand, »Wascheln«, Bodenpasta und so weiter aufgehen werden.

Hier schiene mir das Eingreifen des Staates am Platze, wie bei allen Unternehmungen, so die Kräfte des Einzelnen übersteigen!

Lepra, Lupus und Bubonenpest haben doch auch eigene Beobachtungsstationen, wenn es auch einleuchtet, daß der »bürgerliche Haushalt« eher der Psychosenlehre angehört – (das ganze Familienleben etwa als »eingeklemmter Affekt« betrachtet!)

Aber Milliardäre könnten in grandiosen Stiftungen zusammenschießen und zum Zweck wissenschaftlicher Untersuchung einige »bürgerliche Haushalte« subventionieren, um endlich die Eigenschaft dieser unheimlichen und perversen Gebilde zu erforschen.

Hier enden nämlich, wie es scheint, alle Naturgesetze – Axiome – aprioristischen Anschauungsformen, alles – einfach aus – Schluß!

Zum Beispiel das Gesetz von der Erhaltung der Kraft! Sonst allgültig und allmächtig, drückt sich wo es kann, um den bürgerlichen Haushalt herum: Drei bis vier Geschöpfe verbringen sechzehn Stunden täglich mit den anstrengendsten und widerlichsten Verrichtungen, ohne daß eine geleistete Arbeit auch nur spurenweise irgendwie nachweisbar wäre!

Die verbrauchte Kraft hat sich in keine uns bekannte Energieform umgesetzt. Hier hilft sich allerdings der Forscher leicht, indem er der Unvollkommenheit seiner Instrumente die Schuld gibt. – –

Aber die Chemie, bitte: – – Stete Transmutation aller Elemente, aller Metalle in eine *»prima materia«* – alles verwandelt sich in Schmutz! –

Sogar die reinen Verstandesbegriffe, die Denkformen *a priori*, wanken dem, der ein Vergehen in Nichts als undenkbar erkennt und doch erschauernd im Wunder des »Aufräumens« sieht, wie die Dinge auf ewig verschwinden – restlos – sich einfach dematerialisieren – um nie wiedergefunden zu werden. – – –

Vielleicht läßt sich das eigene Heim auch als eine Art diabolischen Mikrokosmos deuten, der alle Gesetze des großen Kosmos draußen in ihrer Umkehrung widerspiegelt. – So wenigstens verhält es sich zum Satz vom kleinsten Zwang – verwandelt ihn ins Gegenteil – und nur auf dem halsbrecherischen Umweg sind die einfachsten Dinge zu erreichen. –

Sicher ist: auch gutmütige Gebrauchsgegenstände werden in diesen perversen Wirbel gezogen!

Wie Ratten das sinkende Schiff verlassen, so wittern alle Dinge den Aasgeruch der Verwesung, der typischen Bourgeois-Einrichtungen eigen zu sein pflegt, und geben sich absolut keine Mühe mehr. Zahme Öfen, die an öffentlicher Stelle sonst brav und harmlos die im Prospekt garantierten Kalorien vor sich hinbrennen, werden, in den Haushalt verpflanzt, sofort unbotmäßig, stinken und treiben allen erdenklichen Unfug.

Aber auch für die prähistorische Forschung enthält der Haushalt Aufschlüsse von unschätzbarem Wert! Wie in einem Naturpark, unberührt von Technik und Kultur der Jahrtausende, haben sich hier die Bräuche aus den Uranfängen unserer Rasse erhalten! Arbeitsmethoden, die längst aus dem Leben der historischen Menschheit verschwunden sind, kann der Forscher hier noch in der ganzen Frische der Steinzeit tagtäglich verwendet sehen!

Unerschrocken sollten daher Pioniere der Wissenschaft mit verbesserten Taucherhelmen etwa, die ihnen auch Nahrung von der Außenwelt zuführen können, in den bürgerlichen Haushalt dringen und Mühen und Entbehrungen nicht scheuen, die eben im Wesen des Versuchsortes liegen.

Ich selbst bin zermürbt und müde! Ich weiß nicht, ob ich im Komfort der Wüste Gobi von den Strapazen meines letzten »bürgerlichen Haushaltes« noch einmal gesunden werde, um die Forschungen lückenlos fortführen zu können – mein Verdienst ist es lediglich, das Auge der Wissenschaft auf dieses unheimliche Gebiet gelenkt zu haben, das vielleicht zu einer Überprüfung all unserer Naturgesetze führen wird. – –

So aber spricht ergraute Weisheit: Keiner wage sich heran an das Problem des »bürgerlichen Haushaltes«, dem nicht mindestens drei Dinge gegeben sind:

Das Wissen des Humboldt, der Kredit des Rockefeller und die Nerven eines Gorilla!

Sir Galahad

Wohlbehütet wuchs Bertha Diener in einer Wiener Fabrikantenfamilie auf. In klassischer Weise wurde sie auf ihre spätere Rolle der Ehefrau vorbereitet, studieren durfte sie nicht. In dem sehr viel älteren und wohlhabenden Privatdozenten Friedrich Eckstein trifft sie einen Mann, der ihr die Welt erschließt. Seine Neigungen zur Theosophie, zum Okkultismus und Spiritismus faszinierten sie. Aber ihre Eltern sind gegen diese Verbindung. Bertha wartet stumm auf ihre Volljährigkeit, zwei Jahre spricht sie mit dem Vater kein Wort, dann heiratet sie im April 1898 Eckstein. In ihrem Haus verkehren Karl Kraus, Adolf Loos, Gustav Meyrink, Peter Altenberg. Aber aus dem »Geistesrefugium« in Baden bei Wien wird für Bertha bald ein »Geistesgefängnis«. Ihre Talente liegen brach, die Welt ist irgendwo weit draußen. Sie verläßt 1904 ihren Mann und den inzwischen fünfjährigen Sohn Percy und beginnt ihre Reiseexistenz. Reist nach Ägypten, Griechenland, England. Eine amour fou mit dem jüdischen Arzt Theodor Beer bringt sie fast an den Rand des Wahnsinns. 1910 wird ihr Sohn Roger geboren, der in einer Pflegefamilie aufwächst. Denn Bertha Eckstein wird nie mehr in eine bürgerliche Existenz zurückkehren. Sie ist unausgesetzt auf Reisen.

Ahasvera nennt sie sich zunächst, die ewig Reisende. Später wird sie ihre Romane und journalistischen Arbeiten mit dem Pseudonym Sir Galahad zeichnen, er ist von Lancelots Tafelrittern der einzige ohne Fehl. Je nach Finanzlage lebt sie als Dauergast in Luxushotels, Familienpensionen, Christlichen Hospizen. Geht zum Wintersport oder auf Expedition. Sie ist eine schlanke, immer elegante Erscheinung, sie liebt die Haute Couture. 1914 bis 1919 schreibt sie an dem Roman *Kegelschnitte Gottes*, der 1920 erscheint, und prangert darin die unmögliche Situation der Frauen zu Anfang der Gründerzeit an. 1932 erscheint *Mütter und Amazonen*, es ist die erste weibliche Kulturgeschichte.

Eine Frauenrechtlerin im engeren Sinne war Sir Galahad nicht, aber schreibend wünschte sie sich eine Besserstellung der Frau herbei. »Zur Dämonologie des Haushaltes« erschien im Dezember 1907 in *März*, der von Albert Langen, Ludwig Thoma und Hermann Hesse herausgegebenen Kulturzeitschrift. Da war sie dem bürgerlichen Haushalt mit Friedrich Eckstein schon entflohen.

Isabelle Eberhardt
1877-1904

Lauf! Geh! Nur zum Bersten hält die Wolke inne,
und nur zum Weinen bleibt der Wanderer stehn!

Isabelle Eberhardt an Ali Abdul Wahab

[Bône, 22. August 1897]

Dank sei dem einzigen Gott gesagt. Der Friede sei mit unserem Propheten Mohammed.

An meinen inniggeliebten Bruder, die Freude meines Herzens, das Licht meiner Augen, Geschmeide des Daseins, Laterne in meiner Finsternis, der Stolz meines Lebens, Si Ali Abdul Wahab, auf daß Gott ihn hienieden und im Jenseits überglücklich macht.

In Annaba, im Land der Freidenker, den 16 Rabia al Awwal 1315 der Hidschra. (A = Arabisch)

Vielleicht werden auch Sie lächerlich finden, was ich Ihnen weiter unten sagen werde, so wie ich es mehr denn je empfinde: gleichwohl ... Diese Befürchtung wird mich nicht davon abhalten, Ihnen meine Gedanken mitzuteilen.

Es gab eine Zeit, in der ich den leidenschaftlichsten Kult um die *Freundschaft* pflegte ... Der wahren, welche vollkommene Offenheit und absolute Ehrlichkeit vereinigt. Mit fortschreitender Desillusionierung hat diese Fähigkeit, meine Freunde *zu lieben*, nicht nur sehr abgenommen, sondern sie ist mir sogar abhanden gekommen ... Und als ich Sie dann sah – Sie –, habe ich verstanden, daß bedingungslose Freundschaft, so wie ich sie verstehe, in der Tat ein großes Glück ist ...

Sie haben mich durch Ihre brüderliche Umgangsweise davon abgehalten, die schlimmsten Verrücktheiten zu begehen – die verhängnisvollsten Dinge, die man tun kann.

Sie kamen in einer Stunde der vollständigen Hoffnungslosigkeit und großen Traurigkeit, um mir auf immer die Hand zu reichen, um zu mir im Namen der Vernunft und der Pflicht zu sprechen – mir davon zu sprechen, was ich niemals hätte vergessen dürfen: *die Arbeit*. Nur die allein kann mich vor dieser Sorte schlimmer Apathie retten, die mich heimgesucht hatte und meine ganze Lebensenergie abtötete, meine Lust zu leben und alles Denken ...

Bône ist jetzt kein Gefängnis mehr für mich.

den 20 Rabia al Awwal. (A)

Der Anfang dieses Briefes – obgleich er die Wahrheit ausdrückte – war geschmacklos ...

Nun, lassen Sie mich Ihnen sagen, daß ich verstanden habe, und es jetzt noch besser verstehe, daß über die mehr oder weniger materiellen Unannehmlichkeiten hinaus, die Sie peinigen und von welchen Sie mir erzählt haben, Sie einen viel größeren und tieferen Kummer im Herzen haben müssen – es ist etwas Undefinierbares, das uns so überraschend schnell zusammengeführt hat, uns beide, die wir der Welt gegenüber – aus Argwohn wie aus Furcht vor banalem Trost, mit dem man uns unfehlbar überschüttet – eine undurchdringliche Maske tragen, für die immense Mehrheit der Menschen, die uns gar nicht ähneln. Bei Ihnen ist es die Maske der Unbewegtheit und beinahe der Gleichgültigkeit. Bei mir ist es die des »ich-scher-mich-einen-Dreck-darum« à la Diogenes, die Ursache meiner ständigen Witze und neckischer Späße. Beide, der eine wie der andere, sind wir krank – sehr krank. Teilweise leiden wir grausam, aber wir wollen keineswegs das Mitgefühl der Pseudo-Unseresgleichen, die uns so unähnlich sind.

Ich habe Ihnen erzählt, was mir mein Leben vergiftet, was meinen Charakter gänzlich verändert und die wenigen Talente, die ich von der Natur bekommen habe, an dem Tag furchtbar geschwächt hat, an dem sie mich in das ungeheuere Chaos des Lebens warf ...

Heute werde ich Ihnen noch mehr sagen – ich werde es von jetzt ab übrigens immer tun. Im Augenblick lassen Sie mich Ihnen ein etwas ausführliches »Bild« meines Lebens skizzieren, des letzten Jahres, das ich in Genf verbracht habe, und der drei Monate in Bône. Seit 1879 hat meine Familie immer auf dem Land gewohnt – in vier Kilometer Entfernung von Genf, in einem sehr abgelegenen Flecken. Seit damals, bis zu meiner Abreise nach Algerien, am 21. Mai 1897, war ich dort im wahrsten Sinne eingesperrt, inmitten grauenhafter Familienstreitigkeiten, von Verfolgungen geplagt, wovon ich Ihnen an jenem denkwürdigen Abend andeutungsweise gesprochen habe – die die Vorhersehung mir bestimmt hat – und die ich niemals in meinem Leben vergessen werde. Ich befand mich – schon von klein an – zwischen meiner ständig kranken Mutter und meinem Vater – um dessen Vorzüge ich nicht wußte (d. h. ich kannte meine Herkunft nicht und sah ihn irgendwie als »Tutor« an) und der ständig abwesend oder damit beschäftigt war, die Intrigen des Hauses aufzuklären. Wie ich aufwuchs und wie ich mir mein Wissen aneignete, sehr unzusammenhängend und daher recht weit gespannt, das werde ich Ihnen an einem anderen Tag berichten. Am Rande erwähnen möchte ich nur, daß die einzige Person meiner ganzen Familie, die ich seit jeher wahnsinnig geliebt habe, mit meiner ganzen leidenschaftlichen Seele – vor allem früher –, mein jüngster Bruder ist, Augustin, derjenige, der in der Fremdenlegion ist.

Nun, da meine beiden viel älteren Brüder und meine Schwester das Haus in einen Ort der wüstesten Ausschweifung verwandelt und Augustin mit seiner schwachen Gesundheit, vor allem was seine Nerven angeht, im Alter von *zehn Jahren* zum Trinken verführt hatten, ging es mit ihm seit 1887, also seit zehn Jahren bergab. Später werden Sie mehr über das alles erfahren. Unter diesen Umständen – am *21. Dezember 87* wurde ich gerade erst zehn Jahre alt – sah ich mich andauernd in tragische Vorkommnisse verwickelt – *aktiv teilnehmend*. Kurz, während dieser zehn Jahre hat mein Lieblingsbruder – unter Einfluß von Getränken und unter Mitnahme großer Geldbeträge – sechsmal das Haus verlassen, immer heimlich und ohne uns für Wochen oder Monate eine Nachricht zukommen zu lassen, so daß er uns in unvorstellbarer Verzweiflung zurückließ. Schließlich floh er am 13. Oktober 95 mit 500 Francs nach Marseille. Nachdem er – in einem Monat – dieses Geld ausgegeben hatte, verpflichtete er sich beim 1. Regiment der Fremdenlegion in Sidi-bel-Abbès im Département Oran. Den ganzen Winter über mußte ich ihn finanziell und moralisch unterstützen. Als er zuletzt krank wurde, erreichten meine Eltern seine Ausmusterung, und am 23. Februar 96 kam er nach Hause zurück, krank und beinahe nicht wiederzuerkennen. An diesem Tag begann für mich das schlimmste der Martyrien. Im Lauf des Jahres 95 habe ich für drei Monate die übermenschliche Anstrengung auf mich genommen, ihn dazu zu bewegen, arabisch und kabylisch zu lernen und die Prüfungen als Dolmetscher in Algerien abzulegen – alles, um ihn zu beschäftigen und ihn davon abzuhalten, völlig vom Weg abzukommen. Was mich das gekostet hat – das kann nur Gott allein wissen – *das kann nur Gott allein wissen.* (A) Natürlich schlug mein Versuch fehl, da er sich im August in die Legion rettete. Nach seiner Rückkehr 1896 begann ich meine Bemühungen aufs neue. Aber dieses Mal ging alles von Anfang an schief: Er wollte überhaupt nicht mehr arbeiten, er war griesgrämlich und streitsüchtig geworden. Kein Tag verging ohne die fürchterlichsten Szenen ... Er tat nichts mehr und hatte angefangen *kontinuierlich Absinth* pur zu trinken. Und der Absinth macht ihn zum Tobsüchtigen oder stürzt ihn in die dunkelste Verzweiflung. Zwischen dem 23. Februar und dem 9. Dezember 96 tat ich ebenfalls nichts anderes, als über ihn zu wachen, da ich einen Selbstmord befürchtete, und versuchte ihn mit allen Mitteln vom Trinken abzuhalten, da ich ohne Unterlaß ein Unglück voraussah. Ich weiß nicht, wie ich Ihnen verdeutlichen kann, was ich damals gelitten habe, selbst seit langem krank und höchst empfindlich. Trotz all seinen Fehlern habe ich diesem Bruder immer verziehen und liebe ihn weiterhin mit ganzer Seele, obgleich er sich, wenn wir zusammen sind (während der letzten Jahre), nicht so verhält, wie er es sollte. Und so war ich ständig in Angst, und heute scheint mir, daß dieses Jahr der grauenhafteste Alptraum gewesen war, den ich jemals gehabt hatte. Dennoch habe ich

1896 viel gearbeitet – ich betrieb meine Studien und setzte mein Schreiben fort, erstellte die ersten Entwürfe meines Buchs – dessen, welches ich gerade abschließe.

Am 9. Dezember 96 verließ mein Bruder, unter dem Vorwand, einen Besuch bei einem Arzt in unserer Nachbarschaft zu machen, ohne den geringsten Hinweis das Haus, unter Mitnahme von 1700 Francs. Wir blieben bis ungefähr zum 20. ohne Nachricht. Am 20. kündigte er mir an, *um mich zu sehen*, komme er nach Genf (von Marseille, wo er sich mit einem Mädchen aus dem Volk, Schwester und Tochter von Matrosen, verlobt hatte). Er verabredete sich mit mir auf *der großen Landstraße*, nicht einmal einen Kilometer von unserem Haus entfernt. Ich bin im Schnee dorthin gerannt. Die Unterredung dauerte *kaum fünf Minuten*: er erzählte mir verschwommen von seiner Verlobten und redete ungereimtes Zeug. Nachdem wir uns umarmt hatten, ging er fort. Ich hatte die schreckliche Gewißheit, daß er betrunken war, sogar an diesem Tag.

Danach, Brief auf Brief, und Beschwerden auf Beschwerden seitens dieser Marseiller Familie: Am 2. Februar schrieb er einen in Marseille datierten Brief an seine Verlobte, um ihr *seinen Selbstmord* anzukündigen. Die Unglückliche hat ihn mir unverzüglich zukommen lassen. Von da an, bis zum 9. März, also beinahe drei Monate – keine Nachricht. Können Sie sich mein Leiden während dieser Zeit vorstellen, mein Bestreben, ihn wiederzufinden, und meine Hoffnung, daß dieser Brief nur ein makaberer Scherz war? Seit seinem Verschwinden war ich krank geworden, litt ständig an nervösen Erstickungsanfällen und einer morbiden Angst, der nichts an Schrecken hätte gleichkommen können.

Bereits im Januar sprach man davon, das Haus aufzugeben und sich in Algerien niederzulassen. Da ich aber um die Bindung meiner Eltern an das Haus wußte und ihren enormen Widerwillen gegen Ortswechsel kannte, da ich mich noch an ähnliche, nie ausgeführte Pläne erinnerte, wagte ich nicht, auf das zu hoffen, was das Glück gewesen wäre: endlich dieser Einsamkeit zu entkommen – die ich dennoch liebe - und sich *ins Land Mohammeds* (A) zu begeben, um endlich die schillernde, geheimnisvolle Welt zu sehen ...

Bis zum Tag der Abreise lebte ich in einer unbeschreiblichen Beklemmung, in der Furcht, auch diesen Plan wie die anderen mißlingen zu sehen. Aber ich will nicht vorgreifen. Im März überbrachte mir ein Soldat des 2. Regiments der Fremdenlegion, stationiert in Saida (Oran), auf Genesungsurlaub in Genf, die Nachricht, daß sich mein Bruder am 11. Januar für *fünf Jahre* wiederverpflichtet habe. Seither erhalte ich glücklicherweise befriedigende Nachrichten.

Am Abend des 21. Mai verließen wir schließlich das Haus, in dem ich meine ganze Kindheit und frühe Jugend verbracht hatte – merkwürdiger Traum: einerseits alle Schrecken eines mehr als unglücklichen Lebens, andererseits alle Wunschträume und Hoffnungen, alle Gedanken der sonderbarsten Adoleszenz, die man sich vorstellen kann ... Das alles in einer poetischen Einsamkeit, die ohne all das sie umgebende Unglück ein wohltuender Rahmen für ein Geschöpf wie mich gewesen wäre ... und all das in *Schweigen*: niemals habe ich jemandem von dieser ganzen Welt der Träume und der Gedanken, die in mir gärte, erzählt.

In Algerien angekommen und kaum in Bône niedergelassen, machte sich mein Vater auf die Suche nach einem Arabisch-Lehrer für mich. Zufällig betrat er die *mahakma* des Kadi und fragte dort jemanden, der gut französisch plauderte und fähig war, ihm Auskunft zu geben: Man verwies ihn auf Si Mohammed El Khoudja ben Abdallah Hamidi, gerichtlicher *oukil*. Der bedauernswerte Alte, fasziniert von den Manieren des wahren Edelmannes und der sehr sichtbaren Bildung, brachte ihn mit zu uns nach Hause. In diesem Zusammenhang lassen Sie mich sagen, daß er bei David sehr schlecht Modell saß und daß er in Wirklichkeit ein ganz anderer ist als auf seiner Photographie. Er hinterließ keinen starken Eindruck bei mir, obwohl die Liebe eine der Fragen ist, die mich schon immer am meisten beschäftigt haben und ich ein sehr leidenschaftliches (im übrigen sehr rationales) Temperament habe. Aber kaum war eine Woche vergangen (das schwöre ich Ihnen), ohne daß er versucht hätte meine Zuneigung zu gewinnen, als ich mich von einer stürmischen, traurigen Liebe ergriffen fühlte – wie alles, das aus meiner Seele für diesen Mann strömt, der etwas besitzt, das seine Vorfahren, die spanischen Mauren, ausgezeichnet haben muß: ein Talent für die schöne Rede, etwas Poetisches und Melancholisches. Als gutem Freund gestehe ich Ihnen, daß er noch über etwas verfügt, das bestimmte Frauen anzieht (die Intellektuellen), die sehr starke Virilität seiner Natur und seine Art, entschlossen und verächtlich den Schmerzen des Lebens zu begegnen ... Was mich vollends in Bann schlug, ist seine eindeutig große Intelligenz. Urteilen Sie selbst: Erzogen, so gut wie es eben ging, in einem französischen Collège und der Koranschule von Constantine, aufgewachsen in einer fast völlig verarmten Familie, ohne Vater (1871 in

Deutschland gefallen), hatte er es verstanden, sich eine Bildung anzueignen, die ohne Vergleich nicht nur unter den Arabern in Algerien, sondern auch unter allen hier lebenden Franzosen ist. Eine literarische wie philosophische Bildung ... Und ein Schliff, der ihm ein sicheres Auftreten in der besten europäischen Gesellschaft ermöglichte. Dazu die ein wenig katzenhafte Anmut und der Charme des Arabers ... Aber all das ist dumm: *noch niemals konnte jemand sagen, warum er geliebt hat.* Ich auch nicht, ich weiß es nicht. Wäre Khoudja ein analphabetischer Bettler gewesen, hätte ich ihn wahrscheinlich genauso geliebt ...

Mektoub (A), oder besser ein unbekanntes Gesetz, ein Gesetz der sexuellen Anziehung, das noch schlecht formuliert ist, das aber will, daß eben jener und eben jene (A) sich vereinigen ... Unvermittelt überschüttete mich El Khoudja mit Beweisen – äußerst respektvollen und durchaus nicht alltäglichen – seiner Liebe. Und ich, überglücklich (wenigstens einmal, was bedeutet, daß ich es nicht bereuen muß), überließ mich *bewußt* dieser Wonne, dieser Zauberei. Bald darauf machte er mir die glühendste und unbefangenste Erklärung. Ich sagte ihm die Wahrheit ... ebenfalls (???), und wie es meine Gewohnheit ist, ganz schlicht, ohne dabei in Ohnmacht zu fallen oder in Tränen auszubrechen. »Ich schwöre dir, ich werde keine Gewalt anwenden, aber ich flehe dich an, mich nicht unnötig zu quälen« ... Tatsächlich, trotz der Unvorsichtigkeiten, die meine Mutter, immer verständnisvoll und diesen Mann wie ihren Sohn liebend, tolerierte: nächtliche Spaziergänge an gänzlich menschenleeren Orten, brach er nie sein Versprechen, fuhr jedoch fort, mich zu bedrängen. Zwei Wochen lang währten diese Beziehungen, sehr unterschieden von solchen eines Bruders zu seiner Schwester und genauso unterschieden von denen eines Ehemannes zu seiner Frau oder eines Liebhabers zu seiner Geliebten.

Von Beginn an hatte er mir, *in Anwesenheit meiner Mutter*, die Heirat angeboten, da ich aber seinen despotischen Charakter und das zurückgezogene Leben der Mauren kannte, lehnte ich ab und zog eine illegale Vereinigung der Aufgabe jeglicher Freiheit und Zukunft vor.

Am Morgen des 18. Juni letzten Jahres schließlich, als ich mich allein mit ihm befand, bat er mich so inständig, daß ich ihm ein entschiedenes Versprechen für denselbigen Tag gab. Er gab sich alle Mühe, so daß er um 2 Uhr nachmittags ein hübsches kleines Häuschen auf dem Land in der Nähe des Marabu von Sidi Ben Kerim, am Strand, gemietet hatte. (Der Ort, den wir an einem Vormittag mit dem Auto besucht haben und wo wir arabische Frauen ohne Schleier sahen. Ich habe Ihnen auch gesagt, daß mir dieser Ort *kein Glück gebracht hat.*)

Gewiß, ich löste mein Versprechen ein: Ich bin dorthin gegangen, um ihn zu treffen, und wir blieben bis 7 Uhr abends ... Was diese fünf Stunden für mich bedeutet haben, werde ich Ihnen eines Tages sagen ... Nicht jetzt: es ist noch zu frisch ... Seitdem sah ich ihn zweimal in der Woche bei mir. Meine Mutter ließ uns alle Freiheit, um uns keinen Kummer zu bereiten. Diese beinahe eheähnlichen Beziehungen dauerten zwei Monate: Und plötzlich brach ein entsetzlicher Streit zwischen uns aus, weil ich das Ungeschick besaß, seiner Schwägerin zu helfen, sich vom Joch seines Schwagers zu befreien. Seitdem hatten wir uns wieder ausgesöhnt – am Tag nach Ihrer Abreise nach Tunis. Wir indessen sind hier geblieben, und seit einem Monat sind wir de facto geschieden ...

Mein guter, mein lieber Ali, vergeben Sie mir meine Schwäche: wenn Sie selbst verzaubert sein werden, werden Sie erfahren, wie das ist; gestern abend wurde mir – während er in dieser arabischen Sprache zu mir sprach, die ich bewundere, ohne zu wissen, warum – traurig bewußt, daß ich ihn noch immer liebe und daß ich, nach all den Schmerzen, die er mir bereits zugefügt hat, verrückt genug sein werde, ihm weiter zuzuhören, jetzt wo er wieder beginnt, von so verführerischen und gefährlichen Dingen zu sprechen, wie sie die Erinnerungen an die Liebe sind. Im übrigen, *mein Bruder*! (A), besteht mein Leben nur aus Gegensätzen und Widersprüchen. Doch das wichtigste ist jetzt, zu arbeiten und sich nicht dem verführerischen und tödlichen Müßiggang hinzugeben, dem ich leider schon zu sehr erlegen bin. Und selbst wenn ich in diesem Kampf gegen mich und mit dem gefährlichen Betörer unterliegen werde, wird mich das nicht davon abhalten, das Werk, das ich vor zwei Jahren in meiner damals furchtbaren Finsternis jenseits des azurblauen Meeres begonnen habe, hartnäckig und unermüdlich fortzusetzen ... Vielleicht haben Sie schon erraten, daß dieser Ehrgeiz, »mir einen Namen und eine Position« mit meiner Feder zu schaffen (eine Sache übrigens, in die ich kaum Vertrauen habe und auf die ich keine Hoffnungen setze), daß dieser Ehrgeiz an zweiter Stelle steht. Ich schreibe, weil ich den Prozeß des *literarischen Erschaffens* liebe. Ich schreibe, wie ich liebe, weil dies wahrscheinlich meine Bestimmung ist. Und das ist mein einziger wahrer Trost. Außerdem ist es das einzige, Ali, was mich in meiner düsteren Vergangenheit davor bewahrt hat, vollständig unterzugehen ... Sie sehen, mit welch absoluter Offenheit ich zu Ihnen gesprochen habe, Ihnen von Dingen erzählte, die ich mit Sicherheit nie einem anderen Menschen sagen würde.

Wenn Sie sich zu mir ebenso verhalten, wird uns das ein Trost sein, und wir können danach unsere freundschaftlich verbundenen Herzen von allzu bitterer Traurigkeit und auch von süßen Hoffnungen befreien. Haben Sie Vertrauen in mich, wie ich Ihnen vertraue, und verzeihen Sie mir vor allem, wenn ich anstelle dessen, was ich Ihnen in Hinblick auf diese sonderbare Liebesepisode zu tun beinahe versprochen habe ... Was soll ich machen? Vielleicht wird es mir dazu dienen, das Leben besser zu verstehen, da ja die Liebe einer der stärksten Hebel ist? *Mektoub, Ali* (A).

Sie haben die Adresse Ihres Freundes, des Philosophen vergessen. Geben Sie sie mir. Schreiben Sie mir schnell und vor allem ausführlich, sehr ausführlich. Mama drückt Ihnen von ganzem Herzen die Hand, und ich, ich nenne mich noch einmal Ihr aufrichtiger Freund für das Leben.

N. Podolinsky.

Der Friede, die Barmherzigkeit und der Segen Gottes sei mit Ihnen. Amen. (A)

Isabelle Eberhardt

Als Isabelle Eberhardt im August 1897 aus Bône, dem heutigen Annaba, diese Lebensbeichte an ihren Brieffreund Ali Abdul

Wahab schreibt, ist sie fast schon am Ziel ihrer Wünsche angekommen. Seit Mai lebt sie mit ihrer kranken Mutter in Algerien. Und gerade sind die beiden Frauen zum Islam übergetreten. Nathalie Eberhardt war ihrem Ehemann in Rußland entflohen und lebte seit 1872 mit Alexander Trofimowski, dem ehemaligen Hauslehrer der Familie, in einem anarchistischen Haushalt in Genf, wo Isabelle 1877 geboren wurde, vermutlich als Tochter von Trofimowski. Schon als Kind bricht sie aus, streift in Männerkleidung umher, und bereits mit 12 Jahren lernt das sprachbegabte Kind Arabisch, und mit 14 Jahren ist sie fest entschlossen, zum Islam überzutreten. Als der von ihr heißgeliebte Bruder Augustin 1895 aus Genf in die Fremdenlegion flüchtet, schreibt sie an ihn: »Mein Körper ist im Okzident, aber meine Seele ist im Orient«, und: »ohne Schreiben gibt es keine Hoffnung für mich in diesem verfluchten Leben in ewiger Finsternis«.

Als die Mutter im November 1897 stirbt, beginnt Isabelle Eberhardt ihr Nomadenleben. Sie reist nach Tunis weiter, sie nennt sich jetzt Si Mahmoud, gibt sich als Sohn eines Tunesiers und einer Deutschen aus und streift als Araber verkleidet durch Bars und Bordelle, sie besucht die heiligen Stätten des Islam und nächtigt in den Zelten der Beduinen. Erste Prosaskizzen entstehen. Später kauft sie sich ein Pferd und reitet allein durch die Wüste nach Algier und ins Innere der Sahara, da, in den Sandmeeren, findet sie ihre zweite Heimat. Und dorthin wird sie immer wieder zurückkehren. Auch wenn sie sich, wie erstmals mit Khoudja in Bône und schließlich mit Slimène Ehnni, den sie heiraten wird, der »Wollust der Liebe, diesem verwirrenden, unerklärlichen Rausch, der für kurze, ach viel zu kurze Augenblicke allen Schmerz und alle Ängste vergessen läßt«, hingibt. Aber dann sagt sie gleich wieder: »Es geht nicht darum zu leben, sondern zu scheiden«, und: »Einsam und Nomade und nur den Islam als Heimat betrachtend, ohne Familie und ohne Freunde, allein, allein für immer werde ich meinen Weg durchs Leben gehen, bis die Stunde des großen ewigen Schlafes schlägt.«

Oft wurde die ungewöhnliche, außerhalb jeder Konvention lebende Frau, die Kif rauchte und wie ein Mann trinken konnte, in Burnus und Reitstiefeln auftrat, angegriffen. Mal wird sie von den französischen Kolonialherren, mal von den Eingeborenen der Spionage verdächtigt, aber auch wenn die Schriftstellerin Isabelle Eberhardt immer wieder über politische Ereignisse schrieb und berichtete, sagte sie: »Nein ich bin keine Politikerin, ich bin keine Agentin, ich arbeite für keine Partei; ich bin nur eine Einzelgängerin, eine Träumerin, die fernab von der Welt frei leben will wie die Nomaden, um später zu versuchen, davon zu erzählen, diesem oder jenem den ehrfürchtigen und wehmütigen Schauer zu vermitteln, den ich angesichts der traurigen Herrlichkeit der Sahara gespürt habe.«

Die »Stunde des großen ewigen Schlafes« überrascht sie mit 26 Jahren mitten in der Wüste. Ein Wolkenbruch läßt den Fluß, an dem ihre Lehmhütte steht, so anschwellen, daß die Schlafende von den Fluten mitgerissen wird und ertrinkt, in den Sandmeeren ertrinkt.

Virginia Woolf
1882-1941

Es ist seltsam, sich vorzustellen, wie verschwiegen und zurückhaltend wir gewesen waren, und wie lange

In jenem ersten Sommer [in Gordon Square 46, Bloomsbury] sagte Vanessa eines Nachmittags zu Adrian und mir, während sie die Arme mit einer Gebärde über ihrem Kopf ausstreckte, die zurückhaltend und willfährig zugleich war – und ich beobachtete sie in dem großen Ankleidespiegel, als sie das sagte –: »Natürlich werden wir alle heiraten, das sehe ich schon kommen. Einmal muß es ja sein« – und als sie das sagte, hatte ich das Gefühl, daß ein schreckliches, unentrinnbares Schicksal über uns hing, ein Schicksal, das über uns hereinbrechen und uns auseinanderreißen würde. Sie – das fühlte ich – spürte bereits ein Verlangen, ein Bedürfnis, das ich ihr verübelte und zu ignorieren trachtete. Einige Wochen später machte Clive ihr tatsächlich einen Heiratsantrag. »Ja«, sagte Thoby erbittert, als ich ihm eine Andeutung über Clives Antrag zuraunte, »das ist der schlimmste Schlag für die Donnerstagabende!« Und ihre Heirat, Anfang 1907, war dann auch wirklich das Ende. Damit schloß das erste Kapitel von *Old Bloomsbury*. Es war sehr asketisch, sehr aufregend und von enormer Wichtigkeit gewesen. Eine kleine konzentrierte Welt, die in der viel größeren, leichtsinnigeren Welt der Bälle und Abendgesellschaft geschlummert hatte, war zum Leben erwacht. Sie hatte bereits begonnen, diese Welt zu beeinflussen, und beeinflußt, meiner Meinung nach, das viel geselligere *Bloomsbury*, das ihm folgte, noch immer.

Aber es hätte sowieso nicht weiter existieren können. Auch wenn Vanessa nicht geheiratet hätte, auch wenn Thoby am Leben geblieben wäre – der Wechsel war unvermeidlich. Wir hätten diese abstrakte Diskussion über das Wesen der Schönheit nicht in alle Ewigkeit fortsetzen können. Aus dem Sammelbegriff »die jungen Leute«, wie wir sie bezeichneten, wurden Einzelwesen. Sie hatten aufgehört, Mr. Turner, Mr. Strachey und Mr. Bell zu sein. Aus ihnen war Saxon, Lytton und Clive geworden. Dann begann man auch zu kritisieren, zu differenzieren und zu vergleichen. Jene alten leuchtenden Idealgestalten wurden überprüft. Man sah plötzlich, daß Walter Lamb, den Thoby mit einem griechischen Jüngling verglichen hatte, der in einem Weinberg Flöte spielt, in Wirklichkeit schon ziemlich kahl und ziemlich langweilig war. Man konnte sich wünschen, daß Saxon zu bewegen wäre, entweder zu gehen oder etwas zu sagen, was vielleicht nicht ganz stimmte; man konnte sogar Zweifel äußern, ob, als *Euphrosine* herauskam, wirklich so vielen der Gedichte in diesem berühmten Buch die Unsterblichkeit sicher war, wie Thoby behauptet hatte. Doch da war noch etwas anderes, das nach einer Änderung verlangte, wenngleich zumindest ich nicht wußte, was es war. Vielleicht kommt ihr darauf, was es war, wenn ich euch eine Eintragung aus einem andern Tagebuch vorlese, das ich im Jahre 1909 ein oder zwei Monate lang geführt habe. Ich schildere darin eine Teegesellschaft in James Stracheys Wohnung in Cambridge.

»Seine Wohnung ist, obgleich nur eine Mietwohnung, intim und gedämpft beleuchtet«, schrieb ich. »Französische Pastelle hängen an den Wänden, und in den Regalen stehen alte Ausgaben von Büchern. Die drei jungen Männer – Norton, Brooke und James Strachey – saßen in tiefen Sesseln und blickten mit sanften, nachdenklichen Augen ins Feuer. Mr. Norton wußte, daß die Reihe an ihm war, etwas zu sagen – die Unterhaltung zwischen uns beiden war mühsam. Die andern schwiegen. Ich hätte dieses Schweigen gern noch näher erklärt, doch die Zeit drängt, und ich bin konsterniert. Denn offensichtlich sind diese jungen Männer in Wirklichkeit ehrenhafte Menschen; sie sind nicht nur begabt, auch ihre Anschauungen erscheinen mir anständig und sauber. Sie sind ganz unverhüllt, so daß man offen äußert, anderer Meinung zu sein, wenn man anderer Meinung ist. Dennoch hatten wir einander nichts zu sagen, und ich merkte genau, daß nicht nur meine Äußerungen, sondern meine Anwesenheit beanstandet wurde. Sie verlangten nach der Wahrheit, und doch mißtrauten sie meinen Worten und mir. Ich fand das zwar sehr mannhaft, aber unsympathisch. Ich bewunderte die Atmosphäre – war es vielleicht mehr? – und fühlte mich in mancher Hinsicht wohl darin. Doch warum mußten Intellekt und Charakter so unfruchtbar sein? Es scheint, daß die höchsten Leistungen der intelligentesten Menschen ein negatives Resultat zeitigen; und in diesem Fall kann man wahrhaftig nur überhaupt nichts sein.«

Es ist eine große Veränderung im Vergleich mit dem festzustellen, was ich noch vor zwei oder drei Jahren geschrieben hätte. Zum Teil war diese Veränderung natürlich gewissen Umständen zuzuschreiben. Ich lebte jetzt allein mit Adrian am Fitzroy Square, und wir waren beide die unverträglichsten Menschen. Wir trieben einander fortgesetzt zur Raserei oder in die tiefsten Depressionen. Wir besuchten noch immer sehr viele Geselligkeiten: doch die Vereinigung der beiden Welten war weit schwieriger, als ich vermutet hatte. Ich konnte die beiden nicht in Einklang bringen. Wohl hatten wir noch die Donnerstagabende wie zuvor, doch sie waren immer verkrampft und endeten oft mit einem peinlichen Mißklang. Adrian stakte in sein Zimmer, ich in meins – keiner sprach ein Wort. Aber dahinter steckte mehr. Was es war, konnte ich nicht mit Sicherheit sagen. Ich wußte viel mehr aus Büchern, also theoretisch, als aus dem praktischen Leben. Ich wußte, daß es in Platos Griechenland Homosexuelle gegeben hat; und ich hatte den Verdacht – das jedoch war keine Frage, mit der man Thoby so ohne weiteres konfrontieren konnte –, daß es auch in Dr. Butlers Trinity College in Cambridge Homosexuelle gab; aber daß es sogar hier, im Stephenschen Salon am Gordon Square, Homosexuelle gab – der Gedanke wäre mir nie gekommen. Ich wäre auch nie darauf gekommen, daß diese abstrakte Art, diese Natürlichkeit, die eine so große Wohltat nach Hyde Park Gate gewesen war, größtenteils auf dem Faktum beruhten, daß die Majorität der jungen Männer, die dort hinkamen, sich nicht für junge Mädchen interessierten. Ich hatte keine Ahnung, daß die Liebe, weit davon entfernt, ein Thema zu sein, das sie nie erwähnten, im Gegenteil, ein Gesprächsthema war, das sie selten unterbrachen. Jetzt begann ich stutzig zu werden. Diese langen Diskussionsabende, diese langen Schweigepausen, dieses endlose Argumentieren – sie verliefen am Fitzroy Square genauso wie am Gordon Square. Doch jetzt empfand ich sie als etwas höchst Verwirrendes. Sie stimulierten mich noch immer mehr als alle Männer, mit denen ich in der Oberflächenwelt der Abendgesellschaften und Bälle zusammenkam – und trotzdem war ich, durfte ich wagen, es auszusprechen oder auch nur zu denken? – unerträglich gelangweilt. Warum, fragte ich mich, haben wir einander nichts zu sagen? Weshalb waren die begabtesten Menschen auch die unfruchtbarsten? Weshalb waren gerade die anregendsten Freundschaften die unbefriedigendsten? Weshalb war das alles so negativ? Warum gaben einem diese jungen Männer das Gefühl, daß man, auch beim besten Willen, nichts sein konnte? Die Antwort auf alle meine Fragen war – wie ihr wahrscheinlich längst erraten habt –, daß es keine physische Anziehungskraft zwischen uns gab.

Die Gesellschaft von Homosexuellen hat viele Vorteile – wenn man eine Frau ist. Sie ist ungekünstelt, sie ist ehrlich, sie gibt einem in mancher Hinsicht, wie ich bemerkt habe, das Gefühl der Unbekümmertheit. Aber sie hat diesen Nachteil: Mit Homosexuellen kann man, wie die Krankenschwestern sagen, nicht renommieren. Etwas muß immer verschwiegen, zurückgedrängt werden. Dabei ist doch diese Art von Renommieren, die nicht notwendigerweise etwas mit Ins-Bett-Gehen oder gar Liebe zu tun haben muß, eins der größten Vergnügen, ein Hauptbedürfnis im Leben. Nur dann hört aller Ehrgeiz auf; man hört auf, ehrlich zu sein, man hört auf, gescheit zu sein. Man schäumt auf in einem absurden, köstlichen Übersprudeln wie von Sodawasser oder Champagner, durch das man die Welt in alle Farben des Regenbogens getaucht sieht. Es ist bezeichnend für das, wonach ich mich jetzt sehnte, daß ich sofort – sogar schon fast auf der nächsten Seite meines Tagebuches – aus James Stracheys gedämpft beleuchteter und intimer Wohnung in Cambridge zu Lady Ottoline Morrell am Bedford Square eilte, um mit ihr zu Abend zu essen. Ihre Räume schienen mir – wie ich, ohne Rückschlüsse zu ziehen, sogleich feststellte – angefüllt mit »Lüstern und Illusionen«.

So hatte man sich verändert. Doch meine persönlichen Veränderungen waren Teil einer viel größeren Veränderung. Das Hauptquartier von Bloomsbury war immer am Gordon Square gewesen. Jetzt jedoch, da Vanessa und Clive verheiratet waren – jetzt, da Clive die Maxses, die Booths, die Cecils und die Protheros hoffnungslos schockiert hatte – jetzt, da das Haus von neuem renoviert worden war – jetzt, da sie kleine Gesellschaften mit ihrem schönen braunen Tafeltuch und ihrem wunderschönen Silber aus dem achtzehnten Jahrhundert gaben, verlor Bloomsbury den abstrakten Charakter, den es im ersten Kapitel gehabt hatte, sehr schnell; der Charakter seines zweiten Kapitels sollte, äußerlich zumindest, ganz verschieden werden.

Eine andere Szene – ich weiß nicht, ob ich sie erfunden habe oder nicht – ist mir als die beste Illustration für Bloomsbury, Kapitel zwei, immer in der Erinnerung lebendig geblieben. Es war an einem Frühlingsabend. Vanessa und ich saßen im Salon. Der Salon hatte seinen Stil seit 1904 großenteils verändert. Die Sargent-Furse-Zeit war vorüber. Die Augustus John-Epoche zog herauf. Sein *Pyramus* füllte eine ganze Wand aus. Die Watts-Porträts meines Vaters und meiner Mutter wurden unten aufgehängt, wenn überhaupt. Clive hatte alle Streichholzschachteln versteckt, weil ihr Blau und Gelb sich mit der vorherrschenden Farbenzusammenstellung schlug. Jeden Augenblick konnte Clive hereinkommen, und wir beide würden sofort zu streiten beginnen – anfangs nur freundschaftlich und unpersönlich, bald aber Beschimpfungen gegeneinander ausstoßen und im Zimmer auf und ab rasen. Vanessa saß schweigend dabei und betätigte sich in geheimnisvoller Weise mit Nadel und Schere. Ich redete egoistisch, aufgeregt, zweifellos nur über meine eigenen Probleme. Plötzlich öffnete sich die Tür, und die lange und unheimliche Gestalt von Mr. Lytton Strachey stand auf der Schwelle. Er zeigte mit dem Finger auf einen Fleck auf Vanessas weißem Kleid. »Sperma?« rief er.

Darf man das wirklich sagen? dachte ich, und wir brachen in Gelächter aus. Durch dieses eine Wort fielen alle Barrieren der Zurückhaltung und Reserve. Eine Flut der geheiligten Ergüsse schien uns zu überwältigen. Sex beherrschte die Unterhaltung. Das Wort homosexuell lag uns ständig auf der Zunge. Wir diskutierten über den Beischlaf mit derselben Begeisterung und Offenheit, mit der wir über das Wesen des Guten diskutiert hatten. Es ist merkwürdig, sich vorzustellen, wie zurückhaltend und reserviert wir gewesen waren – und wie lange. Jetzt scheint es fast unglaublich, daß Clive noch im Jahre 1908 oder 1909 errötet war – und ich auch, wenn ich ihn bat, mich vorbeizulassen, um im French Express auf die Toilette zu gehen. Es wäre mir auch nie eingefallen, Vanessa zu bitten, mir zu erzählen, was in ihrer Hochzeitsnacht geschehen war. Thoby und Adrian wären lieber gestorben, als über die Liebschaften der Studenten zu reden. Wenn alle intellektuellen Probleme auch noch so offen diskutiert worden waren – Sex wurde nicht erwähnt. Jetzt strömte eine Flut von Licht auch auf dieses Gebiet. Wir hatten wohl alles gewußt, aber nie darüber gesprochen. Jetzt sprachen wir von nichts anderem mehr. Mit Entzücken hörten wir von den Liebesaffären der Homosexuellen. Wir verfolgten die Höhen und Tiefen ihrer wechselvollen Beziehungen. Vanessa voller Mitleid, und ich – hatte ich nicht 1905 – leichtfertig und mutwillig – geschrieben: Frauen sind ja so viel amüsanter als Männer? »Norton erzählte mir, daß James völlig verzweifelt ist«, konnte Vanessa zum Beispiel sagen, »Rupert hat zweimal mit Hobhouse geschlafen«; und ich pflegte dann ihre Geschichten durch eine gleichermaßen aufregende Klatschgeschichte über einen hinreißenden jungen Studenten namens George Mallory zu überbieten, der zwar den Kopf eines griechischen Gottes – aber leider faule Zähne habe.

All das hatte zur Folge, daß die überlieferten, gefühlsmäßigen Auffassungen von der Ehe, mit denen wir aufgewachsen waren, über den Haufen geworfen wurden. Ich geniere mich, euch zu sagen, wie alt ich war, als mir bewußt wurde, daß es für einen Mann nichts Anstößiges ist, eine Geliebte zu haben, und für eine Frau nichts Anstößiges, eine zu sein. Vielleicht war die Treue unserer Eltern nicht die einzige oder notwendigerweise höchste Form ehelichen Lebens gewesen. Vielleicht war diese Treue in Wirklichkeit auch gar nicht so ernst genommen worden, wie man geglaubt hatte. »Natürlich hat Kitty Maxse zwei oder drei Liebhaber«, sagte Clive – Kitty Maxse, die keusche, die feine, die treue! Wieder wurde die ganze Lebensauffassung auf den Kopf gestellt.

Jetzt gab es also nichts mehr am Gordon Square 46, was man nicht sagen, nichts mehr, was man nicht tun konnte. Ich hielt es für einen großen zivilisatorischen Fortschritt. Es mag sein, daß die Liebesaffären von Homosexuellen – wenigstens wenn man vom andren Geschlecht ist – nicht von fesselndem Interesse oder weltbewegender Wichtigkeit sind. Doch die Tatsache, daß man offen darüber sprechen kann, führt zu dem Ergebnis, daß niemand etwas dagegen hat, wenn sie im privaten Bereich bleiben. Auf solche Weise wurden viele Gewohnheiten und Anschauungen revidiert. Das künftige Bloomsbury sollte tatsächlich aufzeigen, daß viele Variationen über das Thema Sex gespielt werden können – und mit so glücklichen Lösungen, daß sogar mein Vater vielleicht schon von sich aus gezögert hätte, ehe er das einzige Wort herausdonnerte, das er für angemessen hielt, um auf einen Homosexuellen oder einen Ehebrecher Anwendung zu finden, und das war: Dreckskerl!

Virginia Woolf

Die Erziehung der Kinder von Leslie und Julia Stephen war streng viktorianisch. Die Brüder Thoby und Adrian besuchten die Universität in Cambridge, während die Töchter von ihrem gelehrten Vater zu Hause unterrichtet wurden. Die Eltern waren allerdings der Meinung, auch Vanessa, die Malerin wurde, und Virginia, die schon als Kind schrieb, erhielten jede erdenkliche Unterstützung von ihnen. Aber wenn es um die gesellschaftliche Etikette ging, war man in Hyde Park Gate, Kensington, so streng wie in anderen bürgerlichen Häusern: die Mädchen mußten bei den wöchentlichen Gesellschaften der Eltern freundlich Konversation machen und, nach dem Tod der Mutter 1895, auch oft die Rolle der Hausfrau übernehmen. Zum Abendessen zog man sich um, auch dann, wenn keine Gäste erwartet wurden, und plötzlich waren »Kleidung und Frisur weit wichtiger als Bilder und Griechisch«. Wie sehr die schüchterne Virginia unter den Ausflügen in die Gesellschaft mit ihrem Stiefbruder George Duckworth gelitten haben muß, wird noch in den Erinnerungen der 58jährigen deutlich: »Ich kam also herunter, in meinem grünen Abendkleid; alle Lampen brannten im Salon, und da saß George, mit schwarzer Krawatte, im Abendanzug, in einem Sessel neben dem Kamin ... Er betrachtete mich von oben bis unten, als wäre ich ein Pferd, das man in den Führring bringt ... Geh und zerreiß es, sagte er schließlich mit jener merkwürdig schnarrenden, grämlichen Stimme, die sein tiefes Mißfallen über dieses Vergehen gegen einen Kodex ausdrückte, der ihm mehr bedeutete, als er zugeben mochte.« Und im gleichen Zusammenhang schrieb sie: »Ich kann mir bis heute nicht in der Öffentlichkeit die Nase pudern. Alles, was mit Kleidern zu tun hat – Anproben bei der Schneiderin – in einem neuen Kleid einen Raum betreten, macht mir immer noch angst.«

Es muß für Virginia eine große Befreiung gewesen sein, als Vanessa nach dem Tod des Vaters 1904 für die Geschwister ein neues Haus, Gordon Square 46, in Bloomsbury einrichtete. Die jungen Leute lebten in einem befreiten Haushalt, waren glücklich in der »Gesellschaft der Abtrünnigen«. Bald schon lädt Thoby seine Freunde zu den regelmäßigen Donnerstagabenden ein, »Bloomsbury« entsteht, dieser Kreis der intellektuellen Aristokratie Englands. Virginia fühlte sich in dem Kreis der jungen Männer, die nachlässig gekleidet und ungelenk waren, wohl, und sie genoß die Gespräche bis in die frühen Morgenstunden über Philosophie, Kunst und Literatur; über das Wahre, Gute und Schöne. Denn, sagte sie früher einmal zu Thoby: »Ich muß mir das, was du jeden Abend kriegst, wenn du mit Strachey etc. am Kamin sitzt und Pfeife rauchst, mühsam aus meinen Büchern zusammenklauben. Kein Wunder, daß mein Wissen dürftig ist. Es gibt keinen besseren Lehrmeister als das Gespräch.« Als Thoby 1906 stirbt und Vanessa 1907 Clive Bell heiratet, scheint dies das Ende von Bloomsbury zu sein. Aber die Freunde treffen sich weiter, in Fitzroy Square 29, wo Virginia jetzt mit ihrem jüngsten Bruder Adrian lebt. Und man kommt sich noch näher. Der letzte Bann anerzogener Prüderie bricht, und als Strachey den weißen Fleck auf Vanessas Kleid kommentiert, ist dies ein großer Augenblick in der Sittengeschichte Bloomsburys.

Tania Blixen

1885-1962

Be bold. Be bold. Be not too bold

Die Mottos meines Lebens

Vor kurzem fragte mich ein Interviewer, ob ich – da ich jetzt viele Jahre gelebt, mich in mehr als einem Lande und zwischen verschiedenen Rassen heimisch gefühlt und Gunst wie Mißgunst erfahren hätte – die Begebenheiten und die Erfahrungen meines Lebens in dem zusammenfassen könne, was man ein Motto nennt.

Sicherlich war es klug von ihm, diese Frage einem Menschen meiner Generation zu stellen. Was man »ein Motto« nennt, ist jungen Menschen heutzutage vermutlich ein ferner Begriff. Blicke ich von einem Zeitalter zum andern, so stelle ich fest, daß dieser Begriff: das Wort – *le mot*, das Motto – eine jener Erscheinungen im Leben ist, die im Laufe der Zeit entschieden an Wert verloren haben. Für meine Altersgenossen *war* der Name das Ding oder der Mann; es war sogar die beste Seite an ihm, und es war ein Lob, wenn man von einem Manne sagte, er sei so gut wie sein Wort.

Für die jüngere Generation wird es sicherlich schwer zu verstehen sein, in wie hohem Maße wir in einer Welt von Symbolen lebten. Stellen wir uns vor, wir hätten in diesem Augenblick einen ganz gewöhnlichen Gegenstand vor uns, ein Stück Stoff, und versuchten, uns über eine Definition und eine Einordnung für ihn einig zu werden. Ein junger Mann oder eine junge Frau würde zu mir sagen: »Du kannst diesem Ding ruhig einen willkürlichen Namen geben, aber tatsächlich und wirklich, und was praktische Verwendbarkeit betrifft, ist es ein Stück Fahnentuch von den und den Maßen und von den und den Farben, zu einem Preis von so und soviel je Meter.« Ein Mensch, der mit Symbolen aufgewachsen ist, würde wirklich erstaunt und verärgert sein und protestieren: »Was meinst du? Du hast ganz und gar unrecht. Das Ding, das wir hier vor uns haben, ist wirklich und, was praktische Verwendbarkeit betrifft, ein Ding, das unermeßlich viel Kraft birgt. Stell es im wirklichen, praktischen Leben auf eine Probe – es kann in jedem beliebigen Augenblick Hunderte von Millionen Menschen herbeirufen und sie zum Marschieren bringen. Es ist *Stars and Stripes, Old Glory*, es ist die Vereinigten Staaten von Amerika.«

Zu meiner Zeit hatten Kinder, selbst in großen Häusern, sehr wenig Spielzeug. Spielzeuggeschäfte waren nahezu unbekannt; das moderne technische Spielzeug, das von selbst funktioniert, gab es noch kaum. Natürlich konnte man sich ein Steckenpferd kaufen, aber ein knotiger Stecken, den man sich im Walde selber ausgesucht hatte und mit dem die Phantasie frei weiterarbeiten konnte, wurde meist höher geschätzt. Wir waren nicht Beobachter, was Kinder heutzutage von Geburt an zu sein scheinen, und auch nicht Verbraucher und Benutzer, wozu sie erzogen werden, wir waren Schöpfer. Was praktischen Gebrauch, Aussehen und Pferdekräfte angeht, kam unser knotiger Stecken näher an Bukephalos, an den achtbeinigen Sleipnir oder gar an Pegasus heran als irgendein prächtig geschmücktes Pferd aus einem feinen Geschäft.

Auf ähnliche Weise benannten wir gerne ein Unternehmen, eine Epoche oder eine Aufgabe dadurch, daß wir darüber unsere Fahne in Gestalt eines Mottos hißten, das der ganzen Welt kundtun könnte, was mit diesem Unternehmen beabsichtigt war. *In hoc signo vinces*. Das Wort, das Motto, war hier Startschuß oder Programm wie auch zusammenfassender Rückblick. Es existierte schon vor der Aktivität oder der Handlung, und es stand noch immer da, wenn sie abgeschlossen war. Es war der Anfangsvers, »im Anfang war das Wort«, und das letzte Wort über die Sache, das heilige Amen – »so ist es«.

Und das Wort hat Macht, wenn es so ernst genommen wird. Man wählt sein Motto und setzt es in sein Siegel, doch ehe man sich's versieht, hat das Motto einen selbst besiegelt und geprägt. In Dänemark gibt es Familien, die Jahrhunderte hindurch unter dem Einfluß eines Mottos gelebt haben; ich habe Mitglieder mehrerer Generationen von ihnen gekannt und habe sie auf vielerlei Art und Weise verschieden gefunden, aber die Prägung war bei jedem von ihnen zu erkennen, und die Menschen, die unter dem Zeichen *Nobilis est ira leonis* gelebt haben, sind ihrer Physiognomie, ja sogar ihren Instinkten nach anders als die mit *Amore non vi*. Ich bin verwandt und bin befreundet gewesen mit alten und jungen Mitgliedern einer Familie, wo man unter dem Motto »Dennoch« geboren wurde und aufwuchs. Alle waren sie eigensinnige Menschen, und mit ihnen zu diskutieren war schwierig.

Wenn ich jetzt die Mottos in meinem eigenen Leben durchgehe, die ich zu verschiedenen Zeiten gewählt, die ich als meinen Besitz betrachtet habe und die am Ende wahrscheinlich mich besessen haben, dann ist mir, als wandelte ich in Jacques' Fußstapfen:

»Die ganze Welt ist Bühne,
Und alle Frau'n und Männer bloße Spieler.
Sie treten auf und gehen wieder ab,
Sein Leben lang spielt einer manche Rollen,
Durch sieben Akte hin.«

Oder, wie in meinem eigenen Fall, nur fünf solche Akte.

Denys Finch Hatton, mein englischer Freund in Afrika, lachte mich gerne aus und nannte mich »the Great Emperor Otto«. Denn

The great Emperor Otto
could never decide on a motto.
He hovered between
»l'Etat c'est moi« and »Ich dien'«.

In meinem besonderen Fall nahm Denys an, der erste Ausspruch drücke meine Haltung zu Menschen meiner eigenen Rasse aus und der zweite meine Einstellung, wenn ich mit den Eingeborenen zu tun hatte, und damit hatte er wohl recht.

Das kleine Mädchen im Hause seiner Mutter empfand das Dilemma des großen Kaisers Otto als einen Reichtum, eine Vielfalt an Möglichkeiten. Auf den Umschlag alter Aufsatzhefte, die jetzt auf dem Dachboden auftauchen, sind mit rotem und blauem Stift Mottos geschrieben, die kommen und gehen. Am häufigsten kommt ein höchst lobenswerter Grundsatz vor: *Essayez!* Andere, in einem Latein, das ich jetzt leider vergessen habe: »Noch bin ich nicht besiegt« oder: »Oft in Schwierigkeiten, nie verzagt«, sind, wie ich annehme, in einer Art Bitterkeit oder Aufruhr gegen höhere Mächte geschrieben worden, die über dem Kind saßen – wahrscheinlich unsere Hauslehrerinnen, denn ich bin nie zur Schule gegangen, sondern wurde daheim von Hauslehrerinnen unterrichtet, was wohl der Grund dafür ist, daß ich in vielen Dingen, die für andere Menschen ganz gewöhnliche Kenntnisse sind, völlig unwissend bin. Dabei waren diese jungen oder älteren Frauen ehrgeizig genug; im Alter von zwölf Jahren bekamen wir die Aufgabe, eine Abhandlung über Racine zu schreiben – was ich mir heute nicht zutrauen würde – und Walter Scotts »*The Lady of the Lake*« in dänische Verse zu übersetzen; meine Schwestern und ich pflegten noch Jahre danach dieses Werk einander aufzusagen. Andere Mottos, die als solche meinem jetzigen Alter besser entsprachen als dem Alter von elf, zwölf Jahren, wo sie niedergeschrieben wurden, habe ich vermutlich aufgrund der Schönheit in den Worten selbst gewählt: *Sicut aquila juvenescam.*

Daß die reichen Möglichkeiten sich zu einer einzigen verfestigten und ich das erste wirkliche Motto meiner Jugend wählte – das muß, glaube ich, damals gewesen sein, als ich mit siebzehn Jahren mehr Selbständigkeit erlangt hatte und dabei war, mich an der Kopenhagener Kunstakademie zur Malerin ausbilden zu lassen.

Navigare necesse est, vivere non necesse! Dieser kühne Befehl wurde von den Lippen des Pompejus seiner ängstlichen sizilianischen Schiffsmannschaft hingeschleudert, als sie sich weigerte, dem Sturm und der aufgewühlten See zu trotzen, um Getreideladungen nach Rom zu bringen.

Dieses Motto zu wählen ist nicht originell; ohne Zweifel haben viele junge Menschen es übernommen. Die Sehnsucht und der Wagemut in ihren Herzen warten darauf, daß die *Magie des Wortes* sie erlöse. Für mich lag es nahe, die Unternehmungen meines Lebens als eine Seefahrt zu betrachten, denn mein Zuhause liegt knapp hundert Meter vom Meer entfernt, und in unserer Jugend hatten meine Brüder Schiffe im Fahrwasser zwischen Kopenhagen und Helsingør.

Doch für junge Menschen, die in Paradoxen denken, wird das Paradox des Pompejus – und ein solches ist es, da der Zweck der so überaus wichtigen Reise nach Rom die Aufrechterhaltung des Lebens war und da man jedenfalls nicht zur See fahren kann, wenn man nicht mehr am Leben ist – als die wahre, klare Logik des Lebens dastehen. Keine Kompaßnadel der Welt war für mich so unfehlbar wie der ausgestreckte Arm des Pompejus; mit unerschütterlicher Zuversicht richtete ich den Kurs nach ihm, und hätte eine klügere Person behauptet, mein Motto habe keinen irdischen Sinn, hätte ich antworten können: »Nein, aber einen himmlischen Sinn«, und hätte vielleicht hinzufügen können: »Und einen maritimen!«

Diese Brise trieb mich, kurz vor dem Ersten Weltkrieg, mit vollen Segeln nach Afrika. Ich war damals mit meinem Vetter, Bror Blixen, verlobt; ein gemeinsamer Onkel war von einer Großwildsafari ins damalige Schutzgebiet Britisch-Ostafrika zurückgekommen und hatte uns eine Fata Morgana von ungeheuren landwirtschaftlichen Möglichkeiten da draußen heraufbeschworen. Ganz im Geiste des Pompejus zogen wir los: »Eine Farm haben tut not, leben tut nicht not.«

Wirkliche Herzenseinfalt ruft bei den lenkenden Mächten des Universums bisweilen unerwartete Nachsicht hervor. Sie kann sogar die Göttin Nemesis dazu vermögen, einen sanfteren Kurs zu steuern. Die Göttin hätte mir antworten können: »Gut, du sollst deinen Willen bekommen. Fahr zur See und gib das Leben auf!« Das war, wie ich vermute, ihre Antwort an den Fliegenden Holländer. Für mich hatte sie eine andere Antwort: »Du große Närrin. *Ich* werde deine Segel setzen, und *ich* werde dein Steuermann sein, und ich werde dich geradewegs ins Leben hineinfahren lassen!« Unter der Fahne meines ersten Mottos fuhr ich geradewegs in das Herz Afrikas und in eine *Vita Nuova* hinein, in das, was für mich mein wirkliches Leben wurde. Afrika nahm mich auf und machte mich zu der Seinen – so gründlich, daß ich dem Motto, das uns vereint hatte, untreu wurde und es gegen ein anderes vertauschte.

Die englische Familie Finch Hatton hat in ihrem Wappen den Wahlspruch »*Je responderay*«, »Ich werde antworten«. Offenbar hat sie ihn schon lange geführt, da er in so altem Französisch geschrieben ist; es ist auch lange her, daß Hatton Garden in London ein Garten war, und lange her, daß es über ein Mitglied der Familie, einen Günstling von Elisabeth I., hieß:

Sir Christopher Hatton he danced with much grace,
He had a fine form and a very sweet face,

daß es aber dennoch ein trauriges Ende mit ihm nahm, denn der Teufel holte ihn.

Mir gefiel dieses alte Motto so gut, daß ich Denys, einen früheren Afrika-Pionier, als ich selber es war – obwohl wir Neusiedler aus der Vorkriegszeit uns alle als eine einzige Familie, als eine Art Mayflower-Leute betrachteten –, fragte, ob ich es als mein eigenes übernehmen dürfe. Er schenkte es mir großzügig und ließ für mich sogar ein Petschaft anfertigen, in das die Worte eingeritzt waren. Der Wahlspruch war mir aus vielen Gründen lieb und bedeutsam, insbesondere aus zweien.

Der erste war die hohe Einschätzung der Antwort als solcher. Denn eine Antwort ist etwas viel Selteneres, als man sich gemeinhin vorstellt. Es gibt viele hochintelligente Menschen, die überhaupt keine Antwort in sich haben. Ein Gespräch oder ein Briefwechsel mit solchen Menschen ist nichts anderes als ein doppelter Monolog – ob man sanft streichelt oder hart zuschlägt, von ihnen kann man nicht mehr Echo erwarten als von einem Holzklotz. Und wie kann man dann selber weitersprechen?

In den langen Tälern der afrikanischen Steppen war ich umgeben und gefolgt von lieblichen Echos wie von einem Resonanzboden. Mein tägliches Leben drüben war erfüllt von Stimmen, die antworteten; ich sprach niemals, ohne Antwort zu erhalten; ich sprach, frei und ungehemmt, selbst wenn ich schwieg. *Eine* Erklärung dafür war, glaube ich, daß ich so hoch oben lebte, mehr als 6000 Fuß überm Meer, sozusagen auf dem Dach der Welt, wo die Luft sich wie das herrschende Element anfühlt und dazu neigt, alle Herzen in Äolsharfen zu verwandeln. Eine andere Erklärung war, daß ich hier in Berührung mit den afrikanischen Eingeborenen und mit dem afrikanischen Großwild stand. Ich habe Tiere immer sehr gerne gehabt, und ihnen jetzt auf ihrem eigenen Boden zu begegnen, nicht in das Dasein der Menschen hinüberversetzt – mitten in eine Herde von Zebras oder Antilopen hineinzureiten und von meinem Bett aus das ferne gewaltige Brüllen des jagenden Löwen zu hören –, das empfand ich als eine Rückkehr zu den glücklichen Zeiten, als Adam im Garten Eden den Tieren Namen gab. Den Eingeborenen Afrikas war ich vorher nicht begegnet; dennoch kamen sie in mein Leben hinein wie eine Art Antwort auf einen Ruf in meiner eigenen Natur, auf Kindheitsträume vielleicht oder auf Dichtung, die ich vor langem gelesen und geliebt hatte, oder auf Gefühle und Instinkte tief im Gemüt unten, denn immer habe ich empfunden, daß ich den Eingeborenen mehr ähnelte, als andere Weiße im Schutzgebiet es taten. Vom allerersten Tag an kam eine Verständigung zwischen ihnen und mir auf, so daß ich sagen kann: meine Liebe zu ihnen, zu beiden Geschlechtern und zu allen Lebensaltern wie auch zu allen Stämmen – vor allem zu dem Kriegerstamm der Massai, die meine Nachbarn waren, wenn ich über den Fluß ritt –, war eine so starke Leidenschaft, wie ich sie jemals empfunden habe. Die dunklen Gestalten um mich antworteten mir, auch ohne zu sprechen, in ihren lautlosen sanften Bewegungen und ihren ruhigen, wachsamen Blicken. Wenn wir allein zusammen waren, wurde das Echo stärker. Ich bin auf Safari gewesen, Hunderte von Meilen von anderen Weißen entfernt, nur mit eingeborenen Reisebegleitern, und bin eins geworden mit meinen Umgebungen, mit der Landschaft, den Tieren und den Menschen und mit den Tages- und den Nachtstunden. Dieses Gefühl wurde dadurch verstärkt, daß die Eingeborenen uns Weißen Eingeborenen-Namen gaben, wodurch sie uns mit Worten in ihrer eigenen Sprache charakterisierten. Die meisten davon waren Tiernamen, obwohl es von dieser Regel Ausnahmen gab, und einer meiner Nachbarn, der sehr ungesellig war, ging unter dem Namen *sahani modya*, Einzelteller oder -gedeck, und mein schwedischer Freund Eric von Otter bekam den ehrenvollen Namen *resarsi modya*, eine einzige Patrone, weil er für ein Stück Wild nie mehr als eine brauchte. Mein Mann und ich hießen *wauhaga*, die Wildgänse. Später, als ich alleine war auf der Farm, schrieb mein alter Somali-Gewehrträger mir aus seiner Heimat einen Brief, der an »Lioness Blixen« adressiert war und mit »Honourable Lioness« anfing, was dazu führte, daß alle meine Freunde in der Kolonie mich »the Lioness« nannten. Ich bin völlig überzeugt davon, daß zumindest für eine Frau das Vorhandensein von Echos in ihrem Leben eine Voraussetzung für Glück ist oder doch in sich schon das Bewußtsein reicher Schätze zeitigt. Jedem Ehemann rate ich: antworte deiner Frau, bring sie dazu, dir zu antworten.

Zweitens mochte ich den Wahlspruch der Finch Hattons wegen seines ethischen Gehalts. Ich werde *ver*antworten, was ich sage oder tue; ich will dem Eindruck, den ich mache, entsprechen. Ich werde verantwortungsbewußt sein.

Ich bin nicht ganz in der Lage zu erklären, wie die Wörter und die Begriffe Antwort und Verantwortung ineinandergreifen. Vielleicht können meine Zuhörer, von denen so vielen die Etymologie sicherlich besser vertraut ist als mir, den Grund angeben. In den Sprachen, die ich kenne, besteht der Zusammenhang – in *responsability* wie in dem dänischen Wort »Ansvar«. In einer Kolonie ist es betrüblich zu sehen, in welchem Maße Menschen, die sich in ihrem eigenen Lande nach einem ungeschriebenen Gesetz für richtiges Verhalten gerichtet haben, in Umgebungen, wo sie gar nicht zur Rechenschaft gezogen werden können, sich von jedem solchen Gesetz frei fühlen. Dort ist es von großem Wert, sicherlich ist es überall von großem Wert, *Je responderay* harmonisch im Blut zu haben.

Sollte ich jetzt, nachdem ich von den glücklichen Jagdgründen zurückgekehrt bin, einem Menschen raten, der ein Motto sucht, würde ich dem Betreffenden sagen, daß *Je responderay* ein glückliches Zeichen ist, darunter zu leben. Wenn ich auf meine fast zwanzig Jahre Afrika zurückblicke, dann fühle ich: die Tatsache, daß alle Dinge einem Menschen zum Guten ausgeschlagen sind, ist ein Beweis dafür, daß dieser Mensch Gott wirklich geliebt hat.

Leser meines Buches »Afrika, dunkel lockende Welt« werden indes wissen, daß dieser Zustand der Dinge für mich nicht anhielt. Als zu Beginn der dreißiger Jahre die Kaffeepreise fielen, mußte ich meine Farm aufgeben. Ich reiste in mein eigenes Land zurück, in Höhe der Meeresoberfläche, außer Hörweite der Echos von der Steppe – ihre großen, wilden, sorglosen Bewohner und die dunklen, freundlichen Gestalten in den Manyattas verschwanden um mich und sanken unter den Horizont. In dieser Periode war mein Dasein ohne eine Antwort irgendwoher. Viele Male in meinem Leben war es geschehen, daß ich mir Dinge vorgestellt und dann auf die eine oder andere Weise gefunden hatte, daß sie in der Wirklichkeit schwer auszuführen waren. Hier war es umgekehrt: allenthalben verwirklichten sich Dinge, und das sogar sehr anhaltend, ohne daß es mir im mindesten möglich gewesen wäre, sie mir vorzustellen.

Unter diesen Umständen verstummte ich selber. Ich hatte, in jeder Bedeutung des Wortes, nichts zu sagen.

Und doch mußte ich sprechen. Denn ich hatte meine Bücher zu schreiben.

Während meiner letzten Monate in Afrika, als mir klar wurde, daß ich die Farm nicht behalten konnte, fing ich nachts zu schreiben an, um die Gedanken von den Dingen, die sie tagsüber hundertmal durchlaufen hatten, auf eine neue Spur zu lenken. Meine Squatter auf der Farm hatten sich damals angewöhnt, zu meinem Haus heraufzukommen und stundenlang schweigend darumzusitzen, als wollten sie ganz einfach warten und sehen, wie die Dinge sich entwickelten. Ihre Anwesenheit dort empfand ich mehr als eine freundliche Geste denn als einen Vorwurf, dennoch von so großem Gewicht, daß es schwierig für mich wurde, mit einer anderen Beschäftigung anzufangen. Doch wenn es Nacht wurde, gingen sie weg, heim zu ihren eigenen Hütten. Und wie ich so im Hause saß, allein, oder vielleicht mit Farah, dem unverbrüchlich Getreuen, in seinem langen weißen arabischen Gewand reglos mit dem Rücken zur Wand stehend, schwärmten allmählich Gestalten, Stimmen und Farben von weit her um meine Petroleumlampe. Ich habe dort zwei meiner »Sieben phantastischen Geschichten« geschrieben.

Jetzt war ich wieder in meinem alten Zuhause, bei meiner Mutter, die die verlorene Tochter mit der ganzen Wärme ihres Herzens aufnahm, die aber nie ganz verstand, daß ich älter war als fünfzehn und daß ich während der letzten achtzehn Jahre ein Leben in ganz außergewöhnlicher Freiheit gewohnt gewesen war. Mein Zuhause ist ein reizender Fleck; ich hätte dort von Tag zu Tag in einer Art sanften Idylls leben können; aber ich konnte keinerlei Zukunft für mich sehen. Und ich hatte kein Geld; was sozusagen meine Mitgift gewesen war, das war mit der Farm verloren. Ich war den Menschen, von denen ich abhing, schuldig, mir irgendeine Existenz zu schaffen. Die phantastischen Geschichten verlangten allmählich danach, geschrieben zu werden, und zuallererst verlangten sie nach einem Motto für das Buch, das sie ausmachen sollten. »Gib uns«, riefen sie, »ein Zeichen« – keines, darin zu siegen, denn ich konnte damals keinerlei Vorstellung von Sieg enthalten, sondern – »darin zu laufen, uns zu bewegen!«

Unerwartet, wie von selbst, war mein drittes Motto plötzlich über mir. Im Augenblick verstand ich nicht einmal seine Bedeutung, es nahm mich ganz einfach in Besitz.

In der Gypsy-Moth, dem Flugzeug, in dem ich mit Denys über Afrika flog, war nur für zwei Platz, und der Passagier saß vor dem Piloten, vor sich nur die Luft. Dort konnte man gar nicht anders als fühlen, daß man, wie eine der Personen aus Tausendundeiner Nacht, auf den Händen eines Dschinns durch den Himmelsraum getragen wurde. Morgens oder zum Nachmittag hin, wenn ich keine Angst vor der Sonne zu haben brauchte, pflegte ich meinen Fliegerhelm abzusetzen, und der afrikanische Wind packte mich am Haar und zog meinen Kopf so weit zurück, daß ich es schwierig fand, ihn auf seinem Platz zu halten. So wurde ich jetzt, in Dänemark, von einem der Ströme des Lebens erfaßt, der zu wissen schien, was er vorhatte, obwohl ich selber es nicht wußte.

Es ging so vor sich, daß ich in den Zeitungen von dem Schiff einer französischen wissenschaftlichen Expedition las, das mit wehender Flagge bei Island untergegangen war. Und der Name des Schiffes war gewesen *Pourquoi pas?* – »Warum nicht?«

Nun hat auch dieses Motto ganz den Charakter eines Paradoxes, und ich kann seine Bedeutung nicht unmittelbar erklären. Aber es wirkte. Es war ermutigend und inspirierend. »Warum?« allein ist ein Jammern oder ein Klagen, ein Ruf aus dem Herzen; es scheint in der Wüste zu ertönen und in sich negativ zu sein, die Stimme einer verlorenen Sache. Doch wenn dann ein Negativ, *pas*, »nicht«, dazugesetzt wird, dann wird die pathetische Frage in eine Antwort verwandelt, in eine Direktive, ein Signal, das eine wilde Hoffnung ausdrückt.

Unter diesem Zeichen – zeitweise in starker Unsicherheit über das ganze Unternehmen, aber dennoch in gewisser Weise in den Händen eines fordernden wie auch glücklichen Geistes – schloß ich mein erstes Buch ab. Und dieses mein drittes Motto steht, kann man sagen, über all meinen Büchern. Es wird, glaube ich, auch über den Büchern stehen, die ich möglicherweise noch schreibe.

Mein Freund in Afrika, Hugh Martin, antwortete mir, als ich ihm meine erste Erzählung geschickt hatte, um seine persönliche Ansicht darüber zu hören, mit einer Strophe von Kipling:

Old Horn to all Atlantic said:
Now where did Frankie learn his trade?
For he ran me down with a three-reef mainsail,
All round the Horn.

Atlantic answered: Not from me.
You'd better ask the cold North Sea.

For he ran me down under all plain canvas,
All round the Horn.

Diese Antwort könnte ich mir zu eigen machen. Ich hatte damals keinen Lehrer oder Berater; es wäre damals unmöglich gewesen, mich zu belehren oder zu beraten. Ich wurde mitgenommen und vorangeführt von dem französischen Schiff, das im kalten Meer vor Island gesunken war: *Pourquoi pas?*

»Sie gehen und kommen ...« Das gilt auch für Programme und Mottos. Aber in einem guten Theaterstück heißt die Bühne verlassen nicht: ganz verschwinden – selbst wenn eine Person zum letztenmal hinausgegangen ist, dann ist sie noch immer ein Teil des Stücks. Das nächste Motto meines Lebens betrat es ganz leise, ohne *Pourquoi pas?* zu verjagen, wie durch ein Naturgesetz, wie der Wechsel der Jahreszeit – etwas, das in Wirklichkeit niemand zu ändern wünscht.

Um eine alte englische Stadt waren drei Stadtmauern. In jeder Mauer war ein Tor und über jedem Tor eine Inschrift. Über dem ersten Tor stand geschrieben: *Be bold*, über dem zweiten: *Be bold*, über dem dritten: *Be not too bold*.

Klingt das jetzt, in den Ohren meiner Zuhörer, wie ein Rückschritt? Ich selber empfinde es nicht so. Ein Mensch, der zeitlebens mit Mussolini erklärt hat: *»Non amo i sedentari«* – »ich mag keine Sitzmenschen« –, erkennt dennoch, wann der Augenblick gekommen ist, sich einen Stuhl auszusuchen und sich darin zurechtzusetzen, im Vertrauen darauf, daß *»trees where you sit will* *crowd into a shade*«. Der Drang danach, der Welt seinen Willen und sein Wesen aufzudrücken, verwandelt sich in eine Sehnsucht danach, imstande zu sein, hinzunehmen, sich dem Universum zu ergeben – Dein Wille geschehe. Welche der beiden Haltungen birgt die wirkliche Kühnheit? Ich bin sehr stark gewesen, außergewöhnlich stark für eine Frau, imstande, weiter zu gehen oder zu reiten als die meisten Männer; ich habe einen Massai-Bogen gespannt und mich im Entzücken des Augenblicks mit Odysseus verwandt gefühlt. Die Freude darüber, stark gewesen zu sein, empfinde ich noch immer; die heutige Schwäche ist die natürliche Fortsetzung der Kraft früherer Zeiten. Nietzsche hat geschrieben: »Zum Segnenden bin ich worden und zum Ja-sagenden: und dazu rang ich lange und war ein Ringer, daß ich einst die Hände frei bekäme zum Segnen.« Die zweite Haltung steht nicht in Widerspruch zur ersten, sondern ist eine Folge aus ihr.

Kann ein Mensch, der hinter und vor sich vollauf die Ewigkeit spürt, vollauf die flüchtige Stunde schätzen und würdigen? Eine Stunde, in der man den Wald oder den See betrachtet oder sich Musik anhört, eine Stunde, die dem freundschaftlichen Geplauder mit Freunden gewidmet ist? Ungefähr wie der Vogel im Gedicht, der sich auf einen brüchigen Zweig setzt, wohl wissend, daß der Zweig ihn nicht tragen kann, zugleich aber in dem Bewußtsein, daß er Flügel hat, die das tun werden, wenn der Augenblick gekommen ist. Ja – *Pourquoi pas?* Das ältere Motto stützt, nachdem es zurückgetreten ist, das neue.

Hierher, nach Amerika, bin ich unter diesem Zeichen gekommen: *Be bold. Be bold. Be not too bold.* Ich wünschte, ich wäre in der Lage gewesen, früher zu kommen, in jenen Jahren, als die Notwendigkeit, zur See zu fahren, mir mehr einleuchtete als die Notwendigkeit zu leben. Und doch fühle ich, daß das Arrangement keinen Rückschritt bedeutet – es ist vielleicht sogar auf seine eigene Weise ein Scherz. Es ist sicherlich gut für mich, daß ich in diesem Augenblick und während ich zu Ihnen spreche, davor gewarnt werde, wo nicht allzu kühn, so doch allzu langatmig zu werden.

Was ich über die Mottos meines Lebens zu sagen habe, will ich mit einer kurzen Geschichte beschließen, die einer meiner Freunde mir erzählt hat.

Ein alter chinesischer Mandarin hatte während der Minderjährigkeit des jungen Kaisers für ihn das Reich gelenkt. Als der Kaiser mündig wurde, gab der alte Mann ihm den Ring zurück, der als Zeichen seiner Statthalterschaft gedient hatte, und sagte zu seinem jungen Monarchen:

»In diesen Ring habe ich eine Inschrift setzen lassen, die Eure liebe Majestät vielleicht nützlich findet. Sie ist in der Stunde der Gefahr, des Zweifels und der Niederlage zu lesen. Sie ist auch in der Stunde des Sieges, des Triumphs und der Ehre zu lesen.«

Die Inschrift in dem Ring lautete: »Auch dies nimmt ein Ende.«

Der Satz darf nicht so verstanden werden, als verschwänden Tränen und Gelächter, Hoffnungen und Enttäuschungen im leeren Raum. Sondern er sagt uns, daß alles in eine Ganzheit aufgehen wird. Bald werden wir sie als integrierende Bestandteile des ganzen Bildes des Mannes oder der Frau sehen.

Auf den Lippen des großen Dichters nimmt dieses Wegzeichen die Gestalt von gewaltiger, harmonischer Schönheit an:

Nothing of him doth fade,
but doth suffer a sea-change
into something rich and strange.

Wir können von diesen Worten – auch wenn wir über uns selbst sprechen – ohne Eitelkeit Gebrauch machen. Jeder unter uns wird in seinem Herzen fühlen, wie reich und wundersam dieses eine Ding ist: mein Leben.

Tania Blixen

Die TeilnehmerInnen beim Jahrestreffen des National Institute of Arts and Letters in New York am 28. Januar 1959 wußten, daß die Festvorlesung dieses Mal etwas sehr Besonderes war. Vor ihnen stand die fragile, 35 kg magere, 73jährige Tania Blixen und erzählte mit einer Leichtigkeit, die alle faszinierte, von den Mottos ihres Lebens, es schien, als stünde sie auf einem Podest, von dem aus sie die Bilanz eines zu Ende gehenden Lebens ziehen würde.

1914 war »Tanne« Dinesen, die gegen den heftigen Widerstand der Familie ihr Kunststudium in Kopenhagen, Paris und Rom durchgesetzt hatte, mit Baron Bror Blixen nach Afrika aufgebrochen, wo sie eine Kaffeefarm betreiben wollten. Es war zunächst der romantische Aufbruch aus einem Leben in der Konvention. Sie war eine Frau mit literarischen Ambitionen und hochfliegenden Sehnsüchten. Eine Frau mit Spaß an extravaganter und dramatischer Aufmachung. Eine Frau, die die Tiere für ihren Pelzmantel selbst erlegte. »Hier bin ich, wo ich sein sollte«, schrieb sie aus Afrika nach Hause. Aber die Farm wird nicht die gewünschte Oase der Kultur. Der Baron versteht vom Kaffeeanbau nicht viel. Schon im ersten Jahr ihres Aufenthaltes weiß sie, daß Bror sie mit Syphilis angesteckt hat. Das Paar trennt sich bald. 1932 muß Tania Blixen die Farm verkaufen, ausgerechnet in dieser Zeit kommt ihr Liebhaber Denys Finch-Hutton in seinem Flugzeug ums Leben. Tania kehrt nach Dänemark zurück und veröffentlicht ihr erstes, ursprünglich englisch geschriebenes Buch, die *Sieben phantastischen Geschichten*, das in den USA zu einem aufsehenerregenden Erfolg wird. 1959 während ihrer Vortragsreise durch Amerika traf sie auch Marilyn Monroe, die großen Eindruck auf sie machte. »Es liegt nicht daran, daß sie hübsch ist«, erklärte sie, »obwohl sie natürlich unglaublich hübsch ist – sondern daß sie gleichzeitig eine unbegrenzte Vitalität und eine unfaßbare Unschuld ausstrahlt. Ich habe dergleichen in einem weiblichen Löwenbaby angetroffen, das meine eingeborenen Diener in Afrika mir brachten. Ich wollte es nicht behalten.« Am 7. September 1962 starb die »afrikanische Heldin« (Carson McCullers) an Auszehrung.

Edith Sitwell
1887-1964

Die geniale Engländerin zeichnen weder leidenschaftlicher Überschwang noch die Künste weiblicher Lockung aus

Vom Augenblick der Geburt an war ich meine ganze Kindheit und Jugend hindurch bei meinen Eltern unbeliebt. Ich war in Ungnade, weil ich ein Mädchen war. Schlimmer noch war, daß sich wähend meines Heranwachsens zeigte, daß ich den Vorstellungen, die mein Vater von weiblicher Schönheit hatte, nicht entsprechen würde. In keiner Weise ähnelte ich einem Pekinesen oder einer der aufgedunsenen rosa Nachahmungen von Rosen, die mein Vater (der es sich nie vergeben konnte, daß er eine Dame geheiratet hatte) so bewunderte. Statt dessen hatte ich die Züge der Plantagenets geerbt sowie die tiefliegenden Augen meiner Großmutter Londesborough.

Meinen Eltern mißfiel ich, weil sie gern ein Kind wie das gehabt hätten, das 1788 einer Frau namens Mary Clark geboren worden war: »Die Ärzte fanden ihren Kopf von sonderbarem Aussehen.« Aber diese Merkwürdigkeit »kümmerte sie nicht weiter, denn das Kind verhielt sich in der üblichen Weise, und erst nachdem der eingetretene Tod unbestreitbar war, ... erwies sich, daß es nicht das geringste Anzeichen für das Vorhandensein von Großhirn, Kleinhirn oder Rückenmark gab«. Das wäre für meine Eltern ein ideales Kind gewesen. Aber leider habe ich mich nie auf die übliche Weise verhalten, und es ließ sich auch nicht leugnen, daß ich schon in frühester Kindheit deutliche Anzeichen für das Vorhandensein von Großhirn, Kleinhirn und Rückenmark an den Tag legte. Ich war eine Enttäuschung. Meine achtzehnjährige Mutter hatte geglaubt, sie habe eine neue Puppe bekommen – eine, die auf ihre Aufforderung hin die Augen öffnete und schloß und »Papa« und »Mama« sagte. In dieser Hinsicht wie in jeder anderen erfüllte ich die in mich gesetzten Erwartungen nicht.

Mein Vater hatte nur einen Trost. In meiner frühesten Kindheit, bevor er sich in eine trappistenähnliche Abschließung in sich selbst zurückzog, hatte er sich stets als die Spitze einer jener hierarchisch aufgebauten Familienpyramiden gesehen, die bei Fotografen so beliebt waren. Kaum konnte ich gehen, sah er dies imaginäre Bild mit der Unterschrift versehen »Bezauberndes Foto eines jungen Vaters mit seinem Kinde«. Unter dem Eindruck dieser Phantasievorstellung warf er mich mit einem Kissen um, so daß mein Kopf auf die eiserne Kaminumrandung aufschlug.

Meine Eltern waren mir vom Augenblick meiner Geburt an Fremde.

Ich habe nicht vergessen, daß ich wohl ein Kind war, das die Menschen um es herum zur Verzweiflung trieb, da ich jeden Augenblick meines Tages voll Heftigkeit auslebte. Ich war ein ziemlich dickes kleines Mädchen: in meinem von grüngoldenen Locken umrahmten Mondgesicht saßen, merkwürdig bei einem so kleinen Kind – ja, überhaupt bei einem Kind –, die Augen eines Menschen, der alle Tragik der Welt miterlebt und vorhergesagt hatte.

Vielleicht waren mir mit meinen vier Jahren die einsetzenden Leiden der Dichterin bewußt, die ich werden sollte.

Doch in meiner frühesten Kindheit war ich, solange mich niemand drangsalierte oder herumkommandierte, unsagbar glücklich unter den merkwürdigen Sonnen, die ausschließlich *mein* Leben erhellten und von denen andere nichts wußten – die Kinder, die einer anderen Gattung Mensch anzugehören schienen und die nicht mit mir spielen konnten. (Die Kindergesellschaften, zu denen ich getrieben wurde, waren eine Qual für mich. Die Kinder wollten freundlich zu mir sein, brachten es aber nicht fertig, weil ich eine Fremde war. Man kannte mich nur als die »arme kleine E«. Ich hielt mich nicht etwa für ihnen überlegen – ich war mein ganzes Leben lang nie so widerwärtig, mich irgendeinem Lebewesen, ob Mensch oder Tier, »überlegen« zu fühlen. Ich bin einfach meinen Weg allein gegangen – wie ich das immer getan habe.) Aber ich hatte noch nicht die späteren Jahre meiner Kindheit erreicht, da ich, wie Arthur Rimbaud (in gewisser Hinsicht mein engster Seelenverwandter) in *Une Saison en Enfer*, hätte sagen können: *»une voix étreignait mon cœur gelé ... On ne tuera pas plus que si tu étais cadavre! ›Au matin j'avais le regard si perdu et la contenance si morte, que ceux que j'ai rencontrés* ne m'ont peut-être pas vu‹.« (»Schnürte eine Stimme mein eisiges Herz zusammen [...] Man wird dich nicht töten, nicht mehr, als wenn du schon ein toter Leib wärest! ›Wenn der Morgen kam, war mein Blick so verloren und meine Haltung so tot, daß die Menschen, denen ich begegnet bin, mich vielleicht nicht gesehen haben.‹ «)

Meine Freunde waren mein liebes altes Kindermädchen Davis (wenn ich jetzt an sie denke, sehe ich sie wie einen Satz aus meiner Freundin Gertrude Steins *Geography and Plays* »ein Schatten ein weißer Schatten ist ein Berg«. Sie war zugleich ein weißer Schatten und ein Berg. Und ihr wahrer Name war Trost) sowie Henry Moat, meines Vaters Kammerdiener, der meinen Brüdern und mir bis zu seinem Tode die Freundschaft hielt. (In der Nacht, da er starb – besser gesagt, unmittelbar, bevor der Morgen graute –, hörte Osbert, wie der ferne Freund, der auf seinem Totenbett in Whitby lag, im Anrichtezimmer auf Renishaw umherwandelte, das so lange sein Reich gewesen war. Ich glaube – rede ich mir ein –, er wollte nach den drei Kindern sehen, inzwischen zwei erwachsene Männer und eine erwachsene Frau, mit denen er sich in den traurigen Jahren angefreundet hatte.) Ich sehe ihn so vor mir, als könne er jeden Augenblick durch eine Tür treten und zu mir sagen: »Sie sollten sich besser davonmachen, Miss Edith. Ihre Ladyschaft hat einen ihrer Zustände und sucht nach Ihnen.« Er war ein gewaltiger, rotgesichtiger Mann wie ein wohlwollendes Flußpferd und besaß eine Stimme wie ein strahlendes Nebelhorn. Er hatte achtzehn Brüder, alle ebenso groß und stark wie er selbst, und eine Schwester. Sie stammten aus einer Familie von Walfangkapitänen, die bis auf die Zeiten Königin Elisabeths I. zurückging.

Ich habe bereits davon gesprochen, daß sich mein Vater stets im Mittelpunkt einer Fotografie sah. Ich war wohl noch sehr klein, als er beschloß, sich zusammen mit seinen Lieben auf Zeichnungen oder Gemälden von solchen Künstlern verewigen zu lassen, die unter keinen Umständen als gefährlich anzusehen waren. (Er sah die Kunst der Malerei als Möglichkeit, die Wirklichkeit zu verkleinern und zu verzerren – nicht sie zu *überhöhen*, wie es große Künstler gewöhnlich tun.) Ich erinnere mich an eine Zeichnung, die angeblich meine Großmutter Sitwell, meine Tante Florence – die vergoldete Wildnis ihres Haares straff gehalten – und meinen Vater beim Tee im Wintergarten von Wood End zeigte. Eine Vielzahl äußerst verspielter, gestaltloser Blätter umgab sie. Die silberne Teekanne und der Wasserkessel waren mit Achtung, wenn nicht gar Ehrfurcht, gezeichnet und vermittelten weit eher den Eindruck von Realität als die abgebildeten Menschen.

Mein Vater war wie zum Cricketspiel gekleidet und hielt einen Cricketschläger in der Hand. Zwar praktizierte er diesen Sport nie, doch erweckte die Zeichnung den Eindruck, als sei er aus irgendeinem Grund untrennbar mit dem Schläger verbunden und kehre gerade von einem Spiel zurück, bei dem der Sieg ihm allein gebühre – so, als seien die anderen zehn Mitspieler bloße Produkte der Vorstellungskraft.

Es gab auch ein hübsches Porträt meiner Mutter. Darauf war sie in Weiß und Hellblau gekleidet und ließ ihre müßigen Hände auf den Saiten einer Zither ruhen. (Sie hatte nie im Leben Zither gespielt.)

Zu meinem Bedauern muß ich zugeben, daß ich das aufbrausende Temperament meiner Großmutter Londesborough geerbt hatte – wenn auch nicht ihre Leidenschaft, wegen Kleinigkeiten einen Streit vom Zaun zu brechen. Doch vertrug ich es nicht, daß man meine Pläne durchkreuzte. Ich erinnere mich, wie man mich, als wir einmal auf dem Weg nach London waren, mit Schimpf und Schande nach Scarborough zurückbringen mußte, weil ich vor tiefer Verzweiflung kreischte, als ein Zug, der gleichfalls in Richtung London fuhr, den unseren überholte.

Als Kind rief ich peinliche Situationen hervor. Einmal sollte mich Davis in Wood End in den Salon herunterbringen, damit ich einer von Mutters Freundinnen guten Tag sagte, einer entzückenden jungen Frau von geradezu sommerlicher Erscheinung. Sie hatte eine eingeschnürte Taille wie eine minoische Bienenpriesterin und warf einen Schatten wie ein langer Vogel. Mir kam es vor, als müsse dies Wesen singen und habe nichts mit Finsternis und Kummer zu tun. Arme Rita! Wenige Jahre nach jener Zeit nahm sie sich das Leben, von Armut und einer hoffnungslosen Liebe zu Boden gedrückt.

»Kennst du mich noch, kleine E.?« fragte sie, als ich in den Raum geführt wurde. (Aus irgendeinem Grund nannte mich alle Welt mit diesem einen Buchstaben, bis mein Bruder Osbert, der damals noch nicht geboren war, sprechen konnte. Danach hieß ich »Dish«, da seine Säuglingszunge nicht imstande war, »Edith« zu sagen.)

»Kennst du mich noch?«

»Nein.«

»Kinder haben ein äußerst unzuverlässiges Erinnerungsvermögen«, sagte mein Vater zwinkernd.

»Was willst du werden, wenn du mal groß bist, kleine E.?« fragte Rita, ein warmherziges Geschöpf, das den Zorn meiner Eltern von mir fortlenken wollte.

»Ein Genie«, gab ich zur Antwort.

Ich wurde sogleich aus dem Salon entfernt und zu Bett gebracht. Doch blieb meine Schande unvergessen, und man sprach in späteren Jahren unauffällig flüsternd häufig davon.

Edith Sitwell war das erste Kind ihrer aus ältestem englischem Adel stammenden Eltern, deren Lebensführung sie später als »zu nichts nütze und außerordentlich überflüssig« bezeichnete. Für die Eltern war sie eine Enttäuschung, ein Mädchen, und zudem entsprach sie keineswegs den Schönheitsbegriffen der Zeit. »Warum sollte man versuchen, wie ein Pekinese auszusehen, wenn man ein Windhund ist«, fragte sich »der hochgewachsene dünne Vogel« später einmal. Ihre Erscheinung war einzigartig, keine verstand es wie sie, sich mit Kleidern, Hüten, Schmuck immer wieder neu zu stilisieren. Aber solche Freiheiten konnte sie sich erst später leisten. Zunächst verbrachte sie eine »unaussprechlich kalte und einsame« Kindheit in ihrem Elternhaus, wo man bemüht war, all ihre Phantasie, ihre Neigungen zu unterdrücken und sie an das gesellschaftliche Ideal anzupassen, und wo man sie ganz wörtlich in ein Korsett steckte. Man verpaßte ihrem schwachen, überlangen Rücken ein Stahlkorsett. Sie nennt es ihre Bastille und trägt es unter großen Schmerzen. »Ich besaß«, schrieb sie über die Zeit damals, »kein körperliches Leben mit Ausnahme zweier meiner Sinne – Hören und Sehen.« Aber Edith leistete Widerstand. Mit vier Jahren bringt sie sich mit den Märchen Andersens und der Brüder Grimm das Lesen bei, mit dreizehn lernt sie heimlich »The Rape of the Lock«, ein langes Versgedicht von Alexander Pope, auswendig. Sie liest Swinburne und legt Rosen auf sein Grab, aber der Gedichtband des anstößigen Dichters wird konfisziert. Als sie siebzehn ist, bemühen sich ihre Eltern um standesgemäße Ehekandidaten. Aber, wie Edith später schrieb: »Die geniale Engländerin zeichnen weder leidenschaftlicher Überschwang noch die Künste weiblicher Lockung aus.«

Endlich, mit 27, darf sie das Elternhaus verlassen, sie zieht mit ihrer Gesellschafterin Helen Rootham in eine kleine, äußerst bescheidene Wohnung in London und verdient sich zunächst ihren Lebensunterhalt bei der Pensionskasse in Chelsea. Sie fühle sich »wie jemand, dem man Urlaub aus dem Gefängnis gibt«, sagte sie. Jetzt endlich kann sich ihre lange aufgestaute Kraft entladen. Die ersten Gedichte entstehen und erscheinen. Jetzt kann sie leben, wie sie es von Kind an wollte, frei und exzentrisch, ihrem poetischen Talent, ihrer literarischen Begabung folgend. Sie wird jenes »überaus seltene Geschöpf, eine geniale Frau«. Und in England die avantgardistische Dichterin der Moderne. In ihrer Autobiographie *Mein exzentrisches Leben* sagte sie: »Exzentrik ist nicht, wie langweilige Leute glauben machen wollen, eine Form von Verrücktheit, sondern oft eine Art unschuldiger Stolz. Geniale und aristokratische Menschen werden häufig als exzentrisch betrachtet, weil das Genie wie der Aristokrat vollkommen unerschrocken und unbeeinflußt sind von den Meinungen und Launen der Masse.«

Katherine Mansfield
1888-1923

Hättest Du Schwindsucht und lebtest mit einem Todfeind zusammen!

Tagebuch

Der Tod.

15. Dezember 1919. Nachdem ich zu Bett gegangen war, wurde mir bewußt, warum ich zusammengebrochen war. Es war die Anstrengung, auf zu sein, mit einem Herzen, das nicht schlagen wollte. Gar nicht die Lungen. Meine Verzweiflung verschwand einfach – ja, *einfach*. Das Wetter war herrlich. Jeden Morgen schien die Sonne und warf kleine viereckige Felder goldenen Lichts an die Wand. Von meinem Bett aus blickte ich auf einen seidenblauen Himmel. Der Tag öffnete sich langsam, langsam wie eine Blume, und er hielt die Sonne lange fest, bevor er sich langsam, langsam zusammenfaltete. Dann verging mein Heimweh. Nicht nur wollte ich nicht mehr in England sein, nein, ich begann Italien zu lieben und den Gedanken daran – die Sonne – sogar als sie zu heiß war – immer die Sonne, und eine Art von *Ganzheit*, in der es gut war, sich zu sonnen.

Nach ein paar Tagen begannen J.s Briefe, als Antwort auf *meine* niedergeschlagenen Briefe, anzukommen, eine ganze Reihe. Wenn ich bedrückt war, wurde *er* auch bedrückt, aber nicht wegen mir. Er begann zu schreiben 1.) über den Schmerz, den ich ihm zufügte: *seinen* Schmerz, *seine* Nerven, er sei nicht aus Peitschenschnur oder aus Stahl gemacht, die Frucht sei bitter für *ihn*. 2.) ein beständiges Lamentieren über Geld. Er hätte keines, er sähe keinen Weg, sich welches zu beschaffen – »schwere Schulden« – »wie du weißt, bin ich bankrott.« »Ich weiß, es klingt gefühllos.« »Ich kann mich nicht damit abfinden.« Diese Briefe, besonders die über Geld, schnitten wie mit einem Messer durch etwas, das zwischen uns gewachsen war. Sie änderten die Situation, für mich wenigstens, für immer. Seit zwei Jahren hatten wir uns in ein Verhältnis treiben lassen, das anders war als alles, was ich je erlebt hatte. Wir waren wie *Kinder* zueinander gewesen, offen eingestandene Kinder, die einander alles sagten, die gleichermaßen eins vom anderen abhängig waren. Vorher war ich der Mann gewesen und er die Frau, und er hatte sich nie wirklich anstrengen müssen. Er hatte mich nie wirklich »ernährt«. Tatsache ist, daß ich ihn ernährte, als wir uns kennenlernten, und später hatten wir uns immer, mehr oder weniger, wie männliche Freunde verhalten. Dann kam diese Krankheit – die immer schlimmer wurde – und machte mich zu einer Frau und verlangte von ihm, sich hintanzustellen und die Dinge für mich zu *tragen*. Er ertrug es wunderbar. Was sehr viel dazu beitrug, war, daß meine Krankheit eine »romantische Krankheit« war (seine Vorliebe für »romantische Erscheinungen« ist *enorm* stark), und auch, daß wir wie »Kinder« zueinander waren, was uns die praktisch unbegrenzte Möglichkeit gab, »Leben zu spielen«, nicht zu leben. Es war eine Kinderliebe. Ja, ich glaube, es war die wundervollste, die strahlendste Liebe, die die Welt kennt: schrecklich selten. Wir haben sie erlebt. Aber wir waren nicht *rein*. Wären wir's gewesen, hätte er es auf sich genommen, mit mir zu gehen. Und das konnte er nicht. Er hätte nicht gesagt, er sei zu müde, um genug zu verdienen, so daß wir beide hier leben könnten. Er hat sich stets geweigert, die Schwierigkeiten auf sich zu nehmen, die damit verbunden gewesen wären, zwei Jahre lang mit wenig Geld miteinander auszukommen. Er sagte, und drei Viertel von ihm glaubten es: »Ich könnte es nicht aushalten, dich krank zu sehen.« Aber das war eine Lüge und ein Geständnis, daß zwischen uns nicht alles so war, wie es hätte sein sollen. Und ich habe es stets gewußt. Trotzdem spielte ich mich auf, und wirklich, selbst im Oktober klammerte ich mich noch an ihn – immer noch das Kind – und sah ein Haus auf dem Lande in England als unsere Rettung an, *nicht später als im nächsten Mai*, um danach niemals mehr getrennt zu sein. Die Briefe – haben all dem ein Ende gemacht. *Waren* es die Briefe? Ich darf etwas anderes nicht vergessen.

Während dieser ganzen zwei Jahre war ich von Todesfurcht besessen. Sie wuchs und wuchs und wurde *riesengroß*, und deshalb, glaube ich, habe ich mich so an ihn geklammert. Vor zehn Tagen hat sie mich verlassen, ich mache mir keine Sorgen mehr. Der Gedanke an den Tod läßt mich vollkommen kalt. Das war es also *und* die Briefe, vielleicht. Dahin ist meine kindliche Liebe, dahin mein Wunsch, in England zu leben. Ich sehne mich nicht besonders danach, bei ihm zu leben. Ich würde es gerne tun, wenn es möglich wäre – aber *keine Opfer, bitte*. Und mich anzulehnen – »ein reizender, kleiner Liebling« zu sein – das ist undenkbar. Ich will *arbeiten* – hier – ein gutes Dienstmädchen finden anstelle von L. M., das ist alles. Ist das wirklich alles? Ja, alles. Ich bin wie Mutter geworden. Für Menschen gebe ich keinen *Pfifferling*. Jack werde ich immer liebbehalten und seine Frau sein, aber zu jener Qual – Freude –, jenem süßen Wahnsinn der früheren Jahre könnte ich nicht zurück. Eine solche Liebe gibt es für mich nicht mehr. Und das Leben bleibt entweder stehen oder vergeht. Ich muß an dieser Stelle einen Traum festhalten. Die erste Nacht hier im Bett, das heißt nach dem ersten Tag, den ich im Bett verbrachte, schlief ich ein, und plötzlich fühlte ich, wie mein ganzer Körper *sich auflöste*. Er zerbrach mit einem heftigen Stoß – wie ein Erdbeben –, und er zerbrach wie Glas. Ein langes, schreckliches Splittern, verstehen Sie – und die Wirbelsäule und die Knochen und jedes Teilchen und Stückchen erzitterten. Es war in meinen Ohren wie ein tiefes, verworrenes Getöse, verbunden mit der Empfindung eines blitzenden, grünlichen Glanzes, wie von zerbrochenem Glas. Als ich erwachte, dachte ich, ein heftiges Erdbeben hätte stattgefunden. Aber alles war ruhig. Allmählich kam es mir zum Bewußtsein – die Überzeugung, daß ich in diesem Traum gestorben war. Ich werde jetzt weiterleben – vielleicht für Monate oder für Wochen oder Tage oder Stunden. Es gibt keine Zeit. In jenem Traum bin ich gestorben. Der *Geist*, der Feind des Todes, der so zittert und der so hartnäckig ist, wurde aus mir herausgerüttelt. Ich bin (am 15. Dezember 1919) eine tote Frau, und es ist mir *gleichgültig*. Es könnte andere trösten zu wissen, daß man aufhört, sich zu sorgen; aber sie würden es mir nicht glauben, wie auch ich es nicht glaubte, bis es geschah. Und, oh, wieviel Macht hatte der Tod über mich! Wie *betete* ich das Leben an, und wie *fürchtete* ich den Tod!

Ich möchte meine Bücher schreiben und noch eine Zeitlang mit Jack glücklich sein (obwohl ich nicht so recht daran glaube) und Lawrence an einem sonnigen

Ort besuchen und Veilchen pflücken – alle Arten von Blumen. Oh, ich möchte noch eine Menge Dinge tun, wirklich. Aber es macht mir nichts aus, wenn ich sie nicht tun kann.

Jene seltsame Einfachheit – jene tiefe, einfache Liebe *gibt* es nicht. Sie existierte nur, bis wir sie auf die Probe stellten. Als ich mich dann beklagte, Jack [unleserlich] mich – weil es ihn schmerzte, mich anzuhören – ich verdarb sein Spiel, das ganze Haus war durcheinander wegen mir ... Wie klar das alles ist! Plötzlich überspielte ich ihn als tragische Figur oder drohte, ihn zu überspielen (ja, genau das ist die Wahrheit), und die Wahrheit kam an den Tag. Er wollte die *ganze* Tragödie für sich haben. Es muß ein schrecklicher Schlag für ihn gewesen sein, sie mit jemandem teilen zu müssen ... Ich bin froh, daß es vorbei ist. Ich möchte nicht zurück.

Ehrlichkeit (warum?) ist das einzige, was höher steht als Leben, Liebe, Tod, als alles andere. Sie allein ist beständig. Oh, ihr, die ihr nach mir kommt, werdet ihr es glauben? Am Ende ist die *Wahrheit* das einzige, das wert ist, daß man es besitzt: sie ist aufwühlender als Liebe, freudvoller und leidenschaftlicher. Sie *kann* einfach nicht versagen. Alles andere versagt. Ich jedenfalls weihe den Rest meines Lebens der Wahrheit, und ihr allein.

Ich möchte darüber eine lange, lange Geschichte schreiben, mit dem Titel: »Letzte Worte an das Leben«. Man *müßte* sie schreiben. Und eine andere über den HASS.

»Herrgott! so wie ich zu hassen. Es hat mich wieder gepackt. Du weißt nicht, was Haß ist, denn ich weiß, Du hast noch nie jemanden so gehaßt – nicht so wie Du geliebt hast. Aber ich. Meine Todtodfeindin hat mich heute im Griff, und ich bin schlicht eine blinde Gewalt des Hasses … Stell Dir vor, wie es Dir ginge, hättest Du Schwindsucht und lebtest mit einem Todfeind zusammen! Das ist eine Sache, die ich Virginia ihr Lebtag neide – daß sie & Leonard zusammen waren«, schreibt Katherine Mansfield am 20. November 1919 aus Ospedaletti an John Murry, ihren Mann. 1918 hatte sie Murry geheiratet, und damals wußte sie bereits, daß sie an Lungentuberkulose litt. Und als Virginia Woolf, die Katherine so sehr um ihre Ehe beneidete, sie im November 1918 in ihrem Haus in Hampstead besucht hatte, schrieb sie in ihr Tagebuch: »Katherine war auf, aber heiser und schwach, sie kroch im Zimmer umher wie eine alte Frau … Murry und das Monster passen auf und kümmern sich um sie, bis sie beide haßt, sie traut keinem, sie findet keine ›Wirklichkeit‹.«

Ab jetzt wird Mansfield ein unstetes Wanderleben führen, sich in Italien, Frankreich, der Schweiz aufhalten, immer auf der Suche nach Gesundheit. Im September 1919 brachte Murry seine Frau mit dem »Monster«, wie Katherine Mansfield ihre Freundin Ida Baker offensichtlich nannte, nach Italien. Die beiden Frauen finden in der Nähe von San Remo ein einsames Quartier, Casetta Deerholm. Aber Katherine Mansfield ist zunächst guter Dinge, sie schreibt an einem Journal »From the Casetta«, das sie veröffentlichen will. Als die von ihrem Londoner Arzt verordneten Pillen ausgehen, fällt sie in eine schwere Depression, sie entwickelt Haßgefühle auf Ida. Haß, weil sie bei ihr ist und nicht der geliebte Murry, mit dem sie in einer immer spannungsvolleren Beziehung lebt. Sie hat Schmerzen, sie ist einsam, sie hat Angst. Ida muß bei der ängstlichen Freundin in deren kleinem Zimmer auf dem Sofa schlafen. Die Stimmungen der manisch-depressiven Frau schlagen heftig aus. Am

23. November schreibt sie an Murry: »Wir müssen Kinder haben, wir müssen«, und sieben Tage später: »Oh, Liebster, finde ein Haus! Ich sehne mich danach. Weihnachten ist nahe.« Aber die Vorahnung, die sie am 19. November hat, trügt sie nicht: »Die Kälte macht mir angst, sie ist von übler Vorbedeutung. Ich atme sie ein, und dann ist es, als ob tief innen ein Messer langsam, langsam in meine Brust eindränge und sagte: ›Sei nicht allzu sicher.‹« Am 9. Januar 1923 stirbt sie einsam in einem kalten Zimmer in Fontainebleau, wo sie in Gurdjeffs »Institut für die harmonische Entwicklung des Menschen« gesund zu werden gehofft hatte.

Adrienne Monnier
1892-1955

Mit der Poesie verlassen wir das gewöhnliche Leben

Raymonde Linossier: Dada avant la lettre

Raymonde Linossier bin ich zum ersten Mal im Oktober 1917 begegnet. Sie war damals Studentin an der Ecole de Droit, während ich das Handwerk der Buchhändlerin in meiner »eigenen« Schule erlernte. Seit zwei Jahren übte ich einen Beruf aus, von dem ich kaum mehr kannte als die Trunkenheit, die sich einstellt im Gespräch mit anderen Buchliebhabern.

Raymonde Linossier hatte eines schönen Morgens die Schwelle der Buchhandlung überschritten, aber nicht wie jene Passanten, die nur die Zeit totschlagen, sondern in freundschaftlich unbeschwerter Stimmung, wie jemand, der zu Besuch kommt. Hatte man ihr von meinem Hause berichtet? Ich glaube kaum. Später, als ich sie besser kannte, sah ich, daß sie allem und jeder mit charmantester Höflichkeit begegnete.

Sie bat mich um die Adresse eines Druckers, dem sie den Satz eines Romans anvertrauen könne. Das Wort »Roman« betonte sie mit schalkhaftem Lächeln; es handele sich um ein von den Schwestern X verfaßtes Werk mit dem Titel *Bibi-la-Bibiste*.

Während die junge, ganz in Schwarz gekleidete Frau sprach, betrachtete ich sie aufmerksam. Ihre Physiognomie war beeindruckend, Kinn und Mund ausgeprägt, die ebenfalls vollen und starken Lippen glichen einer Blume in voller Blüte.

Beherrscht wurde diese heftige, fast ungebändigte untere Gesichtshälfte von Augen, in denen all der Sanftmut, all die Zurückhaltung zu lesen waren, die von der schönen weiblichen Seele erwartet werden. Sie waren, reinen Saphiren gleich, von ungetrübtem, zartestem Blau.

Trauer und Sorge haben diese schönen Augen niemals zu verschleiern vermocht, Nachsinnen und Freude aber ließen Weihrauchschwaden darüber hingleiten.

Die Stimme Raymonde Linossiers war ebenso bemerkenswert wie ihr Gesicht, eine summende, gedämpfte, zarte Stimme. Gebrechlich wie Vogelzehen klammerte sie sich an die Worte, ließ sie mit unzähligen winzigen Flügeln erzittern. Samten begann sie, um dann in zerstreuter, wenngleich aufmerksamer Schwebe zu verharren. Während ich diese Zeilen niederschreibe, glaube ich, sie noch zu vernehmen; sie webt sich in mein Ohr, ist so gegenwärtig und ungreifbar wie die Seele, deren menschlicher Ausdruck und geheimnisvolle Verästelung sie war.

Wenig später vertraute sie mir *Bibi-la-Bibiste* an, ein wahrlich außergewöhnliches Werk von außergewöhnlich geringem Umfang: fünf Kapitel, das längste bestand aus fünf Zeilen. Hier das erste Kapitel mit dem Untertitel *Enfance* (Kindheit):

Ihre Geburt glich jener der anderen Kinder
Deshalb erhielt sie den Namen Bibi-la-Bibiste
(So war beschaffen die Kindheit von Bibi-la-Bibiste)

Ich gestehe, daß ich ein wenig verwirrt war und kein eindeutiges Urteil abgeben konnte. Im übrigen schien sie auf meine Verwirrung nur gewartet zu haben: sie wurde wunschgemäß bedient.

Vermutlich brachte uns die von Monsieur und Madame Birot herausgegebene Zeitschrift *Sic* (die damals in ihrer Blüte stand) auf die Druckerei Paul Birault, die sich in der Rue Tardieu Nr. 4, in den tiefsten Tiefen von Montmartre, befand. Wir spürten, daß ein Werk wie *Bibi* eines ungewöhnlichen Druckers bedurfte, der so exzentrisch und »fauve« sein mußte wie das Buch selbst. Raymonde machte sich also eines Morgens auf den Weg und entdeckte nach mühevoller Suche besagte Druckerei. Da Monsieur Birault einberufen war, traf sie dort nur seine Gattin an, eine ungemein freundliche Person, die eigenhändig die ihr anvertrauten Arbeiten mittels einer Handpresse bewältigte. Kein literarisches oder typographisches Wagnis schreckte sie; geht meine Erinnerung nicht fehl, war sie sogar als einzige in der Lage, bestimmte Ideogramme Apollinaires und seiner Schüler zu drucken. Besser hätte Raymonde es nicht treffen können. Die Bedingungen Madame Biraults waren mehr als redlich, und binnen kurzem lieferte sie eine elegante, gediegene Broschüre aus, die sie, gemäß dem Wunsch der Autorin, auf imitiertem Japanpapier in einer Auflage von 50 Exemplaren gedruckt hatte.

Bibi-la-Bibiste war Francis Poulenc, einem Jugendfreund, gewidmet. Dieser tauchte einige Zeit nach dem ersten Besuch Raymondes bei uns auf. Er war ohne Begleitung und trug im Arm einen riesigen Blumentopf, bestimmt für eine Verwandte, die im Viertel wohnte. Seine Allüre war ganz die eines Elefantenbabys, dem man noch nicht die Ohren langgezogen hat. Er bat darum, ihm ein bestimmtes, von Kissling illustriertes Programmheft zu besorgen, das bei der letzten Zusammenkunft von *Lyre et Palette* eine Rolle gespielt hatte. Es war die Zeit, da *Art et Action*, *Lyre et Palette* und unsere eigenen bescheidenen Veranstaltungen in etwa alle in der Hauptstadt verfügbare geistige Munition ausgaben. Die Bedeutung von Madame Lara und Monsieur Autant, die sich während der härtesten Kriegsjahre auf glanzvolle und beherzte Weise um die literarische, musikalische und künstlerische Avantgarde gekümmert haben, ist niemals ausreichend herausgestellt worden. Ihnen ist die Uraufführung der *Rhapsodie nègre* zu verdanken, und von ihnen erfuhr ich auch, daß Poulenc unter den jungen französischen Komponisten die herausragendste Begabung darstellte.

Als wir dann *Bibi-la-Bibiste* in gedruckter Form in Händen hielten, wurde sie zu einer Quelle der Erheiterung und Entspannung. Auch Ezra Pound zeigte sich sehr beeindruckt und ließ sie in seiner *Little Review* abdrucken.

Hinzugefügt sei noch, daß *Bibi* eine regelrechte Doktrin ins Leben rief: den Bibismus – doch vielleicht war es auch umgekehrt, und die Doktrin hat das Werk hervorgebracht.

Beim Bibismus handelte es sich um eine Art Dada avant la lettre. Ein ausgeprägter Sinn für das Barocke und die Kunst der Primitiven zeichnete ihn aus. Auch liebäugelte er mit jenen volkstümlichen Kunstformen, die sich in Plüschphantasien, muschelverzierten Schmuckkästchen, Überraschungspostkarten, Gemälden in Briefmarkengröße und Konstruktionen aus Flaschenkorken äußern. Ah! Raymonde Linossier war sicherlich ein Kind ihrer Zeit, aber sie war es als kühne, subtile und vor allem taktvolle Vorreiterin. Sie hat ihren Neigungen niemals unangemessene Bedeutung zugestanden, war immer die erste, die darüber lachte. Ihr Lachen kam stets von Herzen, und so manches Mal kamen ihr die Tränen dabei. Da, wo die Dadaisten das tragische Element betonten, stellt sie das zärtliche heraus. Sie hatte eine Vorliebe für Kunstformen, die noch in den Windeln liegen, der Mutter ähnlich, die weiß, daß all dies Leben nur allzu schnell heranwächst und ernst wird und daß nichts den Spielen und dem Durcheinander der Anfänge gleichkommt.

Bedenkt man, wie sehr Raymonde das Primitive schätzte, dann ist es um so erstaunlicher, wie stark ihr kritisches Bewußtsein ausgebildet war. Sie brachte Werte nicht durcheinander und schuf auch nicht willkürlich neue; hatte sie Vorlieben, so wußte sie, warum; in vielerlei Hinsicht war ihr Denken männlich. Sie war eine Liebhaberin der Literatur, Musik und Malerei ersten Ranges, ein Mitglied der Pariser Elite.

Der von ihr bevorzugte Dichter war zweifelsohne Léon-Paul Fargue. Sie kannte seine *Poèmes* schon, bevor sie unseren Buchladen, in dem Fargue stets auf lebhafte Bewunderung gestoßen war, betrat. Mehr als einmal hat sie mir erzählt, wie ihre Lehrerin ihr schlechte Noten gegeben und sie gescholten habe, weil sie ihre Hausaufgaben mit Zitaten aus den *Poèmes* verziert hatte. Wie zu erwarten, lernte sie Fargue kurz nach ihrem ersten Besuch bei uns kennen, und die beiden schlossen sogleich Freundschaft. Es war die große Zeit der Potassons – d. h. jener Menschen, auf welche der Spruch zutraf: *o té un janti** . Diese Institution, die Fargue zum Vater, mich zur Mutter hatte, hat in den Jah-

* etwa: oh, tu (es) un gentil. Du gehörst zu den Edlen, Noblen. (A. d. Ü.)

ren 1918 bis 1923 außergewöhnliche Wirkung und Ausstrahlung bewiesen.

Nach dem bisher Gesagten sollte jedoch nicht der Eindruck entstehen, daß wir unsere Zeit ausschließlich mit Scherzen verbrachten. Unser Väterchen verdiente sich seinen Lebensunterhalt mühselig mit dem Anbringen seiner bekannten kelchförmigen Leuchter aus emailliertem Glas; ich meinerseits hatte die Plackerei mit der Buchhandlung; und Raymonde ihr Jurastudium – das sie ebenso ernst nahm wie ihre Freundinnen Lucienne Astruc und Juliette Veiller. Zusätzlich hatte sie noch Kurse in Orientalistik belegt, die sie mit ebenso großer Leidenschaft absolvierte wie zwei weitere Freundinnen von ihr, Sarah Lévy und Marcelle Lalou.

Im Alter von vierundzwanzig Jahren wurde sie zur Anwältin ernannt und begab sich auch sogleich auf Stellensuche.

Man hat mir wiederholt bestätigt, daß es für Frauen sehr schwierig war, bei Gericht zugelassen zu werden – schwieriger noch als auf medizinischem Gebiet –, und daß für eine empfindsame und bescheidene Frau die Hindernisse dort fast unüberwindlich waren. Raymonde hatte das Glück, einen Arbeitgeber zu finden, der zu unseren Freunden und zur Gruppe der Potassons gehörte: Monsieur Charles Chanvin. Zwei Jahre lang stand sie ihm als Sekretärin zur Seite, und gewiß hätte sie dank ihres Talents und dank seiner Fürsprache Karriere gemacht, wäre nicht die Orientalistik dazwischengekommen, die zuerst nur Zerstreuung gewesen war, bald jedoch ihre gesamte Energie beanspruchte. Sie gehörte zum Kreis der Amis de l'Orient (Freunde des Orients) und kümmerte sich seit dem Jahre 1923 aktiv um den Bilderdienst des Museums Guimet. Im Jahr 1925 wurde sie dort fest angestellt, was ihre Freunde jedoch nicht von ihr selbst, sondern durch einen Zufall erfuhren, als nämlich die *Mythologie asiatique illustrée* herauskam, an der sie mitgearbeitet hatte. Sie besaß im Museum ein eigenes, sehr schön ausgestattetes Büro, in dem sie nachmittags arbeitete. Eines Tages hatten Gabrielle Romains, Sylvia und ich sie dort besucht und waren von ihr durch die Säle geführt worden, die wir dann mit ihren Augen sehen und schätzen lernten.

Raymondes Bescheidenheit hatte nicht ihresgleichen. Ihre Schwester, die Ärztin Alice Ardoin, hat mir von einer kurzen Reise in die Vereinigten Staaten berichtet, die sie zusammen unternommen hatten. Raymonde war, ausgestattet mit zahlreichen Empfehlungsschreiben ihrer französischen Dozenten und befreundeten Orientalisten, in New York und Philadelphia mit den dortigen Orientalisten zusammengetroffen und von diesen, wie sie ihrer Schwester gegenüber hervorhob, mit offenen Armen empfangen worden; kein Wunder, mit diesen Schreiben in der Tasche! hatte sie hinzugefügt. Aus dem späteren Briefverkehr zwischen den amerikanischen und französischen Orientalisten ging jedoch hervor, daß sie rein aufgrund ihres persönlichen Auftretens großen Eindruck hinterlassen und alle Welt mit ihren profunden Kenntnissen in Erstaunen gesetzt hatte.

Sie sprach nie über ihre Arbeit oder ihre Projekte. Der Artikel, den René Grousset im vergangenen Februar [1929] in *Les Débats* über sie veröffentlicht hat, kam für viele ihrer engsten Freunde einer Enthüllung gleich. Erst mußte sie uns genommen werden, damit wir erfahren durften, daß sie zum Schlag der echten Gelehrten und zu den »aktivsten Organisatorinnen« des Museums Guimet gehört hatte.

Denn sie wurde uns genommen! Wie war solches möglich? So jung, so von allen geliebt und so außerordentlich begabt, wie sie war! Und wie rücksichtslos hat der Tod zugeschlagen – in nur zehn Tagen hat er sie dahingerafft.

Während ich obige Zeilen niederschrieb und ein Bild von ihr zu fixieren suchte, habe ich düstere Gedanken soweit als möglich beiseite gelassen. Dieses Portrait – in Wahrheit nur eine Skizze – sollte mit den Farben des Lebens ausgestattet sein; deshalb wählte ich die heitersten Erinnerungen.

Raymonde ... Bezog dieser Name sich auf unsere Freundin, dann schien er mit subtiler Energie aufgeladen zu sein. Wir sagten: Raymonde, und es war wie der Duft von Ambra, die Spur eines Lächelns, das In-Beschlag-Nehmen des Herzens. Diese »Welt« (monde), mit der ihr Name auslautete, was umfaßte sie nicht alles, welch einen Bedeutungsreichtum besaß sie für uns, wie viele Anklänge lagen darin verborgen! – All jenen, die ihr nachtrauern, möchte ich sagen: Spürt ihr nicht, daß dieser Name noch lebt, daß die Seele ihn weiterhin bewohnt? Aus purer Koketterie heraus tat sie, als sei sie verschwunden – gewiß ihr gelungenster Schelmenstreich, damit man sie noch leidenschaftlicher suche, und finde.

Adrienne Monnier

Als Sylvia Beach im November 1919 ihren bald weit über Paris hinaus bekannten Buchladen *Shakespeare & Company* eröffnete, gab es in »Odéonia« bereits seit fünf Jahren einen literarischen Treffpunkt. Es war das *Maison des Amis des Livres* in der Rue de l'Odéon 7, und seine Besitzerin war die Schriftstellerin und Verlegerin Adrienne Monnier. Was Beach für die englischsprachige Literatur wurde, war Monnier für die zeitgenössische französische. »Ihre Stimme klang laut – Adrienne Monnier stammte von Bergbewohnern ab, die wahrscheinlich gewöhnt waren, sich von Gipfel zu Gipfel zu begrüßen«, sagte Sylvia Beach über ihren ersten Besuch bei ihrer späteren Lebensgefährtin; 38 Jahre lang, bis zum Tod der Monnier, verband die beiden Frauen eine große Freundschaft und Liebe. Die Mutter, aus dem bergigen Savoyen stammend, hat Adrienne mit Autoren wie Emerson, Novalis, aber auch mit Lao-Tse vertraut gemacht; bereits als Zehnjährige, erinnert sich Adrienne Monnier, kommt sie mit der zeitgenössischen französischen Literatur in Berührung: Am Ufer der Seine findet sie bei einem Bouquinisten ein altes Exemplar des »Mercure de France«. Sie selbst hat im Laufe ihres Lebens drei Literaturzeitschriften herausgegeben, hat mit und in diesen die wichtigsten französischen Autoren ihrer Zeit vorgestellt: Jules Romains, Jean Cocteau, André Breton, André Gide, Paul Valéry. Sie organisierte auch Lesungen in ihrer Buchhandlung, und eines ihrer größten verlegerischen Verdienste ist sicherlich die Publikation von James Joyces *Ulysses* in französischer Sprache. Das frivole Circe-Kapitel tippte damals Raymonde Linossier ins reine. Die Schreibkräfte hatten sich geweigert. Sie gehörte zu den ersten Mitgliedern von Adriennes Bücherei. Aber die begabte Juristin, die zum Freundeskreis von Paul Fargue zählte, publizierte auch. »Mich-die-michste« nannte Sylvia Beach Linossiers *Bibi-la-Bibiste*.

Auch Adrienne Monnier publizierte Eigenes: Ihre literarischen Porträts sind von hoher Qualität. Ferner schrieb sie Gedichte und unter dem Pseudonym Sollier Prosatexte, einige davon hat Walter Benjamin, der mit ihr befreundet war, übersetzt.

Bis 1951 war ihr Buchladen Treffpunkt der literarischen Avantgarde. Dann mußte sie ihn wegen einer hartnäckigen Rheumaerkrankung aufgeben. Eine heimtückische Erkrankung am Innenohr raubte ihr zum Schluß fast den Verstand. Sie hörte laute Geräusche, hatte Gleichgewichtsstörungen. Mit einer Überdosis Schlaftabletten brachte sie sich schließlich um.

Djuna Barnes
1892-1982

Das Schreckliche ist nicht, daß all
diese Dinge geschehen konnten,
sondern daß sie alle vorbei sind

Plötzlich sagte Dr. Matthew O'Connor: »Meine Mutter ist es, die ich brauche, ohne Widerspruch!« Und dann brüllte er, so laut er konnte: »Mutter Gottes! Dein Sohn wollte ich sein! Und wäre ich auch nur der zweite gewesen – unbekannt und geliebt!«

»Ach, Matthew! Ich weiß nicht, wie ich fertig werden soll! Wohin soll ich mich wenden! Sagen Sie ihr, wenn Sie ihr jemals begegnen, daß immer nur sie in meinen Armen ist; – und so wird es ewig bleiben, bis wir sterben. Sagen Sie ihr, sie soll tun, was sie tun muß, nur nicht vergessen!«

»Erzähl es ihr doch selbst«, sagte der Doktor, »oder bleib still in deiner Misere sitzen – wie du willst! Übrigens ist es ja mit dem Hermelin dasselbe – diesem edlen, gelben Hermelin, für das die Damen einen solch hohen Preis bezahlen; wie kommt es zu dieser kostbaren Farbe? Indem es sein Leben lang im Bett sitzt, sein Leinen bepißt oder auf seine eigene Art weint. So ist es auch mit den Leuten; Wert besitzen sie nur, wenn sie sich dem ›Ärgernis‹ ausgesetzt haben – ihrem eigenen und dem der Welt. Das Ritual selbst gründet einen Lehrgang. Und so kehren wir denn zu meinem Ausgangspunkt zurück: bitte den lieben Gott, daß sie dich bewahren möge. Ich persönlich nenne ihn nämlich ›sie‹ wegen der Art, in der sie mich geschaffen hat; irgendwie gleicht es den Fehler aus.«

Er stand auf und ging zum Fenster. »Diese unschätzbare Milchstraße falscher Informationen, Geist genannt, vor diesen unentwirrbaren Zwang gespannt, den wir Seele nennen – ungeheuerlich und doch so fadenscheinig –: da kommt denn dieses Gefährt den fast überwucherten Reitpfad von Gut und Böse entlang, im Paßgang über das Gestrüpp der Willkür – das ist das heilige *habeas corpus*, die Handlung, die den Körper vor den Richter bringt. Dennoch: am Ende wird Robin dich in ein Kloster verwünschen, wo das, was sie einst liebte, durch seine Umgebung gesichert ist; denn so wie du bist, wirst du sie immer wieder ›hervorbringen‹, so wie die Kanonen Tote aus tiefem Wasser hervorbringen.«

»Und schließlich«, sagte Nora, »kamen sie zu mir, die Mädchen, die Robin rasend gemacht hatte – zu mir, um Trost!« Sie begann zu lachen. »Mein Gott«, sagte sie, »die Frauen, die ich schon auf meinen Knien gewiegt habe!«

»Frauen«, sagte der Doktor, »werden auf den Knien geboren, deshalb habe ich niemals etwas mit ihnen anfangen können, ich verbringe zuviel Zeit auf meinen eigenen.«

»Plötzlich wußte ich, was mein ganzes Leben gewesen war, Matthew, was ich in Robin erhofft hatte: die sichere Folter. Nichts Größeres können wir erhoffen – außer der Hoffnung. Wenn ich sie unter Tränen bat, nicht auszugehen, ging sie dennoch; sie ging die Treppen hinab, reicher im Herzen, weil ich es berührt hatte.«

»Über diesem Brot wachsen dem Löwen die Mähne, dem Fuchs die Zähne«, warf der Doktor ein.

»Am Anfang, als ich es noch mit Zuspruch versuchte – sich nicht zu betrinken, nicht die ganze Nacht auszubleiben und sich beschmutzen zu lassen –, da sagte sie: ›Ach, ich fühle mich so rein und froh!‹, als sei die Unterlassung dieser Schande ihr einziges Glück, ihre einzige Seelenruhe; und so kämpfte ich mit ihr, wie mit den Hindernissen in meinem eigenen vordergründigen Herzen, zog sie an den Haaren, ließ sie gegen meine Knie fallen, so wie manch einer in Not die Hände zu sanft ineinanderfallen läßt. Und als wäre es ein Spiel, hob sie ihren Kopf und schlug ihn gegen meinen Schoß, wie ein Kind in seinem Gitterbett hüpft, um sich in Erregung zu steigern, und sei es auch über einen Ermordeten am Spieß. Ich dachte, ich liebe sie um ihretwillen, und ich fand, daß es um meiner selbst willen war.«

»Ich weiß«, sagte der Doktor, »da saßest du denn, edel und erhaben, mit einem Rosenbusch im Arsch.«

Sie sah ihn an, dann lächelte sie. »Woher können Sie das wissen?«

»Ich bin eine Dame, die man nicht zu beleidigen braucht«, sagte der Doktor. »Ich weiß.«

»Ja«, sagte sie. »Sie wissen, was keiner von uns weiß, bis wir gestorben sind. Sie waren tot, von Anfang an.«

Dämmerung sank herab. Um die Straßenlampen lag schwerer Nebel. »Warum ruhst du jetzt nicht?« fragte der Doktor. »Dein Körper holt dich ein; du bist vierzig, und auch der Körper hat seine Taktik, und dazu ein Leben für sich selbst, das du gerne für dein eigenes hältst. Ich habe einmal einen Geist miauen gehört, aber ich wußte, es war ein Geheimnis, das ewig nach außen schwebte und immer vorwärts; es war nicht mein eigenes.«

»Ich weiß es«, sagte sie, »*jetzt.*« Plötzlich begann sie zu weinen. Ihre Hände griffen ineinander. »Matthew«, sagte sie, »haben Sie jemals einen Menschen geliebt, und Sie wurden es selbst?«

Diesmal gab er keine Antwort. Er nahm die Flasche auf und hielt sie gegen das Licht.

»Robin kann überall hingehen, alles tun«, fuhr Nora fort, »weil sie vergißt; und ich nirgendwohin, weil ich mich erinnere.« Sie kam auf ihn zu. »Matthew«, sagte sie, »Sie glauben, ich sei immer so gewesen. Früher war ich unbarmherzig, aber dies ist eine andere Liebe – sie führt überallhin, für sie gibt es keinen Ort als Aufenthalt, sie läßt mich verfaulen. Wie konnte sie mir etwas sagen, wenn sie mir nichts zu sagen hatte als das, was gegen sie selbst sprach?«

Der Doktor sagte: »Du weißt so gut wie ich, daß wir zu zwölft geboren wurden und zu dreizehnt aufwuchsen und einige von uns am Leben blieben. Mein Lieblingsbruder, den ich vier Jahre lang nicht gesehen hatte, starb, und mit wem wollte meine Mutter darüber sprechen? Mit mir! Nicht mit denen, die ihn zuletzt gesehen hatten, sondern mit mir, der ich ihn am besten gesehen hatte – als sei meine Erinnerung an ihn er selbst; und weil du Robin am besten vergißt, bist du es, an die sie sich wendet. Da kommt sie, zitternd und trotzig und kriegerisch, gewiß – auf daß du ihr sie selbst zurückgibst, so wie du sie vergessen hast. Du bist die einzige, die stark genug war, die Anklage zu hören: dein Leben; und dahinter die erstaunliche Rechtfertigung errichtet zu haben: dein Herz!

Skalpell und Heilige Schrift haben mich das wenige gelehrt, was ich nicht ohnehin wußte. Und mir ging es ganz gut«, sagte er scharf, »bis du daherkamst und den Stein über mir umgestoßen hast, und darunter hervor kam ich, ganz Moos und Augen; und hier sitze ich, so nackt, wie es nur solche Dinge sein können, denen man ihre Häuser vom Rücken gerissen hat, um ein Fest daraus zu machen; und dabei ist es meine einzige Haut, die sich da plagt, um dich zu trösten. Bin ich denn dazu bestimmt, mein Paradies, diese köstliche Eingewöhnung, restlos hinzugeben zum Trost weinender Weiber und heulender Knaben? Sieh dir Felix jetzt an! Was für eine Art von Jude ist das? Schlägt gegen die Tradition wie eine Fledermaus gegen die Fensterscheibe, hoch oben über der Stadt! Und sein Kind? Ein Junge; er weint ›über begrabener Hoffnung und vergangener Lust‹.

O ja – ich liebe meinen Nächsten. Wie ein verfaulter Apfel an eines verfaulten Apfels Brust gewachsen, so gehen wir zusammen unter, Verfall ohne Hemmnis; denn wenn ich eines spüre, dann stemme ich die Brust um so fester dagegen, auf daß er so schnell faule wie ich, denn danach drängt es ihn aufs gräßlichste, oder ich mißverstehe den Schrei. Ich, mit dem es eher vorbei ist als mit jeder Frucht! Die Hitze seiner Eiterung hat seinen Kern mit dem meinen gemischt und mein Mark bis zum Zenit spritzen lassen, vorzeitig. Die Last meiner selbst habe ich schon lange von mir geworfen, auf daß ich, Brust an Brust, mit meinen gescheiterten Freunden dahinwanke. Und lieben sie mich deswegen? Nein. So habe ich mich selbst getrennt, nicht nur weil ich so häßlich geboren wurde, wie Gott es sich nur auszumalen wagt, sondern weil ich, in wachsender Vertrautheit und Verwandtschaft mit dem Unheil, meinen eigenen Wert zerstört habe. Und der Tod? Hast du an den Tod gedacht? Welches Wagnis gehst du ein? Weißt du, wer zuerst stirbt, du oder sie? Und welcher der ärmere Teil ist, Kopf oder Fuß? Ich sage mit diesem guten Sir Anticolo: die Füße. Jedermann kann auf eines Toten Kopf blicken, doch niemand kann auf die Füße blicken. Sie sind der Erde so schrecklich entwendet. Auch darüber habe ich nachgedacht.« Und plötzlich rief er: »Ja glaubst du denn, um des holden Christi willen, *ich* sei so glücklich, daß du mir den Hals hinabheulen kannst? Denkst du, es gibt keinen Jammer auf dieser Welt, außer dem deinen? Ist nicht irgendwo ein Heiliger mit Geduld? Gibt es denn nirgends Brot, das sich nicht mit bitterer Butter anbietet? Ich, ein so guter Katholik, wie er nur hergestellt wird, habe mich auf jede Mischung von Hoffnung eingelassen, und doch weiß ich sehr wohl, trotz Schrei und Not: wir werden für die nächste Generation nicht saftvoller Dung sein, der aus dem Dinosaurier fällt, sondern kleiner Dreck, den ein Kolibri hinterläßt; und daher stimme du unser *Chi vuol la Zingarella* an (wie die Frauen das lieben!), während ich meine *Sonate au Crépuscule* trällere, und ich gebe der Balance wegen noch den ›Erlkönig‹ drein, nicht zu reden von ›Wer ist Sylvia?‹. Wer ist man überhaupt?

Was hast du?« rief er, »ein gebrochenes Herz? Ich, ich habe Senkfüße, Kopfschorf, eine Schrumpfniere, zerüttete Nerven *und* ein gebrochenes Herz! Und schreie ich etwa, daß ein Adler mich an den Hoden hat oder seine Austern auf mein Herz fallen läßt? Laufe ich etwa herum und brülle, daß es schmerzt, daß mein Verstand sich rückwärts bewegt? Trage ich meine Eingeweide, als wären sie ein scharfer Schwerterkranz? Und du? Du brüllst und beißt dir die Lippen und streckst deine Hände und drehst dich herum wie ein Rad! Jammere ich vielleicht zu den

Bergen empor vor Leid, das mir im Tal widerfuhr? Klage ich jedem Stein über die Methode, wie er meine Knochen zerbrach, oder über jede Lüge, wie sie hinabglitt in meinen Bauch und ein Nest baute, um dort meinen Tod auszubrüten? Ist nicht ein jeder auf der Welt auf seine Weise überdreht, und bin ich nicht der Verdrehteste von allen? So daß ich daherkomme, störrisch und quiekend, wie eine Kalbin auf dem Weg zum Schlachthof, die weiß, daß ihr Protestschrei gegen den Tod nur ein paar Meter zu seinem Ziel braucht, so wie ihr Tod nur ein paar Meter braucht, um gegen ihren Schrei zu protestieren? Durchwanderst du die erhabenen Himmel ohne Schuh? Bist du vielleicht der einzige Mensch, der barfuß auf einem Nagelbrett steht? O du arme blinde Kuh! Bleib meinem Gefieder fern – du streichst es mir gegen den Strich, flatterst darin herum und scheuchst mein Elend auf! Welches Ende ist süß? Sind die Enden der Haare süß, wenn du sie numerieren mußt?«

»Hören Sie zu!« sagte Nora. »Sie *müssen* mir zuhören! Da kam sie denn zu mir zurück, nach einer Nacht über der ganzen Stadt, legte sich neben mich und sagte: ›Ich möchte alle Menschen glücklich machen‹, und sie zog ihre Mundwinkel herab. ›Ich will, daß jeder Mensch vergnügt ist, lustig. Nur du‹, sagte sie und hielt mich fest, ›nur du, du darfst nicht froh oder glücklich sein, nicht so; für dich ist es nichts; aber für jeden anderen auf der Welt.‹ Sie wußte, daß sie mich vor Schmerz und Furcht in den Wahnsinn trieb. – Nur«, fuhr Nora fort, »konnte sie nichts tun, weil sie so weit entfernt war und auf ihren Beginn wartete. Das ist der Grund, weshalb sie jeden in ihrer Nähe haßt. Das ist es, weshalb sie sich in alles verstrickt, wie jemand im Traum. Das ist es, weshalb sie geliebt und allein gelassen werden will, alles gleichzeitig. Sie würde die Welt umbringen, um zu sich zu kommen, wenn die Welt ihr im Wege stünde, und sie *steht* ihr im Wege. Ein Schatten fiel auf sie – der meine –, und das bringt sie um den Verstand.«

Sie begann wieder, auf und ab zu gehen. »Ich bin von einem seltsamen Ding geliebt worden«, sagte sie, »und es hat mich vergessen.« Ihre Augen waren starr, und sie schien zu sich selbst zu sprechen. »*Ich* war es, die ihr Haar zu Berge stehen ließ, weil ich sie liebte. Sie wurde bitter, weil ich ihr Schicksal zu etwas Ungeheurem machte. Sie wünschte Dunkelheit für ihren Geist, damit sie einen Schatten über das werfe, was zu ändern nicht in ihrer Macht stand: ihr Leben im Laster, ihr Leben bei Nacht – und ich, ich habe es zunichte gemacht. Jetzt werden wir es niemals mehr aufklären«, sagte Nora. »Es ist zu spät. Es gibt keine letzte Abrechnung für die, welche zu lange geliebt haben, und so gibt es auch für mich kein Ende. – Nur – ich kann nicht, kann nicht ewig warten!« rief sie in Raserei. »Ich kann nicht leben ohne mein Herz!

Am Anfang, nachdem Robin mit Jenny nach Amerika gefahren war, suchte ich nach ihr in den Häfen. Nicht wörtlich genommen – auf andere Art. Leiden ist Verfall des Herzens. Alles, was wir geliebt haben, wird zu ›Verbotenem‹, wenn wir nicht alles verstanden haben; so wie der Arme der Urgrund einer Stadt ist, da er etwas von der Stadt weiß, was die Stadt, um ihres eigenen Geschickes willen, zu vergessen sucht. Daher muß der Liebende der Natur entgegentreten, um Liebe zu finden. Ich habe Robin in Marseille gesucht, in Tanger, in Neapel – um sie zu verstehen, um meiner Angst Herr zu werden. Ich sagte zu mir: ›Ich will tun, was sie getan hat, ich will lieben, was sie geliebt hat, dann werde ich sie wiederfinden.‹ Zuerst schien es, daß ›Verderbtheit‹ das Ziel wäre, das ich zu suchen hätte; ich müsse die Mädchen finden, die sie geliebt hatte, aber ich fand nur kleine Mädchen, die sie vergessen hatte. Ich wurde Gast in allen Cafés, in denen Robin ihr Nachtleben geführt hatte; ich trank mit den Männern, tanzte mit den Frauen, aber alles, was ich erfuhr, war, daß andere mit meiner Geliebten und meinem Kind geschlafen hatten. Denn Robin bedeutet auch Inzest, das ist eine ihrer Mächte. In ihr zeichnet sich Vergangenheit ab, und Vergangenheit ist uns allen anverwandt. Und gerade weil sie nicht Familie ist, ist sie gegenwärtiger als die Familie. Ein Verwandter tritt nur in den Vordergrund, wenn er geboren wird, wenn er leidet und wenn er stirbt – es sei denn, er wird zum Geliebten: dann muß er alles vereinen, wie Robin es tat; und doch nicht so sehr wie sie, denn sie war wie eine Verwandte, die man in einer anderen Generation gefunden hat. Ich dachte: ›Ich will etwas tun, was sie niemals verzeihen kann; dann können wir von neuem beginnen, als Fremde.‹ Aber der Matrose kam nicht weiter als bis in den Vorraum. Da sagte er: ›*Mon Dieu, il y a deux chevaux de bois dans la chambre à coucher.*‹«

»Jesus Christus!« murmelte der Doktor.

»Darauf«, fuhr Nora fort, »verließ ich Paris. Ich streifte durch die Straßen von Marseille, die Hafenmolen von Tanger, den *porto basso* von Neapel. In den engen Gassen von Neapel wuchsen Efeu und Blumen über zerbröckelnde Mauern. Unter ungeheuren Treppen, die sich zur Straße hin öffneten, lagen schlafend die Bettler neben den Abbildungen des heiligen Gennaro; Mädchen auf dem Weg zur Kirche, zum Gebet, riefen nach Jungen über die Plätze. In den offenen Torwegen brannten den ganzen Tag Nachtlämpchen vor grellbunten Madonnendrucken. In einem Raum, offen zur Gasse hin, vor einem Bett, mit billigem schwerem Satin bedeckt, saß im Halbdunkel ein junges Mädchen auf einem Stuhl, nach hinten geneigt; ein Arm lag quer über die Lehne, der andere hing seitwärts herab, als schliefe ihre eine Hälfte und ihre andere leide. Als sie mich sah, lachte sie, wie Kinder es tun, aus Verlegenheit. Und als ich meine Augen von ihr abwandte und auf die Mutter Gottes blickte, wie sie hinter den Kerzen stand, da wußte ich plötzlich: für sie war das Bild das, was ich für Robin gewesen war; durchaus keine Heilige, sondern eine immerwährende Bestürzung, der Raum zwischen dem menschlichen und dem heiligen Haupt, der Kampfplatz des ewig ›Unzüchtigen‹. In diesem Augenblick stand ich im Mittelpunkt von Erotik und Tod. Tod, der den Toten verringert, wie ein Liebender, den man zu vergessen beginnt, dahinschwindet und verdirbt. Denn Liebe und Leben sind eine Masse, die man aus dem Körper und aus dem Herzen pumpen kann; und ich wußte: in diesem Bett hätte Robin mich niederlegen sollen. In diesem Bett hätten wir unser Leben vergessen bis weit an die äußersten Grenzen der Erinnerung, unsere Teile fest ineinandergeprägt; wie Figuren im Wachskabinett zu ihrer historischen Bedeutung zusammengeschmolzen werden, so hätten wir uns verschmolzen zu unserer Liebe.«

Der Doktor stand auf. Er schwankte, als er nach Hut und Mantel griff. Er stand in bestürztem, unglücklichem Schweigen – dann bewegte er sich auf die Türe zu. Die Klinke in der Hand, wandte er sich nach ihr um. Und er ging hinaus.

»Und so kam ich denn nach Paris, wo ich ein paar Stunden aus meinem Fenster in der rue Jacob lehnte und all die unbekannten Kirchen in meinem Herzen bewegte, und indem ich das tat, zog ich meinen Mantel an und ging im traurigen, eben hereinbrechenden Zwielicht nach Notre-Dame und lief unter den Bäumen entlang und dachte an eine andere Stadt auf verräterische Weise, bis ich auf eine alte Frau traf, die Orangen verkaufte, und mir der Gedanke kam, wie bitter und flüchtig der Duft war und wie bezaubernd und überflüssig es von ihnen war, so zu sein – und mit dieser Überflüssigkeit war mir Genüge getan«, beschreibt Djuna Barnes ihre Ankunft in Paris. Es war vermutlich 1920, daß sie sich, von New York kommend, im Hotel *d'Angleterre* in der Rue Jacob 44 ein Zimmer nahm und beschloß, die nächsten zehn Jahre in Paris zu verbringen, obwohl die Stadt zunächst nichts von ihrem brausenden Leben zeigte, das amerikanische Literaten und Literatinnen zuhauf veranlaßte, in die französische Hauptstadt zu übersiedeln. Aber das sollte sich bald ändern. Djuna Barnes hielt sich zunächst von den vielen literarischen Kreisen fern, war aber überall an den einschlägigen Orten anzutreffen. Sie bevorzugte das Café de Flore oder das Aux deux Magots und tauchte gelegentlich in die nahe liegende Kirche Saint-Germain-de-Prés ein. Lange blieb sie eine Einzelgängerin. Regelmäßig sah man sie allerdings im Salon der reichen Natalie Barney, deren Besucherinnen sie 1928 ihren *Ladies Almanack* widmet.

1920 lernt sie die amerikanische Bildhauerin Thelma Wood kennen, die zu der Zeit im Hotel *Récamier* wohnte. 1923 kaufen sich die beiden Frauen eine Wohnung in der Rue St. Romain, die sie einrichten wie eine Kathedrale. Die attraktive Thelma Wood ist Djuna Barnes' große Liebe. Aber sie ist treulos und verbringt ihre Abende in Bars, wo die eifersüchtige, unglückliche Djuna Barnes sie nächtens sucht. Über lange Zeiträume kam Thelma nur nach Hause, um ihren Rausch auszuschlafen. 1931 beendete Djuna Barnes die quälende Beziehung zu

Thelma, und 1932 reiste sie von Paris zu Barbara Guggenheim nach England, von dieser Liebesgeschichte und vom Alkohol völlig zerrüttet. Dort schreibt sie *Nachtgewächs*, in dem sie auch ihre Liebe zu Thelma, Thelmas Betrug und die Qualen der Trennung schildert.

Marina Zwetajewa
1892-1941

Doch das Leben der Seele wächst
aus meinen Gedichten!

Dachbodennotizen

Ich schreibe auf meinem Dachboden, es ist, scheint es, der 10. November, – seit alle nach dem neuen Kalender leben, weiß ich nie das Datum.

Seit März weiß ich nichts von S., das letzte Mal sah ich ihn am 18. Januar 1918, wie und wo – werde ich irgendwann einmal sagen, jetzt bringe ich es nicht übers Herz.

Ich lebe mit Alja und Irina (Alja ist 6, Irina 2 Jahre und 7 Monate alt) in der Boris-und-Gleb-Gasse, gegenüber von zwei Bäumen, im Dachzimmer, ehemals das von Serjoscha. Mehl haben wir keins, Brot haben wir keins. Die circa 12 Pfund Kartoffeln unter dem Schreibtisch, der Rest von einem Pud, das uns die Nachbarn »liehen«, sind unser ganzer Vorrat! – Der Anarchist Charles hat Serjoschas alte goldene Uhr *»élève de Bréguet«* mitgenommen, – hundertmal ging ich zu ihm; zuerst versprach er, sie zurückzugeben, dann sagte er, daß er einen Käufer für die Uhr gefunden, aber das Schlüsselchen zu ihr verloren habe, dann, daß er das Schlüsselchen auf dem Sucharewskij Markt gesucht, aber den Käufer verloren habe, dann, daß er, da er eine Hausdurchsuchung befürchtete, sie jemandem zur Aufbewahrung gegeben habe, dann, daß man sie – bei dem, zu dem er sie gab – gestohlen habe, doch der sei ein wohlhabender Herr und bei ihm komme es auf solch eine Kleinigkeit nicht an, dann, frech geworden, fing er an zu schreien, für fremde Sachen trage er keine Verantwortung. – Fazit: weder Uhr noch Geld. (Jetzt ist so eine Uhr zwölftausend wert, daß heißt 1½ Pud Mehl). Dasselbe mit der Kinderwaage (wieder Charles).

Ich lebe von den kostenlosen Mittagessen (für die Kinder). Die Frau des Schusters Granskij – mager, dunkeläugig, mit einem schönen Leidensgesicht – Mutter von fünf Kindern – schickte mir vor kurzem durch ihre älteste Tochter Essensmarken (eine ihrer Töchter war in die Ferien-Kolonie gefahren) und ein süßes »Hefebällchen« für Alja. Frau G-man, die Nachbarin von unten, schickt den Kindern von Zeit zu Zeit Suppe und »lieh« mir heute mit aller Gewalt den dritten Tausender. Sie selbst hat drei Kinder. Sie ist klein und zart, abgenutzt vom Leben: von der Kinderfrau, den Kindern, dem herrschsüchtigen Mann, der – wie der Lauf der Gestirne – unumstößlichen Abfolge von Mittag- und Abendessen. (In unserem Haus ist Essen immer – ein Komet!) Sie hilft mir anscheinend hinter dem Rücken ihres Mannes, dem als Juden und Erfolgsmenschen ich – in deren Haus alles, außer der Seele, erstarrte und nichts, außer den Büchern, erhalten blieb –, dem ich natürlich nichts anderes als ein Ärgernis sein kann.

Weiter helfen mir ab und zu, wenn sie sich an meine Existenz erinnern – und ich mache es ihnen nicht zum Vorwurf, denn wir sind erst seit kurzem miteinander bekannt: die Schauspielerin S-zewa, weil sie Gedichte liebt, und ihr Mann, weil er seine Frau liebt. Sie brachten Kartoffeln, der Mann brach einige Male Balken aus dem Dachboden und sägte sie klein.

Weiter noch R. S. T-kin, der Bruder von Frau Z-lin,

auf deren Literatur-Abenden ich öfter war. Er gibt Streichhölzer, Brot. Er ist gut, anteilnehmend.

– Und das ist alles. –

Balmont würde gerne, aber er ist selbst bettelarm. (Kommt man vorbei, bewirtet er immer.) Sein Wort: »Ich habe die ganze Zeit über Gewissensbisse, das Gefühl, helfen zu müssen«, ist schon Hilfe. Die Menschen wissen gar nicht, wie unermeßlich ich – Worte schätze! (Mehr als Geld, denn da kann ich mit gleicher Münze zurückzahlen!)

Mein Tag: Ich stehe auf – im oberen Fenster graut es gerade erst – Kälte – Pfützen – Staub vom Sägen – Eimer – Krüge – Lappen – überall Kinderkleider und -hemdchen. Ich säge. Heize. Wasche in eiskaltem Wasser Kartoffeln, die ich dann im Samowar koche. (Lange Zeit kochte ich Grützsuppe in ihm, aber einmal verschmutzte ich ihn so sehr mit Hirse, daß ich danach monatelang den Deckel abnehmen und das Wasser von oben her mit dem Löffel abschöpfen mußte. Es ist ein alter Samowar, sein Kran ist gewunden, er läßt sich nicht herausschrauben, weder Haarnadeln noch Nägeln ergab er sich. Schließlich hat es jemand – irgendwie – herausgeblasen.) Den Samowar setze ich mit heißen Kohlen auf, die ich gleich aus dem Ofen lese. Ich gehe und schlafe in ein und demselben braunen, einmal unsinnig eingelaufenen Kleid aus Barchent, nach Augenmaß genäht im Frühjahr 1917 in Alexandrow. Es ist ganz versengt von Kohlen und Zigaretten. Die Ärmel, früher einmal mit Gummizug, sind zu Röhren zusammengedreht und mit Nadeln festgesteckt.

Dann das Aufräumen: »Alja, bring den Wasserkübel raus!« Zwei Worte über den Wasserkübel – er verdient sie. Er ist die Hauptperson in der Handlung unseres Lebens. Im Wasserkübel steht der Samowar, denn wenn er mit den Kartoffeln kocht, begießt er alles ringsumher. In den Wasserkübel wird alles Spülicht abgegossen. Tagsüber wird er hinausgebracht, nachts von mir auf dem Hof ausgegossen. Ohne Wasserkübel wäre kein Leben. Die Kohlen – das Sägemehl – die Pfützen ... Und der hartnäckige Wunsch, daß der Fußboden sauber sei! – Über den Hintereingang zu G-mans, Wasser holen: ich fürchte auf den Mann zu stoßen. Glücklich kehre ich zurück: mit einem ganzen Eimer und einer Blechbüchse voll Wasser! (Sowohl Eimer wie Blechbüchse sind fremde, mir wurde alles gestohlen.) Dann die Wäsche und der Geschirrabwasch: in der Spülschüssel mit dem kleinen handgearbeiteten Krug ohne Henkel »für den Kindergarten«, kurz: »Alja, mach den Kindergarten zum Abwasch fertig!«, – das Säubern des kleinen kupfernen Soldatentopfs und einer Blechkanne für die Pretschistenka (erhöhte Verpflegung, dank der Protektion ebenjener Frau G-man) – der Korb, in dem die Tasche mit den Essensmarken ist – Muff – Fäustlinge – den Schlüssel zum Hintereingang um den Hals – und ich gehe. Meine Uhr geht nicht. Ich weiß nicht, wie spät es ist. Ich fasse Mut und – zu einem Passanten: »Entschuldigen Sie, könnten Sie mir wohl sagen, wieviel Uhr es jetzt ungefähr ist?« Ist es 2 Uhr – ein Stein vom Herzen.

Die Marschroute: in den Kindergarten (Moltschanowka 34), das Geschirr hinbringen, – über die Starokonjuschennyj in die Pretschistenka (die »erhöhte« abholen), von dort in die Prager Speisehalle (auf die Marken von den Schusterleuten), aus der Prager (der sowjetischen) in die ehemalige Generalowa – geben sie vielleicht Brot aus? –, von dort wieder in den Kindergarten, das

Mittagessen abholen – von dort – durch den Hintereingang, behängt mit Krügen, Einsatzschüsseln und Blechbüchsen – keinen Finger frei! und noch dazu die Angst: die Tasche mit den Essensmarken ist doch nicht etwa aus dem Korb herausgefallen?! – durch den Hintereingang nach Hause. – Sofort an den Ofen. Die Kohlen glimmen noch. Ich fache sie an. Wärme das Essen wieder auf. Alle Mittagessen – in eine Kasserolle: eine Suppe so ähnlich wie Kascha. Wir essen. (War Alja mit mir fort, binde ich als erstes Irina vom Stuhl los. Ich begann sie anzubinden, seit sie einmal in Abwesenheit von Alja und mir einen halben Kopf rohen Kohl aus dem Schrank aufgegessen hatte.) Ich füttere Irina und lege sie schlafen. Sie schläft in dem blauen Sessel. Es gibt auch ein Bett, aber das geht nicht durch die Tür. – Ich koche Kaffee. Trinke. Rauche. Schreibe. Alja schreibt mir einen Brief oder liest. Etwa zwei Stunden Stille. Dann wacht Irina auf. Wir wärmen die Reste des Mischmaschs auf. Mit Aljas Hilfe fische ich die – in der Tiefe steckengebliebenen – restlichen Kartoffeln aus dem Samowar. Wir – entweder Alja oder ich – bringen Irina zu Bett. Dann geht Alja schlafen.

Um 10 Uhr ist der Tag zu Ende. Manchmal säge ich noch Holz und mache es klein für morgen. Um 11 oder 12 Uhr gehe auch ich zu Bett. Glücklich über die kleine Lampe ganz nah am Kopfkissen, über die Stille, das Heft, die Zigarette, manchmal – das Brot.

Ich schreibe schlecht, in Eile. Ich habe weder die *ascensions* auf den Dachboden aufgeschrieben – eine Leiter gibt es nicht (sie wurde verheizt), an einem Strick ziehe ich mich hinter den Balken hinauf – noch die *ständigen* Verbrennungen an den Kohlen, die ich (Ungeduld? Verhärtung?) mit bloßen Händen herausnehme, oder die

Lauferei durch die Kommissionsgeschäfte (wurde vielleicht etwas verkauft?) und die Kooperativen (geben sie vielleicht etwas aus?).

Nicht aufgeschrieben habe ich das Allerwichtigste: die Fröhlichkeit, die Gedankenschärfe, die Ausbrüche von Freude beim geringsten Gelingen, die leidenschaftliche Gespanntheit der ganzen Existenz – alle Wände sind vollgekritzelt mit Gedichtzeilen und NB! fürs Notizbuch. Nicht aufgeschrieben habe ich die nächtlichen Reisen ins furchtbar eisige Erdgeschoß – Aljas ehemaliges Kinderzimmer –, um irgendein Buch zu holen, nach dem mich plötzlich ganz unsinnig verlangte, nicht aufgeschrieben habe ich Aljas und meine ständige, aufmerksam gespannte Hoffnung: Hat es nicht geklopft? Es hat anscheinend geklopft! (Die Klingel geht seit Beginn der Revolution nicht mehr, statt der Klingel – ein Hammer. Wir wohnen ganz oben hinter sieben Türen und hören alles: jedes Kreischen einer fremden Säge, jeden Schwung einer fremden Axt, jedes Schlagen einer fremden Tür, jeden Lärm auf dem Hof, – alles, außer dem Klopfen an unsere Tür!) Und – plötzlich – es hat anscheinend geklopft! – entweder Alja, das blaue Pelzmäntelchen übergeworfen (genäht, als sie 2 Jahre alt war), oder ich, gar nichts übergeworfen – hinunter, tastend, im Sprung, in voller Dunkelheit, erst an der Treppe ohne Geländer vorbei (es wurde verheizt), dann die Treppe hinunter – zur Kette an der Eingangstür. (Man kann übrigens auch ohne unsere Hilfe hereinkommen, aber nicht jeder weiß es.)

Nicht aufgeschrieben habe ich mein ewiges, immergleiches Gebet – mit immer den gleichen Worten! – vor dem Schlafengehen.

Doch das Leben der Seele – Aljas und meiner – wächst

aus meinen Gedichten – Stücken – ihren Heften hervor.

Ich hatte *nur den Tag* aufschreiben wollen.

Marina Zwetajewa

November 1919. Seit zwei Jahren herrscht Bürgerkrieg in Rußland. Marina lebt mit ihren beiden Töchtern in einer kleinen und eiskalten Wohnung in Moskau. Sie sind immer hungrig. Ein paar wenige Nahrungsmittel verschaffen sie sich durch Hamsterkäufe. Sergej Efron, den sie 1912 geheiratet hatte, ist bei der Weißen Armee verschollen. An ihre Schwester Anastassja schreibt sie am 17. Dezember 1920: »Ich liebe nichts mehr, außer dem Inhalt meines Brustkorbs. – Büchern gegenüber bin ich gleichgültig, habe alle meine Franzosen verkauft – was ich benötige, schreibe ich selbst.« Und im gleichen Brief teilt sie ihr mit, daß ihre Tochter Irina im Februar gestorben ist. Verhungert. An Freunde schreibt sie im Februar 1920: »Meine Herrschaften! Sagt etwas, erklärt es mir. Andere Frauen vergessen ihre Kinder wegen Bällen – Liebschaften – Kleidern – wegen der Lebensfeste. Meine Lebensfeste sind die Gedichte, doch habe ich Irina nicht wegen der Gedichte vergessen – ich habe zwei Monate lang nichts geschrieben!« – Das Schreiben ist ihr Leben: »Doch das Leben der Seele – Aljas und meiner – wächst aus meinen Gedichten – Stücken – ihren Heften hervor.« Die Tochter Alja ist ein Wunderkind. Mit vier Jahren kann sie lesen, siebenjährig schreibt sie Gedichte, die man später Marina zuschreibt. Sie ist in den harten Moskauer Jahren zur Lebenspartnerin, zum geistigen Beistand geworden.

»Ich brauche jemanden, der an mich glaubt, der sagt: ›Sie sind trotzdem ein guter Mensch, weinen Sie nicht – S. ist am Leben – Sie werden sich wiedersehen – Sie werden einen Sohn haben – alles wird gut«, schreibt Marina Zwetajewa in einem Brief. 1922 trifft sie Sergej Efron in Berlin wieder. Zwischen

1922 und 1939 lebt sie in Prag und Paris. Aber im Exil, sagt sie, »bin ich ohne Leser« und »in Rußland ohne Bücher«. 1939 ging sie nach Rußland zurück, und im selben Jahr wurden ihre Tochter und ihr Mann verhaftet, kam sie kaum noch zum Schreiben. Sie war depressiv und bemüht, durch Übersetzungen und Küchenarbeit den Unterhalt für sich und ihren Sohn Mur zu verdienen. Den hatte sie 1925 doch noch bekommen. Und an ihn schreibt sie am 31. August 1941: »Ich bin in eine Sackgasse geraten«, und nimmt sich das Leben.

Zelda Fitzgerald
1900-1948

Und da war der Irrsinn des sich
Drehens, Drehens, Drehens

Schumanns hohe Parabeln fielen in den schmalen Backsteinhof und klatschten in schrillem Crescendo gegen die roten Mauern. Alabama überquerte den schmuddeligen Gang hinter der Bühne der Olympia Music Hall. Im grauen Dämmerlicht verblich der Name Raquel Meller auf einer mit einem abblätternden goldenen Stern gekennzeichneten Tür. Die Gerätschaften einer Akrobatengruppe versperrten den Treppenaufgang. Alabama stieg sieben Stockwerke hinauf, auf Stufen, deren weiches Holz von den unsicheren Schritten vieler Generationen von Tänzern und Tänzerinnen splittrig ausgetreten war, und öffnete die Tür zum Studio. Das Hortensienblau der Wände und der gescheuerte Fußboden hingen wie der Korb eines in der Luft schwebenden Fesselballons am Oberlicht. Anstrengung und Ehrgeiz, Spannung und Disziplin und ein überwältigender Ernst durchfluteten den riesigen, scheunenartigen Raum. Ein muskulöses Mädchen stand in der Mitte dieser Atmosphäre und wickelte sich die Enden des Weltalls um die gradlinig ausgestreckten Beine und Oberschenkel. Sie drehte und drehte sich immerfort, ließ die Spannung der atemberaubenden Spirale in dem langsamen, präzisen Rhythmus eines Schlummerliedes ausklingen und machte eine orgiastische Pause. Unsicher ging sie auf Alabama zu.

»Ich habe um drei eine Stunde bei Madame«, sagte

Alabama auf französisch zu dem Mädchen. »Eine Freundin hat die Verabredung für mich getroffen.«

»Sie wird bald kommen«, sagte die Tänzerin leicht spöttisch. »Wollen Sie sich schon fertigmachen?«

Alabama konnte sich nicht entscheiden, ob sich das Mädchen über die Welt im allgemeinen oder über Alabama im besonderen oder gar über sich selbst lustig machte.

»Tanzen Sie schon lange?« fragte die Tänzerin.

»Nein. Das ist meine erste Stunde.«

»Na, wir fangen alle mal an«, meinte das Mädchen großzügig.

Sie wirbelte angeberisch drei- oder viermal herum, um das Gespräch zu beenden.

»Hier entlang«, sagte sie und machte keinen Hehl aus ihrem mangelnden Interesse an einer Anfängerin. Sie führte Alabama in den Vorraum.

An den Wänden des Umkleideraums hingen die langen Beine und starren Füße der fleischfarbenen und schwarzen Trikots, die sich schweißgetränkt zur visuellen Darstellung der alles bestimmenden Tempi eines Prokofjew und Sauguet, eines Poulenc und de Falla verformt hatten. Ein knallig pinkfarbener Ballettrock schaute unter dem Rand eines Gesichtshandtuchs hervor. Hinter einem verblichenen, grauen Vorhang in der Ecke lagen die weiße Bluse und der Plisseerock von Madame. In dem Raum roch es unzweideutig nach harter Arbeit.

Ein polnisches Mädchen mit Haaren wie eine kupferne Speiseglocke und einem purpurroten Gnomengesicht beugte sich über eine Korbtruhe, sortierte zerrissene Notenblätter aus und legte ausrangierte Kittelumhänge zu einem Stapel zusammen. Vereinzelte Ballettschuhe baumelten von der Lampe herunter. Beim Durchblättern eines zerfledderten Beethovenalbums entdeckte die Polin eine verblichene Photographie.

»Ich glaube, das ist ihre Mutter«, sagte sie zu der Tänzerin.

Die Tänzerin musterte das Bild besitzergreifend – sie war die Ballerina.

»Ich glaube, *ma chère* Stella, das ist Madame, als sie jung war. Ich werde es behalten!« Sie lachte unverschämt – Recht oder Unrecht, im Studio drehte sich alles um sie.

»Nein, Arienne Jeanneret. Ich werde es selber behalten«, erwiderte Stella.

»Darf ich das Photo sehen?« fragte Alabama.

»Das ist bestimmt Madame!«

Arienne zuckte gleichgültig mit den Achseln und händigte Alabama das Photo aus. Ariennes Bewegungen hatten keine Kontinuität: zwischen den angespannten elektrischen Vibrationen, die ihren Körper von einer Position in die andere trieben, war sie völlig steif und bewegungsunfähig.

Die Augen auf dem Photo waren rund und traurig und sehr russisch. Ein träumerisches Bewußtsein der eigenen dramatischen Schönheit verlieh dem Gesicht Kraft und Bedeutung. Man meinte, die Gesichtszüge würden durch einen inneren Willen zusammengehalten. Um die Stirn war wie bei einem römischen Wagenlenker ein breites, metallisches Band gebunden. Die Hände posierten wie versuchsweise auf den Schultern.

»Ist sie nicht wunderschön?« fragte Stella.

»Sie sieht nicht unamerikanisch aus«, antwortete Alabama.

Das Frauenbildnis erinnerte sie dunkel an Joan: ihre

Schwester hatte die gleiche Durchsichtigkeit, die dieses Gesicht ausstrahlte, ähnlich dem blendenden Glanz eines russischen Winters. Vielleicht war es die gleiche Intensität der Leidenschaft, die auch Joan verzehrte und ihr das dünne äußere Strahlen verlieh.

Das Mädchen drehte sich rasch um und lauschte auf die müden Schritte, die zögernd das Studio durchquerten.

»Wo habt ihr das alte Bild gefunden?« Madames brüchige, sensible Stimme täuschte vor, sie bitte um Entschuldigung. Madame lächelte. Sie war nicht humorlos, ließ aber nicht zu, daß sich in der weißen, selbstbeherrschten Mystik ihres Gesichts eine Gefühlsbewegung abzeichnete.

»Im Beethoven.«

»Früher«, sagte Madame knapp, »habe ich oft die Lichter in meiner Wohnung gelöscht und Beethoven gespielt. Mein Wohnzimmer in Petrograd war gelb und immer voller Blumen. Damals sagte ich mir: ›Ich bin zu glücklich. Das kann nicht dauern!‹« Sie hob resignierend die Hände und blickte dann Alabama herausfordernd an.

»Meine Freundin sagt mir, daß Sie tanzen möchten. Warum? Sie haben doch bereits Freunde und Geld.« Die schwarzen Augen betrachteten kindlich offen und ungeniert Alabamas Körper, der locker und eckig war wie Silbertriangel in einem Orchester, glitten über ihre breiten Schultern und die kaum wahrnehmbare Krümmung ihrer langen Beine, alles zusammengeschmiedet und beherrscht von der elastischen Kraft ihres starken Nackens. Alabamas Körper war wie ein Federkiel.

»Ich war im Russischen Ballett«, versuchte Alabama

ihren Wunsch zu begründen. »Mir kam es so vor, als ob ... ach, ich weiß auch nicht! Als ob alles darin enthalten wäre, was ich immer in allem anderen gesucht habe!«

»Was haben Sie gesehen?«

»*La Chatte*, Madame, das *muß* ich eines Tages tanzen können!« antwortete Alabama impulsiv.

Ein schwaches Flackern entfachter Neugier tauchte vorübergehend in den schwarzen Augen auf. Dann schwand alles Persönliche aus dem Gesicht. Wenn man in ihre Augen blickte, war einem, als ginge man durch einen langen Felstunnel, an dessen Ende ein graues Licht schimmert, als tappe man blindlings durch feuchtes, tropfendes Erdreich über einen nassen, gewölbten Boden.

»Dafür sind Sie zu alt. Es ist ein wunderbares Ballett. Warum sind Sie erst jetzt zu mir gekommen?«

»Ich kannte es vorher nicht. Ich war zu sehr mit dem Leben beschäftigt.«

»Und jetzt haben Sie Ihr Leben schon gelebt?«

»Bis zum Überdruß«, lachte Alabama.

Die Frau bewegte sich gemessenen Schritts zwischen den Tanzutensilien. »Wir werden sehen«, sagte sie, »machen Sie sich fertig.«

Alabama zog sich hastig an. Stella zeigte ihr, wie man die Ballettschuhe hinter dem Knöchel bindet, so daß der Knoten des Bändchens in der Höhlung verschwindet.

»Und wegen *La Chatte*«, begann die Russin.

»Ja?«

»Das werden Sie nie können. Sie dürfen Ihre Erwartungen nicht zu hoch schrauben.«

Über Madames Kopf besagte ein Schild in französischer, englischer, italienischer und russischer Sprache: »Nicht den Spiegel berühren!«

Madame stand mit dem Rücken gegen den riesigen Spiegel und blickte in die hinterste Ecke des Raumes. Zu Anfang spielte keine Musik dazu.

»Die Klavierbegleitung kommt erst, wenn Sie gelernt haben, Ihre Muskeln zu beherrschen«, erklärte sie. »Wenn man so spät anfängt wie Sie, bleibt einem nichts anderes übrig, als ständig an die Stellung der Füße zu denken. Sie müssen die Füße immer *so* stellen!« Madame drehte ihre zerschlissenen Satinschuhe waagrecht zur Seite auseinander. »Und am Abend müssen Sie die Beine fünfzigmal *so* strecken.«

Sie zog und zerrte die langen Beine, bis sie parallel zur Stange waren. Alabamas Gesicht war rot vor Anstrengung. Diese Frau riß ihr buchstäblich die Muskeln von den Oberschenkeln. Sie hätte vor Schmerzen schreien können. Alabama blickte auf Madames rauchige Augen und die rote, klaffende Wunde ihres Mundes und meinte in ihrem Gesicht Bosheit zu entdecken. Madame, so fand sie, war eine grausame Frau. Madame war gräßlich und gemein.

»Sie dürfen zwischendrin nicht absetzen«, sagte Madame. »Machen Sie weiter.«

Alabama riß an ihren schmerzenden Gliedern. Die Russin ließ sie allein mit der teuflischen Übung. Als sie wiederkam, besprühte sie sich vor dem Spiegel unbeteiligt mit einem Zerstäuber.

»Fatiguée?« rief sie ihr lässig über die Schulter zu.

»Ja«, antwortete Alabama.

»Aber Sie dürfen keine Pause machen.«

Nach einer Weile kam die Russin zur Stange. »Damals in Rußland, als ich ein kleines Mädchen war, habe ich diese Übung jeden Abend vierhundertmal gemacht«, erklärte sie ungerührt.

In Alabama stieg Wut auf wie das Gurgeln von Benzin in einer durchsichtigen Zapfsäule. Sie hoffte, diese geringschätzige Frau wußte, wie sehr sie sie haßte. »Ich werde sie auch vierhundertmal machen!«

»Wie gut, daß die Amerikaner athletisch gebaut sind. Sie haben mehr Naturtalent als die Russen«, bemerkte Madame. »Aber sie sind vom Müßigang und vom Geld und von zu vielen Ehemännern verdorben. So, das reicht für heute. Haben Sie Eau de Cologne dabei?«

Alabama rieb sich mit der wolkigen Flüssigkeit aus Madames Flakon ein. Sie kleidete sich vor den verwirrten, aufgeregten Augen und den nackten Körpern einer inzwischen hereingekommenen Klasse um. Die Mädchen unterhielten sich ausgelassen in russischer Sprache. Madame lud Alabama ein, noch dazubleiben und ihnen bei der Arbeit zuzusehen.

Ein Mann saß auf einem zerbrochenen Eisenstuhl und machte Skizzen; zwei Theaterleute mit dicken Bärten deuteten erst auf ein Mädchen, dann auf ein anderes; ein Junge in schwarzem Trikot, mit einem bunten Stirnband und mythischem Piratengesicht pulverisierte die Luft mit *battements*.

Auf geheimnisvolle Weise gruppierte sich das Ballett. Stillschweigend entfaltete es seinen stummen Tumult in der verführerischen Keckheit von *jetés en arrière*, von sorglosen *pas-de-chats*, in der Ungebundenheit vieler Pirouetten, entfesselte sein Ungestüm im Strecksprung des russischen *stchoj* und klang ab mit einem Schwall wiegender *chassées*. Keiner sprach. In dem Raum war es so still wie im Zentrum eines Zyklons.

»Gefällt es Ihnen?« fragte Madame unerbittlich.

Alabama fühlte, wie ihr Gesicht vor Verlegenheit puterrot anlief. Sie war von ihrem Unterricht sehr müde. Ihr Körper schmerzte und zitterte. Dieser erste Blick auf den Tanz als Kunstform eröffnete ihr eine neue Welt. ›*Sacrilege!*‹ hätte sie am liebsten ausgerufen, als sie daran dachte, mit welch unbekümmerter Dreistigkeit sie damals die Sache angegangen war und wie schandbar sie vor zehn Jahren das *Ballett der Stunden* getanzt hatte. Sie erinnerte sich unerwartet an das Gefühl der Hochstimmung, das sie als Kind empfand, wenn sie auf dem Bürgersteig entlangtänzelte und ihre Fersen in der Luft zusammenschlug. Sie empfand wieder dieses alte, halbvergessene Gefühl, daß sie es keine Minute länger auf der Erde aushielt.

»Ich liebe es! Was ist es?«

Die Frau wandte sich ab. »Es ist ein Ballett von mir über einen Anfänger, der in einem Zirkus mitmachen will«, sagte sie. Alabama wunderte sich, wie sie hatte glauben können, daß diese verschwommenen, bernsteinfarbenen Augen sanft wären; sie schienen sie teuflisch auszulachen. Madame fuhr fort: »Morgen um drei Uhr arbeiten Sie weiter.«

Abend für Abend rieb Alabama ihre Beine mit Elizabeth-Arden-Muskelöl ein. In ihren Kniekehlen waren blaue Flecken, dort wo ihre Muskeln eingerissen waren. Ihre Kehle war so trocken, daß sie zuerst dachte, sie habe Fieber. Sie maß ihre Temperatur und war enttäuscht, als sie feststellte, daß sie keines hatte. Im Badeanzug versuchte sie, sich an der hohen Rückenlehne eines Louis-quatorze-Sofas hochzurecken. Immer war sie steif, und schmerzverzerrt klammerte sie sich an die vergoldeten Blumen des Sofas. Nachts steckte sie ihre Füße durch die Gitter ihres Eisenbettes und schlief wochenlang mit nach außen gekehrten und in dieser Position festgeklebten Füßen. Ihre Unterrichtsstunden waren eine einzige Qual.

Nach einem Monat konnte sich Alabama in Ballettposition aufrecht halten: sie balancierte ihr Gewicht genau über dem Fußballen, hatte die Kurve ihres Rückgrats wie die Zügel eines Reitpferdes straff im Griff, und sie konnte die Schultern herunterdrücken, bis sie das Gefühl hatte, sie klatschten flach gegen ihre Hüften. Die Zeit verging wie eine Schuluhr in sprunghaften Sätzen. David freute sich, daß sie in der Studioarbeit so aufging. Das machte die beiden weniger anfällig dafür, ihre Mußezeit auf Parties zu vertrödeln. Alabamas freie Zeit war ein einziger ächzender Muskelkater, und sie blieb am liebsten zu Hause. Außerdem konnte David ungestörter arbeiten, wenn Alabama beschäftigt war und weniger Ansprüche an seine Zeit stellte.

Abends saß sie am Fenster, zu müde, um sich zu rühren, aber verzehrt von der Sehnsucht nach einer Karriere als Tänzerin. Sie glaubte, wenn sie ihr Ziel erreichte, könnte sie endlich die Teufel jagen, die sie selbst gejagt hatten. Sie wollte sich selbst beweisen, weil sie meinte, sie könne den Frieden erlangen, der in ihren Augen nur in der Sicherheit des Ichs zu finden war. Sie dachte, daß ihr das Tanzen helfen würde, ihre Gefühle zu beherrschen, um jederzeit über Liebe, Mitgefühl oder Glück verfügen zu können, daß sie damit einen Kanal geschaffen hatte, durch den alles fließen konnte. Sie trieb sich gnadenlos an, und der Sommer schleppte sich dahin.

Die Julihitze knallte auf das Oberlicht des Studios, und

Madame sprühte Desinfektionsmittel in die Luft. Die Stärke aus den Organdyröcken blieb an Alabamas Fingern kleben, und der Schweiß floß ihr in die Augen, bis sie nichts mehr sehen konnte. Erstickender Staub stieg vom Boden auf, und vom grellen Sonnenlicht wurde ihr schwarz vor Augen. Es war erniedrigend, daß Madame die Knöchel ihrer Schülerinnen berühren mußte, wenn sie so verschwitzt waren. Der menschliche Körper ist etwas Hartnäckiges. Alabama haßte ihre Unfähigkeit, ihren Körper völlig in der Gewalt zu haben, aus ganzem Herzen. Und ihr Versuch, es zu lernen, kam einem verzweifelten Spiel gegen sich selbst gleich. Sie sagte sich: »Hier ist mein Körper, und hier bin ich«, und teilte sich selbst Schläge aus: so mußte man es machen. Manche Tänzerinnen hatten bei der Arbeit ein Handtuch um den Hals geschlungen. Unter dem glühenden Dach war es so heiß, daß sie etwas brauchten, was den Schweiß aufsog. Manchmal, wenn Alabamas Stunde in die Mittagszeit fiel, wenn die Sonne senkrecht auf dem gläsernen Oberlicht stand, schwamm der Spiegel in roten Hitzewellen. Alabama hatte es allmählich satt, ihre Füße ohne Musikbegleitung in endlosen *battements* zu bewegen. Sie wußte nicht, warum sie überhaupt noch in den Unterricht ging; David hatte sie gefragt, ob sie nicht nachmittags mit ihm nach Corne Biche zum Schwimmen gehen wollte. Nun war sie heimlich wütend auf Madame, weil sie hier schwitzte, statt mit ihrem Mann ins Kühle gefahren zu sein. Obwohl Alabama nicht glaubte, daß sich die sorglose, fröhliche Zeit der ersten Ehejahre wiederholen ließ – oder daß sie das genießen könnte, selbst wenn bestimmte Erfahrungen daraus getilgt werden könnten –, so bedeutete doch die Erinnerung an jene Zeit das stärkste, wahrste Genußgefühl. Daran dachte sie, wenn sie den Begriff ›Glück‹ meinte.

»Könnten Sie bitte aufpassen?« sagte Madame. »Das ist für Sie.« Madame ging über den Fußboden und entwarf ein Muster für ein einfaches Adagio.

»Das kann ich nicht«, sagte Alabama und begann zögernd, den Schritten der Russin zu folgen. Plötzlich blieb sie stehen.

»Oh, das ist ja herrlich!« rief sie hingerissen.

Die Ballettmeisterin wandte sich nicht um. »Der Tanz birgt viele schöne Dinge«, sagte sie lakonisch, »aber die können Sie nicht ausführen ... noch nicht.«

Nach der Stunde faltete Alabama ihre nassen Sachen im Koffer zusammen. Arienne konnte Schweißbäche aus ihren Trikots wringen. Alabama hielt die Enden fest, während Arienne drückte und drehte. Tanzen zu lernen kostet eine Menge Schweiß.

»Ich verreise für einen Monat«, sagte Madame an einem Samstag. »Sie dürfen hier mit Mademoiselle Jeanneret weitermachen. Ich hoffe, wir können Sie mit Musikbegleitung tanzen lassen, wenn ich zurückkomme.«

»Dann fällt meine Stunde am Montag aus?« Sie hatte dem Studio so viel Zeit geopfert, daß ihr ein Leben ohne Studio vorkam, als würde sie ins Leere gestürzt.

»Sie arbeiten mit Mademoiselle Jeanneret.«

Alabama spürte, wie ihr unerklärlicherweise dicke, heiße Tränen übers Gesicht rannen, als sie die müde Gestalt ihrer Lehrerin in der Staubwolke verschwinden sah. Sie sollte sich doch über die Verschnaufpause freuen; sie hatte gedacht, sie würde sich freuen.

»Weine nicht«, sagte Arienne freundlich. »Madame muß wegen ihres Herzens nach Royat.« Sie lächelte

Alabama freundlich an. »Wir werden Stella bitten, gleich beim nächsten Mal schon zu spielen«, fügte sie mit Verschwörermiene hinzu.

Zelda Fitzgerald

»Und da war der Irrsinn des sich Drehens, Drehens, Drehens im exakten Liszt-Rhythmus«, erinnert sich Zelda Fitzgerald an ihre Ballettstunden in Paris. Den »Irrsinn des Drehens« hatte das verhätschelte, sechste und letzte Kind einer angesehenen Südstaatenfamilie zuletzt bei einem spektakulären Solo-Auftritt als Sechzehnjährige im rosa Organdykleid erlebt. Als Zelda 28jährig den Ballettunterricht in Paris wiederaufnimmt, ist es für eine Solokarriere natürlich längst zu spät. Inzwischen war einiges passiert.

1918 lernt Zelda den Schriftsteller F. Scott Fitzgerald kennen, den sie 1920 in New York heiratet. Sie verbinden sich zum legendären Traumpaar. Sie werden zum Idol eines neuen, hektischen Lebensgefühls der »Lost Generation«. Aber hinter der glatten, harmonischen Fassade, dem Partyleben, das auch dann nicht unterbrochen wird, als 1922 die Tochter Scottie geboren wurde, gärt es. Das aufwendige Leben, die vielen Reisen sind nicht mehr zu finanzieren. Zelda will nicht länger die schöne Muse sein, die Stichwortgeberin für Scotts Romane. Längst wirft sie ihm vor, daß er sie ausbeutet, indem er aus ihren Tagebüchern und Briefen abschreibt. Sie fängt an, selbst zu schreiben, kurze Erzählungen für Zeitschriften, aber fast immer wird Scott als Mitautor genannt. Beide trinken, beide leiden unter Depressionen. Als Zelda 1928 wieder zu tanzen beginnt, sagt sie, sie wolle »etwas ganz für mich haben und eigenständig sein«. Sie arbeitet wie besessen, tanzt täglich mindestens acht Stunden. 1930 bricht sie zusammen und wird in die Psychiatrie eingeliefert. »Lassen Sie mich gehen, ich muß zu Madame, ihr verdanke ich das allergrößte Glück«, ruft sie. Es scheint, als hätte sie sich in Madame Egorova, die russische Ballettlehrerin, verliebt. Sie fürchte, lesbisch zu sein, heißt es im Protokoll über die Patientin. Und im gleichen Jahr, als Prof. Forel in Prangins bei ihr eine Schizophrenie diagnostiziert, schreibt sie an Scott: »... und natürlich wollte ich ihr auch nahe sein, weil sie kühl und weiß und schön war. Zu Hause, so schien es mir, wurde unaufhörlich geplappert, und Du hast entweder getrunken oder darüber gejammert, daß Du getrunken hattest.« Sie flieht aus ihrer Ehe. In immer kürzeren Abständen wird sie sich bis zu ihrem Tod jetzt in psychiatrischen Einrichtungen aufhalten, oft freiwillig. 1932 schreibt sie in einer Klinik in Baltimore *Schenk mir den Walzer* und schickt das Manuskript ohne Scotts Wissen an ihren Verleger nach New York. Scott ist außer sich. Der Schriftsteller ist er. 1934 wird es in New York eine Ausstellung ihrer Bilder geben. Viele Tänzer und Tänzerinnen hat sie gemalt, alle mit Klumpfüßen. 1940 stirbt Scott, der inzwischen in Hollywood lebt, an einem Herzinfarkt. Acht Jahre später kommt Zelda bei einem Klinikbrand ums Leben.

Annemarie Schwarzenbach
1908-1942

Ich weinte aus Heimweh nach meiner Mutter

Allein auf den neuen Fährten ... wieviel erträgt ein Herz? Ich habe gelernt: es ist unverletzbar, und die Vögel des Himmels speisen es. Weil ich keine Gefahren mehr beim Namen nennen kann und alle Waffen abgelegt habe, gab ich dem Schutzengel auf den Waldwegen der Kindheit den Abschied. Jetzt würde er mich vielleicht nicht mehr wiedererkennen. Ich trage andere Kleider, und solange der Sommer währt, brauche ich keinen Mantel. Komme ich in kältere Länder, so werde ich mir einen Schafpelz kaufen. Denn ich lebe mit den Hirten auf den Feldern, mit den Wildeseln, mit den Kranichen am Rand der Sümpfe. Auf meiner Faust sitzt ein Falke mit verbundenen Augen. Fauas Cha'alan, der Fürst der Ruallah-Beduinen, hat mir ein Pferd geschenkt, das in den Wüsten des Nedsch groß geworden ist. Er zählt seinen Reichtum in Gewehren und türkischen Goldmünzen. Seine Diener, schöne Beduinenknaben, tragen das mit Henna gefärbte Haar in Zöpfe geflochten und schminken ihre Augen mit Kohle. In seinem Haus in Damaskus sah ich einen Negersklaven den Kaffee mit bitteren Gewürzen mischen. Und im Hof, zur Mittagsstunde, wurden hundert Männer gespeist. Der Fürst hinderte mich daran, die zum Mahl Versammelten zu fotografieren. »Sie essen den Reis mit den Fingern«, sagte er, »das ist in Frankreich nicht Sitte. Es könnte dort Anstoß erregen.« – »Was sind die größten Tugenden deines Stammes?« fragte ich ihn. Er antwortete, ohne zu zögern: »Mut und Schlauheit.«

Aber ich bin nicht unterwegs, um neue Tugenden und andere Sitten zu entdecken. Ich brauche keine bitteren Gewürze, keine fremden Gifte, keine Bezauberungen. Ich befreie mich von den Dolmetschern. Ich verlasse die Gärten von Damaskus, deren Brunnen Mondlicht trinken.

Jeden Abend nehme ich Abschied – und am Morgen bin ich dem Unbekannten nahe. Vorbei, zu Ende die Abenteuer, aber tausend Wirklichkeiten sind zu bestehen. Ich greife an, ich werfe mich ihnen entgegen, ich liebe – und ich vergesse nichts. Zedern bleiben zurück, Ölhaine, Gesänge – Säulen, Segel, Zelte. Und die Hufspuren berittener Völker auf dem Marsch. Mehr noch die Ferne, ach, die Ferne! – Wie ein scheuendes Pferd will meine Ungeduld ausbrechen, nach rechts, nach links – und stürzt immer vorwärts. Es kostet mich weiße Nächte, sie einzuholen ... die Wege sind wallend verhüllt wie Milchstraßen. Kälte, Hunger, Durst – ich habe, was ich wollte, und nirgends, mein Haupt zu betten. Keine helfende Hand!

Würde ich jetzt, nach einer einzigen solchen Nacht, in euren Gassen auftauchen, die Nachbarn würden mich nicht mehr kennen. Ich wäre nicht anders als die Blinden, Stummen und Bettler. Ich höre: »Wohl bekomm's« – aber ich würde die Suppe verschmähen, die euer Mitleid den Armen reicht. Der Hunger ist mein Freund. Alle Ermüdungen sind mir willkommen. Und ich liege an den Quellen ... unfähig, meinen Durst zu löschen. Was tut es? Meine Ungeduld ist schon über alle Berge.

Und ich gehe, leichten Herzens. So leicht ist es, so leer, daß alle Kräfte Eingang finden, alle Energien hineinströmen, würzige Nachtluft und salzige Meerwinde, und noch die treibenden Säfte der Pflanzen, der lautlose Regen, der Atem des Geästes, der Tiere, der Schlafenden – alle Pulsschläge. Von den Strömen steigt es auf, über den Feldern schwebt es wie Frühnebel, es gleitet über die Herden, es steigt von den Rebbergen hinab, es streift die Baumkronen und die Zeltfirste, es versammelt sich um die Feuer der Hirten – »Fürchtet euch nicht!« –, und mir ist, als sehe ich auf beiden Seiten des Weges Scharen von Engeln und ich müsse Freudentränen weinen.

Habe ich einmal Mangel gelitten? Verlangten meine ermüdeten Augen nach neuen Horizonten? – Auf einmal entsinne ich mich: die Farben waren stumpf geworden, die Wolken spiegelten sich nicht mehr, die Segel hingen schlaff über bleiernem Wasser. Am Abend war kein Glanz auf den Hügeln, und die Bäume standen still im Schnee, ohne Schatten zu werfen. Wie lauschte man – gab es noch Lieder? – und fand die Geigen ohne Süße. Gebetmühlen, leere Seufzer, nichtige Klagen. Man ging vor das Haus, man wollte Peitschenknallen und Räderrollen, eine Staubwolke auf der Landstraße, eine unerwartete Begegnung. Aber die Ankömmlinge waren fürchterlich gleichgültig. Man tat gut, das Gesicht in blühenden Hecken zu vergraben und sich einzureden: »Wie die Blumen duften! Die Knospen springen! Die Früchte reifen!« Und vergeblich umarmte man einen Baumstamm und betastete mit den Händen die rauhe Rinde. Vor dem nächsten Bauernhaus redete man ein Kind an. Die alte Frau am Brunnen war offenbar taub. Kalte Panik! – Und am Abend, untröstlich, spielte man auf dem Teppich mit seinem Hund. Er war zärtlich, er hatte bernsteinfarbene Augen.

Aber ich war satt, damals! Mein Verstand war ein abgerichteter Knecht. Als guter Förster wußte er im Wald die Stämme auszuwählen, die gefällt werden mußten, und zeichnete sie mit einem wohlgezielten Axthieb. Er verirrte sich nie. Wohin ich auch gehen mochte, immer fand er eine gerade Straße für den Heimweg. Und alle Dinge konnte er mir beim Namen nennen. Er unterschied eine Fabriksirene von den Nebelhörnern der Dampfer, das Licht eines einsamen Gehöftes vom einsamen Licht der Sterne. Und er hatte einen hochentwickelten Gerechtigkeitssinn. Nichts konnte ihn täuschen oder verführen.

Jetzt scheint mir, ich hatte mir einen faulen Knecht herangezogen. Dieser Schutz, den er mir angedeihen ließ, war tödlich. Und die sorgfältige Auswahl der Wege! Und die praktische Ordnung der Dinge! Soviel peinliche Meisterschaft …

Jetzt hat sie mich endlich im Stich gelassen. Wie sollten mir nicht die Augen übergehen angesichts der Unschuld der neuen Erde? – *Dieses ist namenlos* –. Glück? Erfüllung? Vision der Wahrheit? Musik der Sphären? Himmlische und irdische Liebe? Vermählung, Jubel, Marter? Oh, marternde Angst! Mein aufgerissenes Herz, und ich finde kein Wort der Erlösung. Ich bin der Sprache nicht mehr mächtig. Erbarmen!

Ich habe mich rufen hören: »Warum hast du mich nicht mit Blindheit und Taubheit geschlagen!« – und doch habe ich noch nicht gelernt zu sehen, zu hören, und doch ist es nie genug, nie genug. – Manchmal bin ich so erschöpft, daß ich in tiefen Schlaf falle. Es ist der Schlaf der Tiere. Keine Bilder, keine Träume, keine Stimmen, keine Halluzinationen. Kein Abendgebet, kein Morgenstern. An die Brust der schweigenden Erde gesunken. Denn ich finde zurück – wie weit ich auch fliehen mag – und berge mein Gesicht in den Händen, die mir die Wunden schlugen. Einzige Wohltat ... Schon bedroht vom Erwachen, beruhige ich mich: »Du wirst nie wieder wach werden!«, und versichere mich der schweren Süße des Schlafes. Aber ein Trunk frischen Wassers genügt. Und noch einmal bereitet mein Herz allen Leidenschaften eine Stätte. Ich grüße die Quellen, die Ölbäume, die Bläue der fernsten Hügel. Ich werde euch erreichen, noch bevor es Abend wird! Die fruchtbaren Götter Coelesyriens bleiben zurück. Gibt es andere Götter? Ischtar, Mutter der Aschenhügel, Jungfrau der Steinwüsten, die zwölf Passionen am Wege. Wer erwidert meinen Gruß und nimmt meine Gebete auf? Kuppeln, Medressen, Grabstätten, Tempel, euer Allerheiligstes ist mir verschlossen. Welcher Formeln soll ich mich bedienen? – Ich stammle, und es ist gut, daß mich keiner hört.

Ich beginne zu begreifen, ja, für die Dauer eines Augenblickes begreife ich, daß meine Sprache nicht verstanden werden darf! – Ich will kein Gehör finden, meine Lieder sollen verhallen, keine Orakel sollen mir antworten, keine eleusischen Mysterien mir enthüllt werden, der Rauch meiner Opfer soll nicht aufsteigen. Keine Opfer mehr, keine Altäre, keine Hymnen – ich nähere mich der Stummheit der Kreatur ...

Denn der Menschensohn ist noch nicht geboren. Weinende Engel verkündigen ihn – und wir lauschen schweigend.

Aber ich lerne furchtbare Ermüdungen kennen. Manchmal, wenn ich einen Hügel erklimme, muß ich atemlos haltmachen, meine Füße tragen mich nicht mehr, und die Dunkelheit kommt zu früh. Dort, der gelbe Streifen am Horizont, am erkaltenden Himmel – welche Landschaft empfängt seine letzten Flammen? Noch ehe ich einen Blick tun konnte, wird sie versinken, für immer. Und die Schiffe auf dem Grund des Meeres, die begrabenen Städte, die Paläste unter dem Wüstensand – meine Ohnmacht erstickt mich! Und die Zeit verrinnt, ungenützt – jede Stunde mit ihrer einzigen Erkenntnis, die ich versäumt habe. Verlorene Gesichte, verschwendete Hoffnungen, soviel vergebliche Qual – und ich bäume mich auf: schneller! Die galoppierenden Pferde, die fliehenden Wolken einholen! – Ach, in der Morgendämmerung die seligen Inseln, ihre Ufer, gebadet in Licht! – Wo erwarten mich die großen Tröstungen – wo endlich?

Ich bin allen Demütigungen ausgesetzt. Das kleinste Hindernis wird mich zu Fall bringen. War ich vermessen? War es zu früh, die himmlischen Scharen zu begrüßen, die Vision der Zukunft? – Meine Erschöpfung kann kaum den Tag überstehen! Und ich mahne mich zur Vorsicht: »Dämpfe deinen Jubel. Lege deiner Ungeduld Zügel an. Beschwichtige dein Herz. Laß ruhen ...« Aber was hilft mir alle Voraussicht? Inzwischen hat der Schmerz die Dämme eingerissen und ist uferlos geworden. *Uferlos:* die morgigen Wege überflutet.

Ich muß lernen, auf dem Wasser zu gehen und mit unverletzten Füßen das Feuer zu durchschreiten. Ich lerne, an Wunder zu glauben: *das Wunder ist mein tägliches Brot.* So nur harre ich aus, so nur ertrage ich es, ohne

Hoffnung und ohne Voraussicht zu sein. Der Tag hebt erst an: Entzückungen auf allen Fluren.

In diesen Ländern durchwandere ich alle Zeitläufe. Die Trennungen der Jahrhunderte sind aufgehoben, die alten Denkmäler werden zu Bildern des unaufhörlich Wiederkehrenden, und die flüchtigen Spuren der Stunde sind Zeichen einer ewigen Übereinkunft. Könnte man auf solche Weise die Gesetztafeln wiederfinden? Welche Entdeckungen sind mir noch zugedacht? – Geduld! Manchmal weiß ich nicht, ob ich einem Martyrium ausgeliefert wurde oder einer namenlosen Freude. Die Fülle bestürzt mich, ich kann keine Auswahl mehr treffen, ich irre durstig in den Weinbergen und schlafe unter Dattelpalmen, die mich mit ihren Früchten überschütten. Ich berühre alles: Gras, Rinde, Schale und Kern, die rauhe Wolle der Schafe, den in der Sonne gebackenen Lehm, die Kühle des bauchigen Tonkruges, die flachen Brote, die ungesalzen und warm aus den runden Öfen kommen, das zischende Eisen, die Löwenhäupter aus Stein, die blauen Perlen, die Amulette – alles mit ungeteilter Zärtlichkeit. Ich halte den Wind in den Büschen und neige mich über die dunkle Brunnentiefe. Keine Erinnerung knüpft Fäden, kein Name Bekanntschaften, und das Licht dieser gesegneten Tage ist so klar, daß sich kein Schatten zwischen mich und die Gegenstände schiebt: ich begegne ihnen unvermittelt. Die Schwere einer Felswand stürzt auf mich – sie ist zu hoch, mein Auge kann sie nicht ermessen. Ich gehe weiter, ein Tal öffnet sich, die Abhänge zur Linken sind von Terrassen gestreift, zur Rechten viereckige, ährengelbe Felder, eine zusammengedrängte Herde von Lehmhäusern, darüber eine weiße Moschee, gekrönt von einer blaugrünen Kuppel. Den

Talausgang verschließt eine weiße Bergwand. Der Himmel ist durchsichtige, zerfließende Helle.

Und ich schaue – Versunkenheit, schmerzlose Stille – und höre die Sphären kreisen. Wunderbares Ineinander von Lichtstreifen, die mit dem Abend geboren wurden und durch das unbefleckte Gewölbe geistern, unschuldig wie junge Tiere, unheimlich anmutig wie Nebeltänze am Waldsaum, schnell und sprühend wie Feuerkugeln. Die Bergwand ist ein eherner Schild geworden, auf seinen Rand prasseln die Blitze der Einsamkeit. Meine ermüdeten Augen kehren in die versammelte Talnähe zurück, da sind die Abhänge in Dunkelheit getaucht, die Terrassen erloschen, die Felder in Schlaf gesunken, die weiße Moschee – eine blasse Mondsichel –, der Nachtfrieden ist sanft wie Tau.

In einer frühen Stunde vernehme ich den Gesang der Noriahs und begegne den ersten Menschen. Ich komme aus der Steinwüste, aus einer langen Dämmerung – die Sonne war eine Larve und lag unbeweglich an der Scheide zwischen Tag und Nacht. Kälte und kraftloses Licht hielten die Ebene in bleierner Umarmung. Steinwüste: das ist armes Land, worin welke Grasbüschel beständig nach Atem ringen und ihre Samen in den Wind streuen wie durstige Rufe ... Zuletzt wand sich mein Weg über nackte Felsplatten, die den Rücken von Schildkröten glichen. Im Osten, wo noch immer der Sonnenball leblos verharrte, wußte ich die Welt ungeboren, unter Sandfluten. So lange dauerte die Reise im Zwielicht – mir wollte der Mut sinken. Da hörte ich von weit her, aber deutlich und unmißverständlich das Singen großer Wasserräder: ein Balken, der sich mühsam um seine Achse dreht, das Knarren hölzerner Speichen – und gurgelnde

Flut, aus der Flußströmung gefangen und in klappernde Schaufeln geschöpft, emporgetragen im Schwung des mächtig kreisenden Rades, ausgeschüttet und in geglätteten Holzrinnen den Kanälen zugeführt, den Feldern, den wartenden Gärten. Ein ganzes Netz von Kanälen verteilt sich über die grünende Erde, da erklingt die Musik des Wassers wie liebliches Saitenspiel!

Und die serene Heiterkeit des Morgens ... Lämmer tummeln sich auf einem Wiesenstreifen, wollige Schäferhunde umkreisen die Herde, die langsam zu den Hügeln zieht. Die Hirten in großen Mänteln aus steifem Filz und die Bauern hinter dem Stachelpflug, der, von einem Ochsenpaar gezogen, einen dünnen Saum schäumender Schollen wirft. Zum Flußufer steigen unverschleierte Frauen hinab, den Nacken gebeugt unter dem federnden, von zwei Eimern beschwerten Joch. Andere, den Tonkrug auf dem Haupt, eine Hand in die Hüfte gestützt, wandeln auf den Pfaden zwischen Bananenblättern. Und überall das Gespinst silbriger Adern, so weit der Blick reicht ... Auf einem entfernten Acker geht ein Mann in weißem Tarbusch und treibt mit rauhen Rufen seine Esel an. Der breite Schatten der Noriahs bewegt sich langsam über die Felder wie der Zeiger der Sonnenuhr. Schon nähert sich die Erschlaffung der Mittagsstunde, die sieben Ährengarben ruhen unter einem staubigen Feigenbaum. Jenseits des Flusses, auf den Hügelstufen, liegt, von kobaltblauem Licht umflossen, die weiße Stadt.

Wundere ich mich, daß meine Augen manchmal blind werden möchten und Einkehr halten in ein regloses Mondtal?

Aber bald jage ich Schakale in den Wüsten Mesopotamiens, wo die alten Kanäle versanden, die alten

Dämme eingestürzt sind, die Flüsse ihren Lauf verändert haben und die Städte, die sie einst an ihren Ufern speisten, in Staub zerfielen und versanken. Ich schieße Wildenten in den Sümpfen von Birs Nimrod, ich ruhe im Schatten des Babylonischen Turmes, und am Morgen betrete ich die erstorbenen Gassen, steige auf den zerfetzten Hügel, wo einst Burg und Tempel thronten, und halte vergeblich Ausschau nach den hängenden Gärten. Da ist die mit Gold gepflasterte Straße der Prozessionen: Gras überwuchert die Fliesen, darauf schläft ein Hirtenknabe, der Kopf ruht auf dem Rücken seines Lammes. Knabe Daniel, schau auf, daß ich der Unschuld deiner Augen begegne!

Ich bin schon zu lange an diesem Ot geblieben, der die sieben Wunder der Welt versammelte und die Pracht der Sünde. Einst ging der Held Gilgamesch über die Roßweiden, die Schenkel mit Erz umkleidet, und die Menschen wohnten in geflochtenen Hütten aus Stroh und Schilf. Abel hütete die Herden seines Vaters und zündete sein Opferfeuer an. Und bärtige Engel wachten an den Löwengruben. Aber seitdem der junge Abel erschlagen wurde, brennt das Mal des Bruderverrates auf unseren Stirnen. Unauslöschliches Vermächtnis! Jakob hinterging Esau, die Elf verkauften Josef, die Heimtücke geht um im Schutz der Nacht und malt die Türpfosten rot. Sucht die Schuldigen! Soldaten, schwärmt aus und erwürgt die Kindlein von Bethlehem! Richtet die Kreuze auf, und daß ihr mir keinen verschont ... Im Namen der Gerechtigkeit, im Geiste des Erbarmens, denn wir sind alle schuldig voreinander, Hörige des ersten Sündenfalls. Fragt eure Pharisäer, eure Priester, Richter, Schriftgelehrten: so nur erklären sich alle Frevel. Und die ungesühnten Heerscharen unserer erschlagenen Brüder ziehen vorüber ...

Welches Entsetzen breitet sich aus? Pharisäer, welche Versöhnung bietet ihr, mit welchem Gott, um welchen Preis? – Ich hatte vergessen, vergessen die furchtbare Handelseinigkeit der Welt! Knabe Daniel, schau auf! Du und ich, wir wollen uns nicht fürchten. Der König von Babylon hat sein Recht verloren, der Stein Hammurabis liegt in Trümmern, Gras wuchert in Tempelhöfen, die Prinzessinnen schlafen neben den Schuldknechten, die Tore der Gefängnisse stehen offen, und du stiegst unverletzt aus der Grube. Fürchten wir uns nicht, fürchten wir uns nicht! Ach, die Verwirrung der Sprachen, die Pracht der Sünde! – David, deine Stimme vermag das Herz des Königs nicht mehr zu rühren ...

Auf was lausche ich noch? – Über diesen Ruinen herrscht eine unmenschliche Stille, und draußen weht der Wüstenwind, beständig wie Flut und Ebbe, den gelben Sand über die letzten Wälle. Ich muß den Staub von den Füßen schütteln, mich hat Furcht angerührt – welche Furcht? Vor einer längst verdorbenen, längst in Asche gesunkenen Welt? Was kümmert mich der Flammenpfuhl von Babel. Ich trete die Reise nach Süden an, dort harren Königsfriedhöfe, Gräber, bis zum Rande gefüllt mit herrenlosen Reichtümern. Es wird eine Lust sein, im Gold zu wühlen, das die Diebe genarrt hat, und die Edelsteine, Perlen, Halsbänder, Arm- und Stirnreife, die Schlangenhäupter kostbarer Spangen durch die Hände gleiten zu lassen. Die Kette aus Lapislazuli, für die bleiche Schönheit einer Prinzessin bestimmt – unnütz wie ein Rosenkranz –, und das diamantene Diadem, das keine gekräuselten Locken mehr schmückt: ich werde mich berauschen an der Vergänglichkeit der Herrscherhäuser, ich werde den Weihrauchduft verwehter Asche atmen. Und endlich werde ich in das tote Flußbett hinuntersteigen, zu den raschelnden Eidechsen, und werde des Nachts die Schakale bellen hören. Im Schatt-el-Arab wird die Reise enden, in den Fiebersümpfen von Bassorah. Dort stoßen im Mondschein die Fähren ab, und die Perlenfischer von Kuwait entfalten die Segel ihrer gebrechlichen Boote. Ja, diese Reise wird einmal ein Ende nehmen, eines Tages werde ich den Strand des Meeres erreichen, die Küste des Golfes von Persien, und meine Augen werden nichts mehr sehen als den runden Horizont. Dort steigen, zwischen Himmel und Wasserspiegel, schräge, mit gedämpftem Licht gesättigte Strahlen auf und nieder, Leitern der letzten Vermählung. Ich werde ruhen auf den Dächern von Kuwait und die Fische des Sultans essen. An seinem Hof, in seiner Stadt soll ein buntes Treiben herrschen. Die geschmeidigen Söhne schwarzer Sklaven vermischen sich mit arabischen Buhlknaben, und die Familienväter verkaufen ihre Kinder an ungeschlachte Würdenträger. Nicht der Not gehorchend – nur den alten Gesetzen der Freude. Denn in der Stadt herrscht Überfluß, das Meer trägt Perlen und schillernde Nahrung an den Strand, mühelos ziehen die Fischer ihre schweren Netze ein, und im Basar häufen sich die Schätze Arabiens; Trägheit und Flötenspiel paaren sich im Schatten der Häuser, Gastfreundschaft empfängt den Fremden. – Meerblaues Kuwait! Ich werde meinen Durst mit Eselsmilch löschen und meinen Hunger mit unbekannten Gewürzen reizen. Ich erwarte die Glut deiner Winde, die Erfrischungen deiner bemalten Fächer – eine bleiche Ohnmacht erwartet mich …

Und ich werde zum Hafen schlendern, abends wenn die Schiffe heimkehren. Mit flatternden weißen Segeln sehe ich sie einbiegen in die anmutige Bucht. Lichte Heiterkeit des Abends …

Ein Ziel erreicht, überstanden Mühsal und Gefahr. – Und was? – Verhallt das dumpfe Dröhnen der Karawanen? – Und ich werde entlöhnt wie ein Kameltreiber am Tor der Totenstadt? – Meine Spuren im Sand verweht, meine Anstrengungen vom Wind weggetragen? – Viel Aufwand um die Fische des Sultans! – Herr, ich habe keinen Lohn verlangt, und es war von keinem Ziel die Rede. Welche Verfehlung habe ich also auf mich geladen? Keinen Götzendienst getrieben, mir keine falschen Bilder gemacht – ach, marternde Erschöpfung! Die Vögel des Himmels speisen mich nicht mehr – und jetzt: Zuckerwerk und Flötenspiel? Welchen Bezauberungen soll ich mich zuwenden? – In jener Stadt soll es unerhörte Gifte geben, ich werde in einen nie gekannten Schlaf sinken, Gelächter wird meine Träume schütteln, ich werde ein Seiltänzer sein in schwindelnder Höhe über dem Volk des Marktplatzes. In welchen Künsten werde ich mich üben, in welchen Freuden, in welcher Vergessenheit!

Gaukler, Magier, Feueranbeter, Schlangenbeschwörer, ich mißtraue euren Kenntnissen nicht mehr, sie sind erlernbar. Ich nehme teil an den Mahlzeiten der Haschischesser und Opiumraucher, ich schmecke den Tod der irdischen Genüsse … ach, fürchterliche Linderung!

Meine Schläfen zerspringen, ich muß die angesammelten Bilder, die gehäuften Qualen zerstreuen, mich auf Hängebrücken wiegen, baden in kühlen Schaumkronen. Seht den Schweif der Kometen und wie sie zischend verlöschen – das Meer glättet sich und verlangt nach dem

Mond –, ich spiele mit silberbärtigen Delphinen, ich versinke – kein stechender Atem mehr, eine sanft rollende Flut trägt mich hinweg. – Und es ist noch nicht aller Tage Abend geworden? – Betrug, Ohnmacht, Angst – was erwarte ich, welche Umarmungen sind noch für mich bereit? Fliehen, fliehen – *fliehen* –, schweißüberströmt knie ich im Wind, wohin mich wenden? – Mutter! – So lebt man nicht ...

Annemarie Schwarzenbach

»Mutter, denkt man – wie der Name zum Weinen verhilft! – ich habe irgend etwas, ganz am Anfang falsch gemacht. Aber nicht ich war es, sondern das Leben. Alle Wege, welche ich auch ging, welchen ich auch entging, endeten hier, in diesem ›glücklichen Tal‹, von dem es keinen Ausweg mehr gibt und welches deshalb schon dem Ort des Todes ähnlich sein muß.« Die Zürcher Millionärstochter schreibt dies im Sommer 1935 in einem mondänen Zeltdorf in Persien, wo sie mit dem französischen homosexuellen Diplomaten Claude Achille Clarac, den sie gerade geheiratet hat, Ferien macht. Es sind sehr persönliche Aufzeichnungen für ihr Buch »Tod in Persien«, das 1939 als *Das glückliche Tal* erscheint. Persien, schreibt sie zur gleichen Zeit an Klaus Mann, ist das Land, »wo man fast ohne Grund traurig, niedergeschlagen, dem fröhlichen Lebensmut entfremdet« ist. Schon hat sie kapiert, daß ihre Vernunftehe ein Trugschluß war, daß sie immer noch hoffnungslos in Erika Mann verliebt ist und es bleiben wird.

Was hat Annemarie Schwarzenbach »ganz am Anfang falsch gemacht«? 1931 promovierte die 23jährige erfolgreich und publizierte im gleichen Jahr ihren ersten Roman *Freunde um Bernhard*. Es hätte der Beginn einer Karriere sein können. Sie hat in ihrem kurzen Leben außer Romanen und Erzählungen

350 Reportagen und andere publizistische Arbeiten in den wichtigsten Zeitungen und Zeitschriften veröffentlicht und 3000 Fotos aufgenommen. Erstaunlich genug, denn seit 1932 ist sie morphiumsüchtig, immer wieder von schweren Depressionen geplagt, und sie trinkt zuviel. Sei hat mehrere Entziehungskuren hinter sich. Im Januar 1935 unternimmt sie einen Selbstmordversuch. In Pragins nimmt sich im Herbst 1935 Professor Forel, der auch Zelda Fitzgerald behandelt hat, ihrer an. Ihre Unruhe trieb sie durch die Welt. Sie reiste nach Persien, Portugal, Afrika, Afghanistan, Amerika. Die Zuwendung der geliebten Mutter hatte sie endgültig verwirkt, denn: sie ist süchtig, sie liebt Frauen, sie bekennt sich zum antifaschistischen Widerstand. Im Oktober 1938 befindet sie sich erneut in der Psychiatrie in Yverdon, wo sie »bis an den Rand der Erschöpfung« an *Das glückliche Tal* arbeitet. Schreiben konnte bei ihr das Stimulans der Droge überflüssig machen. Aber sie sagte auch: »Seltsam ist es, daß ich nur dann zu schreiben vermag, wenn ich traurig bin.« Am 7. September 1942 stürzt sie im Engadin vom Fahrrad. Neun Wochen später stirbt sie in völliger Umnachtung in ihrem Haus in Sils-Baselgia.

Simone Weil
1909-1943

Ich beneide sie um ein Herz, das imstande war,
für den ganzen Erdkreis zu schlagen
(Simone de Beauvoir)

Brief an eine Schülerin
(1934)

Liebe Kleine,

seit langem möchte ich Ihnen schreiben, aber die Fabrikarbeit ermuntert kaum zur Korrespondenz. Wie haben Sie erfahren, was ich jetzt tue? Vielleicht durch die Schwestern Dérieu? Das ist übrigens gar nicht wichtig, denn ich wollte es Ihnen ohnehin mitteilen. Zumindest werden Sie darüber nicht reden, noch nicht einmal mit Marinette, falls es nicht schon geschehen ist. Dies hier ist der »Kontakt mit dem wirklichen Leben«, von dem ich Ihnen sprach. Er gelang mir nur durch ein Entgegenkommen; einer meiner besten Freunde kennt ein Mitglied des Aufsichtsrates der Gesellschaft und hat ihm meinen Wunsch dargelegt; der andere zeigte Verständnis dafür, was einen bei dieser Art Leute ungewöhnlichen geistigen Horizont bezeugt. Heutigentags ist es fast unmöglich, ohne Arbeitszeugnis in einer Fabrik eingestellt zu werden – besonders wenn man langsam, ungeschickt und nicht sehr kräftig ist wie ich.

Ich sage Ihnen sogleich – falls Sie die Idee hätten, Ihr Leben in ähnlicher Richtung zu orientieren –, wie groß auch mein Glück sein mag, endlich in einer Fabrik arbeiten zu können, so bin ich doch nicht minder glücklich, an diese Arbeit nicht gekettet zu sein. Ich habe ganz einfach, um »persönlicher Studien« willen, ein Jahr Urlaub genommen. Ein sehr geschickter, sehr intelligenter und sehr kräftiger Mann kann vielleicht hoffen, in der gegenwärtigen Lage der französischen Industrie in der Fabrik einen Platz zu bekommen, wo ihm auf interessante und menschliche Weise zu arbeiten möglich ist; hinzufügen muß man, daß Rationalisierungsfortschritte von Tag zu Tag derlei Möglichkeiten einschränken. Aber die Frauen sind in eine ganz mechanische Arbeit verbannt, die nichts als Schnelligkeit verlangt. Wenn ich ›mechanisch‹ sage, so glauben Sie nicht, man könnte bei dieser Tätigkeit von irgend etwas träumen, noch weniger an etwas denken. Nein, das Tragische der Situation besteht darin, daß die Arbeit zu mechanisch ist, um dem Denken als Objekt zu dienen, und dennoch jedes andere Denken verbietet. Denken bedeutet weniger schnell sein; aber es gibt von unerbittlichen Bürokraten festgesetzte Geschwindigkeitsnormen, die man erfüllen muß, um nicht entlassen zu werden und um genug zu verdienen (der Lohn basiert auf dem Akkord). Aus vielerlei Gründen erreiche ich die Normen noch nicht: mangelnde Routine, eine beträchtliche natürliche Ungeschicklichkeit, eine gewisse natürliche Langsamkeit der Bewegungen, Kopfschmerzen und eine gewisse Denkmanie, der ich mich nicht entledigen kann ... So meine ich denn auch, daß man mich, genösse ich nicht eine Protektion, vor die Tür setzen würde. Freizeit hat man in einem 8-Stunden-Tag theoretisch nicht wenig; praktisch wird sie von der Müdigkeit aufgezehrt, die oft zur völligen Abstumpfung führt. Um das Bild zu vervollständigen, müssen Sie bedenken, daß man in der Fabrik ständig einer erniedrigenden Unterordnung folgen muß, immer den Befehlen des Chefs ausgesetzt ist. Natürlich ist dies alles mehr oder weniger qualvoll, je nach Charakter, physischer Kraft usw.; man muß nuancieren, aber in den großen Linien ist es so.

Dennoch verhindert dies nicht, daß ich, ungeachtet aller Quälereien, glücklicher bin, als ich es zu sagen vermöchte, da zu sein, wo ich bin. Ich wünschte es seit unsagbar vielen Jahren, aber ich bedauere nicht, es erst jetzt erreicht zu haben, weil ich erst jetzt imstande bin, aus dieser Erfahrung den ganzen Nutzen zu ziehen, den sie für mich bereithält. Vor allem meine ich einer Welt von Abstraktionen entflohen zu sein und mich unter wirklichen Menschen zu befinden – guten oder schlechten, jedoch von einer wirklichen Güte oder Bosheit. Sofern es sie gibt, ist besonders die Güte in einer Fabrik etwas Wirkliches, denn der geringste freundliche Akt, vom einfachen Lächeln bis zur Hilfeleistung, erfordert einen Sieg über die Müdigkeit, über die Lohnbesessenheit, über alles, was bedrückt und dazu verleitet, sich in sich selbst zurückzuziehen. Desgleichen verlangt das Denken eine fast wunderbare Anstrengung, sich über jene Bedingungen zu erheben, unter denen man lebt. Denn hier ist es anders als auf der Universität, wo man für das Denken oder wenigstens für den Schein desselben bezahlt wird; hier besteht eher die Tendenz, das Nichtdenken zu bezahlen; gewahrt man dann plötzlich das Licht einer Intelligenz, dann ist man gewiß, sich nicht zu täuschen. Von alldem abgesehen, ist es das Wesen der Maschinen, das mich anzieht und lebhaft interessiert. Ich füge hinzu, hauptsächlich deshalb in der Fabrik zu sein, weil ich mich über eine gewisse Anzahl präziser Fragen informieren will, die mich beschäftigen und die ich Ihnen nicht aufzählen kann.

Genug von mir. Sprechen wir von Ihnen. Ihr Brief hat mich erschreckt. Sollten Sie als wichtiges Ziel beibehalten, alle möglichen Empfindungen kennenzulernen – denn als vorübergehendes Interesse ist dies in Ihrem Alter normal –, dann werden Sie nicht weit kommen. Ich hatte es lieber, als Sie den Wunsch ausdrückten, das wirkliche Leben kennenzulernen. Vielleicht glauben Sie, es sei dasselbe; tatsächlich ist es genau das Gegenteil. Manche Leute lebten nur von Empfindungen und für Empfindungen, zum Beispiel André Gide. In Wirklichkeit sind sie die Betrogenen des Lebens, und weil sie dies undeutlich fühlen, verfallen sie in eine tiefe Melancholie, wobei ihnen nichts anderes übrigbleibt, als sich mittels elender Lügen zu betäuben. Denn die Realität des Lebens ist nicht die Empfindung, sondern die Tätigkeit – ich meine die Tätigkeit im Denken sowohl wie in der Aktion. Diejenigen, welche nur ihren Empfindungen leben, sind materiell und moralisch nichts als Parasiten angesichts der Arbeiter und der schöpferisch Tätigen, die allein tatsächlich Menschen sind. Ich füge hinzu, daß diese, obwohl sie keine Empfindungen suchen, weit lebhaftere, tiefere, weniger künstliche erlangen als jene, die nach ihnen jagen. Empfindungen zu suchen schließt einen Egoismus ein, der mich entsetzt. Natürlich verhindert dies nicht zu lieben, aber es impliziert, die geliebten Wesen für bloße Anlässe des Genusses oder des Leidens anzusehen und vollständig zu vergessen, daß sie selbständig, an sich und für sich existieren. Man lebt inmitten von Gespenstern. Man träumt, statt zu leben.

In bezug auf die Liebe habe ich Ihnen keine Ratschläge zu geben, bestenfalls Warnungen. Die Liebe ist etwas Ernstes, wobei man oft für immer sein eigenes Leben und das eines anderen Menschen aufs Spiel setzt. Das tut man allemal, es sei denn, einer der beiden mache aus dem anderen sein Spielzeug; aber in diesem letzten, sehr häufigen Fall ist die Liebe etwas Schändliches. Sehen Sie, das Wesen der Liebe besteht im Grunde darin, daß ein Mensch ein vitales Bedürfnis nach einem anderen Menschen verspürt – je nach den Umständen ein wechselseitiges Bedürfnis oder nicht, dauerhaft oder nicht. Das Problem ist nunmehr, ein solches Bedürfnis mit der Freiheit zu versöhnen, und die Menschen haben sich mit diesem Problem seit undenklichen Zeiten herumgeschlagen. Daher erscheint mir der Gedanke als gefährlich und vor allem kindisch, Liebe zu suchen, um festzustellen, was sie ist, um ein trostloses Dasein ein wenig zu erfrischen usw. Ich kann Ihnen gestehen, daß ich in Ihrem Alter und auch später, als die Versuchung kam, Liebe kennenzulernen, mich dagegen zur Wehr gesetzt habe, indem ich mir sagte, es sei besser, mein ganzes Leben nicht in einer unvorhersehbaren Richtung zu orientieren, bevor ich einen Reifegrad erreicht habe, der mir zu wissen erlaubt, was ich im allgemeinen vom Leben verlange und erwarte. Ich zitiere Ihnen dies nicht als ein Beispiel; jedes Leben entfaltet sich nach seinen eigenen Gesetzen. Aber Sie mögen darin Stoff zum Nachdenken finden. Ich füge hinzu, daß die Liebe eine noch schrecklichere Gefahr zu enthalten scheint, als wenn man blind seine Existenz aufs Spiel setzt; es ist die Gefahr, der Schiedsrichter einer anderen menschlichen Existenz zu werden, sofern man wirklich geliebt wird. Meine Schlußfolgerung (die ich Ihnen nur als Hinweis mitteile) lautet nicht, man solle die Liebe fliehen, sondern man solle sie nicht suchen, vor allem wenn man sehr jung ist. Ich glaube, es ist dann besser, ihr nicht zu begegnen.

Es scheint, daß Sie imstande sein müßten, gegen die Umwelt zu reagieren. Sie haben das unbegrenzte Reich der Bücher; das ist bei weitem nicht alles, aber es ist sehr viel, besonders als Vorbereitung. Ich möchte auch, daß Sie sich für Ihre Schularbeit interessieren, bei der Sie viel mehr lernen können, als Sie glauben. Zunächst die Arbeit: solange man unfähig ist, beständig zu arbeiten, taugt man auf keinem Gebiet zu irgend etwas. Und dann sollten Sie Ihren Geist entwickeln. Ich will nicht mein Lob der Geometrie wiederholen. Habe ich Ihnen in der Physik folgende Übung vorgeschlagen? Ihr Lehrbuch und die Vorlesung einer Kritik zu unterwerfen, indem Sie das vernünftig Gedachte von dem anderen zu unterscheiden suchen. Dann werden Sie eine überraschende Anzahl falscher Überlegungen finden. Während man sich bei diesem äußerst lehrreichen Spiel amüsiert, fixiert sich oft, ohne daß man daran denkt, die Übung im Gedächtnis. Geschichte und Geographie bieten Ihnen in diesem Punkt kaum etwas anderes als schematisch begründete Falschheiten; aber wenn Sie gut lernen, werden Sie eine solide Grundlage erwerben, um selbst reale Begriffe von der menschlichen Gesellschaft in Zeit und Raum zu entwickeln – etwas Unausweichliches für jeden, der sich mit der sozialen Frage beschäftigt. Ich spreche Ihnen nicht vom Französischen, denn ich bin sicher, daß Ihr Stil sich entfaltet.

Sehr glücklich war ich, als Sie mir seinerzeit sagten, Sie hätten beschlossen, sich auf die Pädagogische Hochschule vorzubereiten; das befreite mich von einer beängstigenden Sorge. Um so lebhafter bedauere ich, daß Sie sich anscheinend von dieser Idee abgewendet haben.

Ich glaube, Ihr Charakter verurteilt Sie dazu, in Ihrem ganzen Leben viel zu leiden. Ich bin dessen ziemlich sicher. Sie haben zu viel Eifer und zu viel Ungestüm, als daß Sie sich jemals dem gesellschaftlichen Leben unserer Epoche anpassen könnten. Sie sind dabei nicht allein. Aber Leiden ist unwichtig, zumal Sie auch Freuden erleben werden. Wichtig ist, sein Leben nicht zu verderben. Und das verlangt Selbstdisziplin.

Ich bedauere sehr, daß Sie nicht Sport treiben können: das brauchten Sie. Versuchen Sie noch einmal, Ihre Eltern zu überzeugen. Wenigstens hoffe ich, daß Ihnen das fröhliche Herumstreifen in den Bergen nicht verboten ist. Grüßen Sie Ihre Berge von mir.

In der Fabrik habe ich entdeckt, wie lähmend und erniedrigend es ist, der Kraft, Gewandtheit, der raschen und sicheren Wahrnehmung zu ermangeln. In dieser Hinsicht kann für mich unglücklicherweise nichts mehr ersetzen, was vor dem 20. Lebensjahr versäumt wurde. Nicht eindringlich genug kann ich Ihnen empfehlen, Ihre Muskeln, Ihre Hände, Ihre Augen, so sehr es Ihnen möglich ist, zu üben. Ohne solche Übung fühlt man sich unvollkommen.

Schreiben Sie mir, aber erwarten Sie eine Antwort nur von Zeit zu Zeit. Schreiben kostet mich ungewöhnliche Anstrengung. Schreiben Sie mir nach 228, rue Lecourbe, Paris XV. Ich habe dort ein kleines Zimmer, ganz nahe bei der Fabrik, genommen.

Genießen Sie den Frühling, schlürfen Sie Luft

und Sonne (sofern diese scheint), lesen Sie schöne Sachen.

χαῖρε.
S. Weil.

Simone Weil

»Ich glaube, Ihr Charakter verurteilt Sie dazu, in Ihrem ganzen Leben viel zu leiden«, schreibt Simone Weil Ende 1934 an eine ihrer Schülerinnen. Da lebt sie in Paris in einem kleinen Zimmer und arbeitet als Akkordarbeiterin in der Elektrofabrik Alsthon, und das Leiden ist ganz auf ihrer Seite. Sie hatte sich für ein Jahr von ihrem Posten als Lehrerin beurlauben lassen, um ihre philosophischen Gedanken der Wirklichkeit auszusetzen. Schon früh hatte sich die Studentin von Emile Chartier, besser bekannt unter dem Namen Alain, für die Sache der Arbeiter und Arbeiterinnen eingesetzt. 1927 beteiligt sie sich an einer Arbeitervolkshochschule, die von den Schülern Alains organisiert wird. 1929 tritt sie der pazifistischen Liga für Menschenrechte bei, und seit 1931 arbeitet sie aktiv in den Gewerkschaften. In Le Puy, wo sie 1931 ihre erste Lehrerinnenstelle antritt, beteiligt sie sich an der Organisation von Abendkursen für Bergarbeiter, übernimmt eine führende Rolle in der Arbeitslosenbewegung. Sie hat sich 1932 in Le Puy einer kleinen Gruppe der Revolutionären Syndikalisten angeschlossen, sie ist eine antistalinistische Revolutionärin. Einer der Bergarbeiter sagte: »Sie konnte nicht leben, sie war zu gebildet, und sie aß nichts.« 1943 wird sie sich in England, wo sie für die französische Résistance arbeitet, zu Tode hungern. »Ich beneide sie um ein Herz, das imstande war, für den ganzen Erdkreis zu schlagen«, sagte Simone de Beauvoir über Simone Weil. Ihr soziales Engagement war nicht die Attitüde einer Intellektuellen. Sie zog Konsequenzen, schloß sich der Klasse an, von der sie sich die revolutionäre Umwälzung erhoffte. Aber das Akkordsystem, die automatische Arbeit, die Unterwerfung des Menschen unter eine erbarmungslose Maschinerie sind grausam. Nicht länger ist Arbeit für sie, wie sie in ihren *Cahiers* schreibt, »der ursprüngliche Bund des Menschen mit der Natur, der Seele mit ihrem Körper«. Sie hält aber durch und schreibt ein Fabriktagebuch, in dem sie ihre Erfahrungen aus den Jahren 1934 und 1935 festhält. Es zählt heute mit Recht zu den wichtigsten politischen Dokumenten jener Zeit.

Unica Zürn
1916-1970

Und da wird zum ersten Mal dieses Wort vor ihr ausgesprochen: wahnsinnig

Warum ist sie nach Frankreich gekommen?

1953 – in Berlin – sieht sie dreimal den gleichen französischen Film, um betrunken zu werden an einem bestimmten Gesicht, das nicht das geringste mit dem Gesicht des Mannes im Jasmin zu tun hat.

Sie identifiziert sich so stark mit diesem männlichen Gesicht, daß man ihr plötzlich sagt: »Du siehst ihm ähnlich.«

Einige Tage später begegnet sie einem Mann und erkennt in seinem Gesicht das Gesicht aus dem Film, dem sie selbst ähnlich geworden ist. Sehr überrascht hört sie jemanden sagen: »Dieser Mann sieht dem X in dem Film ähnlich.«

Diese Bestätigung sowie seine Aufforderung, ihn nach Paris zu begleiten, geben den Antrieb für ihren Entschluß, Berlin zu verlassen. In Paris begegnet sie dem »Mann im Jasmin«.

Nach diesem Film ›Hold up in London‹ findet sie am Abend in ihrem Hotelzimmer zwei rote Buchstaben auf ihrem Handtuch: H M (es ist das Monogramm des Hotels, in dem sie wohnte: Minerva). Das Monogramm des Mannes, dem sie – aus einem bestimmten Grund – ihre sechs kleinen Manuskripte gewidmet hat, die sie in Ermenonville schrieb: Herman Melville.

Wie sie las, hat er seinen ›Moby Dick‹ begonnen, nachdem ihm »die irische Dame in der Postkutsche auf der Fahrt durch England« begegnete …

Sie hat es nur zu gerne geglaubt, daß diese Begegnung, die sich nicht wiederholt hat, das größte Werk von Herman Melville ausgelöst hat. Ihre eigenen kleinen Manuskripte – ohne Wort – hat sie in der Faszinierung einer Begegnung geschrieben. Und – etwas dramatisch – dem Mann im Jasmin zum Verbrennen geschickt.

Drei wunderbare Begegnungen, die in die Zeit ihrer Kindheit fallen, haben ihr früh zu verstehen gegeben, daß der Sinn ihres Lebens darin besteht, sich begegnen zu lassen.

Nach der Vision des Mannes im Jasmin führt man sie zu dem sehr alten Häuptling der Sioux-Indianer: Big Chief White Horse Eagle. Er drückt einen Kuß auf ihre Hand, und diese Hand wird schwarz. Sie weigert sich, diesen Kuß abzuwaschen.

Einige Tage später begegnet sie dem Pygmäen, nicht größer als sie selbst. Er legt seine kleinen, schwarzen Hände unter seine linke Wange. Er schließt seine Augen, neigt den Kopf und beginnt sich langsam zu wiegen: die Geste des Schlafens.

Drei Schritte weiter bleibt sie vor dem Hindu stehen, der ihr auf seiner flachen Hand eine heiße Kugel, aus Curry und Reis gerollt, schenkt. Jetzt hat sie vier seltsame Könige: den Weißen, den Roten, den Schwarzen, den Braunen!

Wenn also jetzt, in diesem fremden Hotelzimmer, das rote H M sie anblickt – das Monogramm des weißen Mannes –, dann heißt das nur eines: Begegnung!

Sie löscht das Licht aus, öffnet das Fenster und legt sich zu Bett. Eine Gruppe von Männern stürmt die Treppe hinauf. Die Türe des Zimmers ihr gegenüber öffnet sich – man tritt ein. Das Zimmer bleibt dunkel. Die Fünfte Kolonne?

Sie wartet. Sie *weiß* – jetzt wird etwas geschehen. Da! Das erste Zeichen von GEGENÜBER! Ein helles hartes Geräusch. Ein Ton. Als brächte man einen Triangel zum Klingen: »PING!« Ob sie will oder nicht, dieses »PING« ist ein Befehl. Sie erhebt sich. Was nun? Mehrere Male ertönt das Zeichen, und wie an einem silbernen Faden gezogen, geht sie hinaus, »um sich auf eine Operation vorzubereiten«. Seltsame Zeremonie! »Man« verlangt von ihr, sich – wenn möglich, von dem Inhalt der Jahre zu entleeren, so wie der Chirurg die Entleerung verlangt, bevor er den ersten Schnitt tut. Sie fühlt sich so dünn – wie ein weißes Blättchen Papier. Aber das PING!-PING!-PING! ertönt wieder, und als sie zurückkommt, ist sie durchsichtig geworden. Sie ist wie das weiße Nichts.

PING!

Sie legt sich hin. Warten. Die Hindus, die ihr eben mit dem schlafenden Kind auf dem Arm im Gang begegnet sind, erscheinen für einen Augenblick in dem erleuchteten Fenster eines anderen Zimmers ihr gegenüber. Ein Vorhang schließt sich, hinter dem ein rundes, sanftes Licht erscheint, das langsam zu kreisen beginnt, wie das Licht im Leucht-Turm. Wunderbare, beruhigende Bewegung.

PING!

Plötzlich erscheint am nächtlichen Himmel vor ihrem geöffneten Fenster ein seltsam weißer Flugplatz, wie eine riesige Fotografie. Aber nein! Das ist eine bewegte Szene. Das ist wie ein Film am Himmel. Menschen überqueren diesen Flugplatz und steigen in das Flugzeug ein. Und plötzlich sieht sie *ihn* im Vordergrund, wie sie ihn zum ersten Male als Kind gesehen hat – aber aufrecht und in seinen Armen sie selbst – im Alter von sechs Jahren – »als sie sich mit ihm verheiratet hat«.

Voll höchster Verwunderung betrachtet sie diese beiden, die in das Flugzeug steigen, und sie sieht zu, wie dieses Flugzeug sich in die Luft erhebt und im Himmel verschwindet.

Der Himmel ist wieder schwarz geworden, nichts ist zu sehen. PING!-PING!-PING!-PING!

Sie wartet.

Das Bild einer schrecklichen Einsamkeit zeigt sich ihr: Ein Keller mit leeren Flaschen – und alles ist weiß. Inmitten dieser Flaschen der Kopf ihres Sohnes, zur Seite geneigt. Ein weißer Marmorkopf, mit weißen Locken, die sich in barocken Formen um den Kopf legen. Er hat sich erhängt. Mit der ganzen Kraft ihres Willens versucht sie, diesem Sterbenden zu einem schnellen Tod zu verhelfen. Sie bleibt seltsam kalt bei dem Anblick dieses Bildes. Das einzige, was sie dabei beschäftigt, ist ihre Hoffnung, daß er nicht leidet. Und endlich neigt sich sein Kopf nach unten, die Augen schließen sich – vorbei. Sie erinnert sich an das Bild in dem Film, den sie an diesem Tage gesehen hat: der Trick über dem Kopf des Verunglückten im Gebirge. Das war die Vorbereitung zu dem Bild, das sie *jetzt* sieht.

Sie ist sich nicht klar darüber, daß sie Halluzinationen hat. In dem Zustand, in dem sie sich befindet, werden die unglaublichsten, nie gesehenen Dinge zur Wirklichkeit. Wenn also Bilder im nächtlichen Himmel für sie erscheinen, so sind diese Bilder auch *wirklich* da.

Als von neuem das PING-PING-PING-PING von gegenüber ertönt, so weiß sie, daß *er* dieses Geräusch verursacht, und einen Augenblick lang ratlos, glaubt sie an Hypnose. Das wäre eine vernünftige Erklärung. –

Der Himmel bleibt dunkel. Sie sieht nichts anderes als die schwarzen Silhouetten von vier Schornsteinen. Sie starrt diese senkrechten Formen lange an, ohne ihre Bedeutung zu begreifen – bis das PING ein einziges Mal mit großer Härte ertönt – da *weiß* sie: diese vier Formen sind vier Gräber. *Seine* Gräber! Vier Tote, die er liebt? Sie weiß nichts von ihm. Das Bild dieser Gräber soll – sie begreift es jetzt – die *Grenze* markieren, die nicht zu überschreiten ist. Plötzlich ertönt vor ihrer Türe das verzweifelte Weinen eines Mannes. Ein hemmungsloses Schluchzen, wie sie es nie gehört hat. Er beweint seine Toten. Aber als sie hinausgeht, um – wenn es nur möglich wäre – ihn zu trösten, ist niemand vor ihrer Türe. Er hat sich zurückgezogen, in das dunkle Zimmer, ihr gegenüber. Sie legt sich hin und bleibt wach.

Sehr unglücklich geworden, erzählt sie ihm zögernd ihre Geschichte, die nicht weniger traurig ist als die seine.

Als der Tag erscheint, legt sie sechs weiße Papiertaschentücher in ein Gefäß aus Metall und zündet sie an. Ein weißer Rauch steigt gerade empor, bis zur Zimmerdecke, und sie sieht in diesem Rauche seine hohe, immer noch wachsende Gestalt, und das Gesicht formt sich deutlich darin.

Später, beim Frühstück, liest sie eine Notiz in der Zeitung »Le Monde«:

»Der junge Abbé Christian … wurde im Walde von … erhängt aufgefunden.« Als wäre dieser Mann ihr eigener Sohn, dessen Tod sie ja in dieser Nacht *gesehen* hat, schickt sie einen Brief in das Internat in Deutschland, in dem ihr Sohn wohnt. Es ist ein Anagramm, das sie in dem Satz: *Ihr hättet Eure Augen ausgerissen* ... gefunden hat. Diesen Satz fand sie in Galater 4, Vers 15: »Wie waret Ihr dazumal so selig! Ich bin Euer Zeuge, daß, wenn es möglich gewesen wäre, Ihr hättet Eure Augen ausgerissen und mir gegeben.«

Das Anagramm heißt:

Euer Tag heißt: hart
Eure Augen: sein.
Eure Haut ist Gesang – euer Rat: seh' ein.
Euer Haus ist getarnt. Eure Siege nah.
Eure Tat: ein sarg-geeintes Ruhehaus.

Sie schickt diesen Brief, der einem Spruch über einem Grabe gleicht, fort, und das ist die erste verrückte Botschaft, die sie aussendet.

(Anagramme sind Worte und Sätze, die durch Umstellen der Buchstaben eines Wortes oder Satzes entstanden sind. Nur die gegebenen Buchstaben sind verwendbar, und keine anderen dürfen zur Hilfe gerufen werden. Das Finden von Anagrammen gehört zu ihren intensivsten Beschäftigungen.)

Später erfährt sie, daß das Internat dem Vater von diesem Brief Mitteilung gemacht hat, der sich erschreckt sofort auf die Reise begibt, um seinen Sohn natürlich am Leben zu finden.

Für ein anderes Anagramm, in der Zeit ihrer Beschäftigung mit der Zahl 9, nimmt sie als Ausgangssatz die Phrase:

Unsere Schicksalszahl ist die Neunundneunzig.

Das in diesem Satz gefundene Anagramm heißt:

Nun sucht dich sein sinnendes Auge als Ziel. Kurz sind unsere Tage und sinken zu schnell zu Eis. – Ach!

Oder sie stellt die Frage:

Werde ich Dir einmal begegnen?

Das Anagramm dieses Satzes gibt ihr folgende Antwort:

Nach drei Wegen im Regen bilde
im Erwachen Dein Gegen-Bild: Er –
der Magier! – Engel weben Dich in
den Drachenleib. – Ringe im Wege –
lange, beim Regen, werd ich Dein.

Unerschöpfliches Vergnügen für sie: Das Suchen in einem Satz nach einem anderen Satz. Die Konzentration und die große Stille, die diese Arbeit verlangt, geben ihr die Chance, sich gegen ihre Umwelt vollkommen abzuschließen – ja, selbst die Wirklichkeit zu vergessen –, das ist es, was sie will.

Einmal nahm sie den Satz:

Hinter dieser reinen Stirne

und untersuchte ihn auf sein Anagramm hin:

Hinter dieser reinen Stirne
redet ein Herr, reist ein Sinn,
irrt ein Stern in seine Herde,
rennt ein seid'ner Stier. Hier
der Reiter Hintersinn, seine
Nester hinter Indien – Irr-See
Irr-Sinn, heiter sein – Ente der
drei Tinten-Herr – reisen sie
– ein Hindernis! – Rettet seiner
Dinten-Herrn – ist es eine Irre?

Besonders diese letzte Frage in ihrem Anagramm: »ist es eine Irre?« – hat sie damals, in Ermenonville, entzückt, denn sie hat natürlich diese Frage auf sich selbst bezogen.

Beim Suchen und Finden von Anagrammen und bei dem ersten, allerersten Strich, den sie mit der in schwarze Chinatinte getauchten Feder auf dem weißen Papier macht, ohne zu wissen, *was* sie zeichnen wird, spürt sie die Erregung und große Neugier, die notwendig ist, um sich mit seiner eigenen Arbeit zu überraschen.

Verloren für alle vernünftigen Gründe oder Überlegungen, unterbricht sie die lange und ernsthafte Freundschaft mit dem Mann, der sie damals mit sich nach Paris genommen hat, um sein Leben mit ihr zu teilen. Sie entschließt sich, nach Berlin zurückzukehren, um eine neue Existenz zu beginnen. Sie fühlt sich stark und mutig. Zu allem fähig!

Diesen letzten Pariser Tag verbringt sie bei Freunden und bittet diese, ihr eine starke und wunderbare Musik vorzuspielen. Sie verlangt danach, Beethovens Hymne an die Freude zu hören, aber dieser Chor, der sie in anderen Zeiten erschüttert und begeistert hat, bekommt jetzt in ihren Ohren den Ausdruck von Schwäche und Banalität. Vielleicht hätte sie an diesem Tag lieber die berühmten Trompeten von Jericho gehört – eine Musik, die einen großen Untergang verkündet.

In Gedanken versunken bleibt sie ausgestreckt auf einem Bett, und plötzlich beginnt das Innere ihres Körpers deutlich auf die Fragen zu antworten, die sie sich stellt.

Dieser Eindruck ist so überraschend für sie, daß sie die Freunde fragt, ob ein Mikrophon in diesem Bett eingebaut ist, das diese hellen und dunklen Töne, die fast kurzen Worten gleichen, erzeugt.

Diese vagen Töne in ihrem Körper werden in dieser Nacht zur verständlichen Sprache. Die Stimme eines Dichters, den sie kennt und verehrt, spricht in der Tiefe ihres eigenen Bauches ein Anagramm, das sie aus einem Satz gemacht hat, den sie in einem der Bücher dieses Dichters fand. Dieser Satz heißt:

Und scheert ihr Rosenbärtlein ab.

Mit tiefer, unendlich beruhigender Stimme spricht er dieses Anagramm:

Tristan neben Isolde. Herber Rauch
irrt über das harte Leben. In schon
bleiche Birne aus sternroter Hand
bau'n die Lerchen ihr Nest. Aber rot –
rebenrot schneit es Baldrian-Ruhe.

Und es erscheint plötzlich – wie zum Gruße – die lange, wohlbekannte Nase dieses Dichters auf ihrem Kopfkissen. Das ist wie eine dieser unglaublichen Nasen, die sie in dem japanischen Gespensterbuch bewundert hat.

Dieses Zimmer ist ruhig und dunkel – sie wartet – sie *weiß* – es wird noch mehr geschehen. Ihr Zustand ist ungewöhnlich – alles wird möglich!

Da! Eine kleine, reizende Nähmaschine schwebt einen Meter über ihrem Kopf in der Luft. Es ist ein altes Modell, wie sie es aus ihrer Kindheit kennt – aber diese Nähmaschine ist *farbig*: schwarz-golden und rot. Sogar sehr viel Rot! Die kleinen Räder drehen sich lautlos, die Nadel pickt wie ein Vogelschnabel auf und ab. Die Spule mit dem weißen Faden dreht sich. Diese Maschine näht, aber keine einzige menschliche Hand ist zu sehen, die sie in Bewegung setzt, kein Fuß.

Und *jetzt* begreift sie dieses Bild. Ein vor langer Zeit gelesener Satz aus einem Gedicht fällt ihr ein, den sie nicht vergessen hat, da dieser Satz eine Atmosphäre enthält – wie aus einer anderen Welt: »Jemand näht! Bist Du das?«

An diesem Morgen hat sie dem »weißen Mann« ein Heft mit ihren Zeichnungen geschickt. Auf der letzten Seite hat sie ein rotes Sternchen, mit weißem Nähgarn umwickelt, hineingeklebt.

Um diesen Stern hat sie, in französischer Sprache, diesen bestimmten Satz geschrieben. Und *er* schickt ihr – als Antwort und als Geschenk – diese sehr hübsche Halluzination.

Merci!

Die Erscheinung verschwindet – sehr zu ihrem Bedauern – etwas vollkommen Neues erscheint. Etwas, was sie sich nie zuvor in ihrer Phantasie vorgestellt hat.

Große Formen – wie Flügel – schweben heran, öffnen und schließen sich – zuerst wenige – bis sich das Zimmer langsam mit ihnen füllt und sie den Eindruck erhält, sich hier in der Gegenwart von Erscheinungen zu befinden, die nichts mit dieser Welt zu tun haben. Kein einziger Mensch, den sie kennt, hat ihr jemals von ähnlichen Erscheinungen gesprochen. Diese Wesen – anders kann sie sie nicht nennen – zeigen die deutliche und beängstigende Absicht, sie einzukreisen. Es geht etwas Auflösendes, etwas Vernichtendes von ihnen aus, und sie empfindet die vergessene Angst ihrer Kindheit vor dem Grausigen und Unerklärlichen wieder. Wenn diese grauschwarzen Flügel ohne Vögel zu dicht an sie heranfliegen, hebt sie ihre Hand in plötzlicher Angst und schlägt sie zurück – für einen Augenblick weichen sie in den Hintergrund des dunklen Zimmers zurück, aber sie kommen wieder heran, und langsam gewöhnt sie sich an diese seltsame Gegenwart, bis sie merkt, daß diese Flügel ohne Materie sind und durch ihren aufgerichteten Körper hindurchfliegen, als sei sie selbst körperlos geworden. Das entzückt und entsetzt sie zu gleicher Zeit. Genau betrachtet, so haben diese Wesen nichts Schreckliches an sich – es fehlen ihnen die Augen, die Gesichter, und es geht eine große Würde, ein unheimlicher Ernst, etwas sehr Nobles von ihnen aus.

Wenn jemand ihr gesagt hätte, daß es notwendig ist, *verrückt* zu werden, um diese, besonders diese letzte Halluzination zu sehen, so wäre sie gerne verrückt geworden. Es bleibt das Erstaunlichste, was sie gesehen hat.

Nachdem diese Erscheinungen langsam wieder verschwinden, macht sie die Lampe an, um das Zimmer zu untersuchen: Sie ist überzeugt, daß er hier irgendwo zu finden sein muß. Das Erlebnis, aus dem Nichts etwas erscheinen zu sehen, ist so ungeheuerlich für sie, daß sie keine andere Erklärung als die einer direkten Hypnose finden kann. Die Freunde kommen zu ihr und überzeugen sie davon, daß sich kein »Hypnotiseur« in der Wohnung befindet. Sie bleiben bei ihr, bis zum Morgen. Als es hell wird, öffnet sie das Fenster und sieht tief unten auf der Straße die Männer der Müll-Abfuhr arbeiten. Aus dieser großen Entfernung erkennt sie deutlich einen Freund aus Berlin und ruft seinen Namen: ERNST!

Dieses Wort klingt ihr schrecklich, in der Stille der Straße – als sollte es bedeuten: »Jetzt beginnt der Ernst.«

In dem plötzlichen Begreifen, daß sie gleich diese Stadt, die sie liebt, verlassen muß, wirft sie ein Glas gegen die Wand des Zimmers, und man sieht sie erschrocken an.

Man begleitet sie in einem Taxi zum Flugplatz Orly. Mit einer zweiten verzweifelten Geste wirft sie ihr rotes Brillen-Etui hinter sich aus dem Auto – wie die Kinder im Märchen das Brot hinter sich geworfen haben, um an dieser Spur den Weg aus dem Labyrinth des Waldes, in das man sie führt, zurückzufinden.

Während sie in der Halle von Orly auf ihr Flugzeug nach Frankfurt wartet, schneidet sie sich mit einer spitzen Nagelfeile eine 6 in das Innere ihrer linken Hand. Denn plötzlich ist ihre schöne Zahl des Lebens – die 9 – für sie zur 6 geworden. Und während sie diese schmerzhafte Operation vornimmt, denkt sie an das Anagramm, das sie aus diesem Satz gemacht hat:

Wenn die Neun zur Sechs geworden ist

Das Ergebnis:

Wo regnet's zwischen neun und drei? Es
regnet zwischen uns so neu. Der Winde
Neun ist zur Sechs geworden. Wenn die
Wege rot, renn' zu uns dich weiß. Enden
werden wir, zu siegen! Stunden, schön
zu erröten. Schweigend, wissend nun.

Die Sechs liegt blutig in ihrer Hand. Sie hat keinen Schmerz empfunden. Sie geht – sie weiß nicht, warum, für einen Augenblick hinaus auf die Straße. Eine große, schwarze Hand fährt heran – sie hebt die Arme – (sie *muß* es tun!) – in einer beschwörenden Geste und springt vor das Auto – denn:

dieses schwarze Auto hat für sie die Bedeutung des kommenden Krieges angenommen, und diesen Krieg will sie mit ihrer Geste aufhalten. Und sie hält diesen »Krieg«

auf: das Auto stoppt. Der Fahrer blickt sie erschrocken an.

Nach dieser Szene entsteht eine Leere in ihrem Kopf, denn sie kann sich nicht erinnern, auf welche Weise sie in das Innere des Flugzeugs gekommen ist. Als sie eintritt, hört sie die Stimme eines Mannes, den sie kennt: »Sie sieht keinen Menschen!« Also sind Menschen in diesem Flugzeug, die sie kennen! Tatsächlich hat sie einen seltsamen »Befehl« von ihm erhalten: »Senken Sie die Augen – sehen Sie niemanden an!«

Und sie hört andere Stimmen von Reisenden, in diesem Flugzeug, die sie kennt: Der Arzt aus Essen. Der Kunsthändler aus Berlin. Es sind also »Zeugen« da. Hier soll »etwas bewiesen werden«. Man macht einen Versuch mit ihr! Sie hat gewisse Prüfungen zu bestehen! Es geht also alles mit rechten Dingen zu. Langsam bekommt sie den Eindruck, das Medium zu sein. Sie bittet den Steward um Zigaretten und erkennt plötzlich in ihm einen jungen Buchhändler aus Paris. Man hat ihr also einen »Ritter« mit auf die Reise gegeben. Auf dem Zigarettenpaket liest sie folgende Worte: »Félicitations de l'Air France!«

Sie *liest* diese Worte! Also sind sie auch wirklich auf das Zigarettenpaket gedruckt.

Man beglückwünscht sie!

Während des Fluges will sich etwas für sie ereignen. Sie staunt, als sie diese Idee – *wer* hat sich das ausgedacht? – begreift. Es handelt sich darum, daß sie – gleich – wenn das vollkommen schwarze Flugzeug erscheint, das einen kleinen, weißen Kreis auf seinem linken Flügel tragen wird – mit einem kühnen Schritt durch die Luft fort einsteigen soll – um darin ihrem *wirklichen* Leben, das sie noch nicht kennt, aber manches Mal geahnt hat – entgegenzufliegen. Diese unglaubliche Zirkusnummer in der Luft, sie wird sie mit großer Leichtigkeit bewältigen, denn seit einigen Tagen hat sie den Eindruck, daß sie alles kann, was sie will oder was man ihr suggeriert. Sie steht auf und geht an die Tür, um das schwarze Flugzeug nicht zu versäumen. Aber da führt sie der Buchhändler aus Paris mit großer Freundlichkeit auf ihren Platz zurück und sagt ihr, daß es noch nicht Zeit ist, auszusteigen.

Als man Frankfurt erreicht hat, fragt er sie, ob die Zeichnungen, die er eben in ihrer Mappe bewundert hat, von ihr sind. Sie sagt: ja, und er winkt ihr zu, als sie aussteigt. Sie aber sieht in diesem Augenblick, wie das schwarze Flugzeug mit dem kleinen weißen Kreis auf seinem linken Flügel emporsteigt und langsam verschwindet. Mit Tränen in den Augen hebt sie ihre Hand und winkt ihm nach –. Warum – ach, warum, hat es nicht auf sie gewartet?

In der Halle des Frankfurter Flugplatzes, wo sie ihr Flugzeug für Berlin erwartet, setzt sie sich einsam neben eine große weiße Vase. Sie ist so schön, daß sie es nicht wagt, ihre weißen Papiertaschentücher da hineinzutun, um sie mit einem Streichholz zu entzünden – um aus dem daraus aufsteigenden Rauch den weißen Mann, den sie jetzt nicht mehr den Mann im Jasmin nennen kann, erscheinen zu sehen.

Aber wieder erhebt sich seine Stimme in ihr und wiederholt den Befehl: »Sehen Sie niemanden an. Senken Sie Ihre Augen auf Ihre Füße – gehen Sie.«

Das ist alles. Sie steht auf und sieht einige Schritte vor sich einen großen, schwarzen, eisernen Mantel-Ständer,

der bedrohlich aussieht. Und sie empfängt den Eindruck: Das ist ein Gefängnis. »Treten Sie ein!«

Da windet sie sich in einer schwierigen und schmerzhaften Bewegung zwischen den schwarzen Stäben hindurch, bis sie im Inneren ist. Sie fühlt sich gedemütigt, und sie schämt sich.

Der Befehl, niemanden anzusehen, erspart ihr vielleicht den Anblick der anderen, die einen Kreis um sie bilden und sie anstarren. Da erscheint ein »Abgesandter« – ein »Eingeweihter« – in der Gestalt eines französischen Stewards und fordert sie auf, ihre Reise nach Berlin fortzusetzen: das Flugzeug ist bereit. Um ganz sicher zu sein, daß er *alles* weiß, was er in diesem Falle wissen muß, bittet sie ihn, ihr einen Buchstaben und eine Zahl zu nennen. Ohne Zögern antwortet er: »L-H-M-6-9«

Da windet sie sich aus ihrem Gefängnis heraus, und voller Vertrauen läßt sie sich von ihm zum Flugzeug führen.

Auf dem Flugplatz Tempelhof, in Berlin, erwarten sie ihre Freunde. Von Kopf bis Fuß schwarz angezogen, mit ihrem großen Karton voll ihrer Zeichnungen unter dem Arm, läuft sie ihnen voller Freude entgegen, und die Freunde sagen ihr später: »Das hat wahnsinnig ausgesehen, wie du uns über das Flugfeld entgegengelaufen bist.« Und da wird zum ersten Male dieses Wort vor ihr ausgesprochen. Sie nimmt es wie etwas Selbstverständliches hin – es gefällt ihr, dieses Wort: wahnsinnig.

Als Unica Zürn 1960 von Paris aus alte Freunde in Berlin besuchen will, ist sie alles andere als »stark und mutig« und »zu allem fähig«. Es erfaßt sie wieder eine ihrer Depressionen, und sie wird in eine psychiatrische Klinik eingeliefert. Kurz zuvor kam es zu einer der Trennungen von ihrem Lebensgefährten Hans Bellmer, und sie bezog, nachdem er sie »an die frische Luft gesetzt hatte«, ein Zimmer im Hotel Minerve. H. M., das ist aber auch der französische Schriftsteller Henri Michaux, den sie 1956 in Paris getroffen hat und der vermutlich der Auslöser für eine ihrer Krisen war – und derjenige, der sie in der Psychiatrie immer wieder zum Arbeiten animierte, sie mit Papier, Tusche und Federn versorgte. Als Unica Zürn 1953 mit dem Maler Hans Bellmer nach Paris zog, steckte sie in ihrer ersten Lebenskrise. 1949 war es zur Scheidung von ihrem ersten Mann gekommen, die beiden Kinder bekam der wohlhabende Gatte zugesprochen, denn sie konnte sie nicht unterhalten. Sie sieht sie nur zu festgesetzten Zeiten. Den eigenen Lebensunterhalt verdient sie sich mit Hörspieltexten und Kurzgeschichten. Sie glaubt, sich entscheiden zu müssen zwischen ihrer Rolle als Mutter und der der Schriftstellerin. Sie hat Schuldgefühle. Bellmer unterstützt sie in ihrer Arbeit. Hält sie vor allem zum Schreiben ihrer Anagramme an. Möglich ist wohl, daß ihre obsessionelle Beschäftigung in diesem Sprachlabyrinth einen allmählichen Realitätsverlust herbeiführte. Aber auch die Verbindung zu Bellmer, von dem sie immer auch finanziell abhängig war, hat sie der Realität entfremdet. Seit 1953 lebten die beiden in zwei Zimmern im Hotel *L'Espérance*, und bald schlossen sie sich fast hermetisch von ihrer Außenwelt ab. Ihre Kinder sieht sie selten. Im Verlauf ihrer Beziehung zu Bellmer wird sie drei Schwangerschaften unterbrechen. Sie hatten keine Freunde, keine Kontakte nach draußen. Ausgänge allein oder mit Bellmer zusammen gab es kaum. Außer der näheren Umgebung von Paris kannte sie nichts. 1957 wird sie zum ersten Mal und für zwei Jahre mit der Diagnose Schizophrenie in die

Psychiatrie in Ermenonville bei Paris eingeliefert. Weitere Aufenthalte in dieser und anderen Kliniken folgen. 1965 schreibt sie, der chemischen Zwangsjacke für einige Zeit entkommen, »Der Mann im Jasmin«, sie nennt diese Aufzeichnungen »Eindrücke aus einer Geisteskrankheit«, es ist die Beschreibung ihrer langen Reise durch den Wahnsinn, durch Klinikaufenthalte und durch Delirien hindurch. 1970 stürzt sie sich aus Bellmers Wohnung in der Rue de la Plaine 4 in den Tod.

Leonora Carrington
geb. 1917

Ich bin nicht mehr das entzückende junge Mädchen, das einmal verliebt durch Paris gegangen ist

den 23. August 1943

Es ist jetzt genau drei Jahre her, daß ich in die Klinik von Dr. Moralès in Santander (Spanien) eingeliefert wurde, weil Dr. Pardo in Madrid und der britische Konsul mich für unheilbar geisteskrank hielten. Da ich das Glück hatte, Ihnen, einem so klarsehenden Mann, zu begegnen, habe ich mich vor einer Woche darangemacht, die Fäden zusammenzufügen, die mich zum Überschreiten der ersten Grenze der Erkenntnis hätten bringen können. Ich muß diese Erfahrung noch einmal durchleben, denn ich glaube, Ihnen dadurch von Nutzen zu sein, und glaube überdies, daß Sie mir bei der Reise auf die andere Seite dieser Grenze helfen werden, indem Sie mir meinen klaren Verstand erhalten und zulassen, daß ich die Maske, die mich gegen die Feindlichkeit des Konformismus schützen wird, nach Belieben aufsetze und abnehme.

Bevor ich auf die Inhalte dieser Erfahrung zu sprechen komme, möchte ich noch sagen, daß das von der Gesellschaft über mich verhängte Urteil mir wahrscheinlich, ja, mit Sicherheit, zum Guten gereicht hat. Denn ich wußte nicht, wie wichtig es ist, gesund zu sein, das heißt, wie absolut notwendig es ist, daß der Körper keine Probleme aufgibt, damit es, wenn der Geist sich befreit, nicht zum totalen Zusammenbruch kommt. Noch wichtiger ist die

Notwendigkeit, daß andere um mich sind, daß wir von unserem Wissen einander mitteilen, um das Ganze zu schaffen. Ich war zu dieser Zeit mit Ihrer Philosophie nicht vertraut genug, um dies verstehen zu können. *Es war noch nicht an der Zeit, zu verstehen.* Es war nur der Embryo von Erkenntnis, und diese embryonale Erkenntnis will ich hier mit der größten Treue und Genauigkeit darzustellen versuchen.

Ich beginne deshalb zu dem Zeitpunkt, als Max zum zweiten Mal in ein Konzentrationslager gebracht wurde, in Handschellen, an der Seite einen Gendarmen mit einem Gewehr (Mai 1940). Ich wohnte in Saint-Martin d'Ardèche. Nachdem ich stundenlang unten im Dorf geweint hatte, war ich wieder zu meinem Haus hinaufgestiegen und hatte mich während vierundzwanzig Stunden, die nur durch einen kurzen Schlaf unterbrochen wurden, immer wieder übergeben. Ich hatte das Erbrechen bewußt herbeigeführt, indem ich das Wasser von Orangenblüten trank. Damals hoffte ich, durch die heftigen Krämpfe, die meinen Magen gleich einem Erdbeben zerrissen, mich von meinem Schmerz ablenken zu können. Jetzt weiß ich, daß dies nur ein Aspekt des Erbrechens war: Ich hatte die Ungerechtigkeit der Gesellschaft kennengelernt, wollte mich zunächst reinigen und so ihre brutale Dummheit hinter mir lassen. Mein Magen war der Sitz dieser Gesellschaft, aber auch der Ort, in dem sich die Elemente der Erde mit mir vereinigten. Er war, um Ihr Bild zu gebrauchen, der *Spiegel* der Erde, dessen Bild dieselbe Realität hat wie das Abgebildete. Dieser Spiegel – mein Magen – mußte von dicken Schmutzschichten gesäubert werden (den allgemeingültigen Formeln), damit er wieder ein klares und getreues

Spiegelbild der Erde abgeben konnte, und wenn ich Erde sage, so meine ich selbstverständlich die Erden, Gestirne und Sonnen des Himmels und die der Erde, wie auch die Gestirne, Sonnen und Erden des Sonnensystems der Mikroben.

Während dreier Wochen aß ich nur ganz wenig und mied vor allem Fleisch; ich trank Wein und andere alkoholische Getränke und ernährte mich von Kartoffeln und Salat, etwa zwei Kartoffeln pro Tag. Ich schlief, glaube ich, ziemlich gut. Ich arbeitete in meinem Weinberg und brachte die Bauern zum Staunen über meine Arbeitskraft. Der Johannistag rückte näher, die Weinstöcke begannen zu blühen und mußten häufig gespritzt werden. Ich arbeitete auch in meinem Kartoffelfeld, und je mehr ich dabei schwitzte, desto zufriedener war ich, denn auf diese Weise reinigte ich mich. Ich nahm Sonnenbäder und war körperlich so kräftig wie niemals vor oder nach dieser Zeit.

Draußen ereignete sich manches: der Zusammenbruch Belgiens, der Einmarsch der Deutschen in Frankreich. Das alles interessierte mich recht wenig, und ich fühlte in mir keinerlei Angst. Das Dorf war voller Belgier, die in großer Zahl eintrafen, und einmal drangen Soldaten bei mir ein, beschuldigten mich der Spionage und drohten, mich auf der Stelle zu erschießen, weil jemand in der Nacht mit einer Laterne in der Nähe meines Hauses Schnecken gesucht hatte. Dies machte auf mich wirklich wenig Eindruck, denn ich WUSSTE, daß ich nicht sterben würde.

Nachdem ich drei Wochen allein verbracht hatte, traf auf der Flucht aus Paris Catherine Yarrow ein, die in England lange Jahre meine Freundin gewesen war, zusammen mit Michel Lucas, einem Ungarn. Eine Woche verstrich, und ich glaubte, daß sie an mir nichts Ungewöhnliches feststellten. Eines Tages allerdings redete Catherine, die seit langer Zeit in den Händen von Psychoanalytikern war, mir ein, mein Verhalten verrate den unbewußten Wunsch, mich zum zweiten Mal von meinem »Vater« zu befreien: von Max, den ich aus meinem Gedächtnis streichen müsse, um mir einen neuen Liebhaber suchen zu können. Ich glaube, sie irrte sich mit der Behauptung, daß ich mich quälte. Ich glaube, sie interpretierte mich fragmentarisch, was schlechter ist, als überhaupt keine Interpretation zu liefern. Dennoch erinnerte sie mich auf diese Weise daran, daß ich Wünsche und Begierden hatte. Ich unternahm daraufhin heftige Anstrengungen, zwei junge Männer zu verführen – ohne Erfolg allerdings. Sie wollten nichts von mir wissen. Ich blieb also jämmerlich keusch.

Die Deutschen rückten rasch näher. Catherine ängstigte sich und beschwor mich, mit ihr fortzugehen; sie sagte, sie würde bleiben, sofern ich nicht mitginge. Ich war einverstanden. Ich war vor allem einverstanden, weil Spanien in meiner damaligen Entwicklung für mich ein Land der Entdeckungen darstellte. Ich war einverstanden, weil ich beabsichtigte, in Madrid den Paß von Max visieren zu lassen, denn ich fühlte mich noch immer an Max gebunden. Das Dokument, das sein Bild trug, wurde für mich zu einem Wesen, dem ich zu verdanken hatte, daß meine Kräfte nicht nachließen. Ich war einverstanden, denn Catherines Argumente hatten mich einigermaßen betroffen gemacht. Was sie mir gesagt hatte, gärte in mir und setzte eine Angst frei, die von Stunde zu Stunde wuchs. Für Catherine bedeuteten die Deutschen

Vergewaltigung. Davor fürchtete ich mich nicht, ich maß dem keinerlei Wichtigkeit bei. Was in mir Panik entfesselte, war die Vorstellung von automatischen Wesen ohne Verstand und ohne Fleisch und Blut.

Michel und ich beschlossen, nach Bourg-Saint-Andéol zu gehen und uns eine Reiseerlaubnis zu beschaffen. Die Gendarmen zeigten sich vollkommen gleichgültig und uninteressiert. Sie lehnten es ab, uns das Papier auszustellen, verschanzten sich hinter einem »da können wir nichts machen« und rauchten dabei ihre Zigaretten. Wir waren ohne Möglichkeit fortzugehen, gleichwohl wußte ich, daß unsere Abreise am nächsten Tag stattfinden würde. Wir sprachen auch beim Notar vor, wo ich dem Besitzer des Hôtel des Touristes von Saint-Martin mein Haus samt aller meiner Habe als Geschenk überschrieb. Ich kehrte nach Hause zurück und verbrachte die ganze Nacht damit, minutiös auszuwählen, was ich mitnehmen wollte. Alle diese Dinge fanden in einem Koffer Platz, in dessen Leder oberhalb des Schilds mit meinem Namen eine kleine Kupferplakette eingelassen war, auf der geschrieben stand:

REVELATION*

Am Morgen des folgenden Tages gab die Schullehrerin uns Papiere, die die Stempelmarke der Bürgermeisterei trugen. Catherine machte das Auto reisefertig. Alle Kräfte meines Willens waren auf die Abreise gerichtet. Ich trieb meine Freunde zur Eile an. Ich drängte Catherine zum Auto; sie übernahm das Steuer. Ich setzte mich zwischen sie und Michel. Das Auto fuhr los. Ich vertraute darauf, daß wir am Ziel unserer Reise anlangen würden, doch ich hatte eine schreckliche, beklemmende, Angst

* Offenbarung

vor Schwierigkeiten, die mir als unausweichlich erschienen. Zunächst verlief die Fahrt ohne Zwischenfall, bis der Wagen, zwanzig Kilometer hinter Saint-Martin, mit blockierten Bremsen stehenblieb. Ich hörte Catherine sagen: »Die Bremsen sind blockiert.« »Blockiert«! Auch ich war in meinem Inneren blockiert, durch Kräfte, die meinem bewußten Willen nicht zugänglich waren, und ich war überzeugt, daß die Macht meiner Angst sich auf den Mechanismus des Autos übertragen und ihn gelähmt hatte. Dies war das erste Mal, daß ich mich mit der Welt außerhalb meines Körpers identifizierte. Ich war das Auto. Meinetwegen war der Wagen blockiert, weil ich selbst auf dem Weg zwischen Saint-Martin und Spanien blockiert war. Die Macht, die ich auszuüben vermochte, erschreckte mich. In diesem Augenblick befand ich mich ausschließlich in meinem eigenen Sonnensystem und war nicht in der Lage, das der anderen, dessen Bedeutung ich mittlerweile verstehe, wahrzunehmen.

Wir waren die ganze Nacht hindurch gefahren. Vor uns auf der Straße sah ich Lastwagen, aus denen hinten Beine und Arme herabhingen, aber ich war mir nicht sicher und äußerte schüchtern: »Seht mal, da sind Lastwagen vor uns« – um zu erfahren, was meine Freunde antworten würden. Als sie sagten: »Die Straße ist breit genug, wir können sie überholen«, fühlte ich mich bestätigt; ich wußte jedoch nicht, ob sie auch sahen, was diese Lastwagen enthielten. Ich fürchtete, mich ihnen verdächtig zu machen, und war von einem Gefühl tiefer Scham gelähmt. Reihen von Särgen säumten die Straße, doch mir fiel nicht ein, wie ich die Aufmerksamkeit auf diesen beklemmenden Umstand lenken konnte. Ich fürchtete mich sehr: *Es stank nach Tod.* Offenbar waren dies die Leichen der von den Deutschen getöteten Menschen. Später habe ich erfahren, daß in Perpignan ein großer Soldatenfriedhof war.

Als wir um sieben Uhr am Morgen in Perpignan ankamen, gab es keine Hotelzimmer mehr. Meine Freunde hatten mich in einem Café zurückgelassen; von diesem Moment an konnte ich keine Ruhe mehr finden. Ich war davon überzeugt, für sie verantwortlich zu sein. Ich hielt es für nutzlos, sich wegen des Grenzüberschritts an höhere Instanzen zu wenden, und fragte Schuhputzer, Kellner und Passanten um Rat, Menschen, die mir große Macht zu haben schienen.

Zwei Kilometer vor der Grenze zu Andorra trafen wir mit zwei Andorranern zusammen, die uns hinüberbringen sollten; wir mußten dafür den Wagen zurücklassen. Catherine und Michel schärften mir ein, daß nicht gesprochen werden dürfe. Ich fügte mich und versetzte mich freiwillig in einen Komazustand.

Als wir dann in Andorra waren, konnte ich nicht mehr gerade gehen. Ich lief wie eine Krabbe und verlor die Kontrolle über meine Bewegungen: die Notwendigkeit, eine Treppe hinaufzusteigen, führte zu einer neuen Blockade.

In Andorra – diesem öden und vergessenen Land – wurden wir als erste Flüchtlinge im Hôtel de France von einem kleinen Hausmädchen empfangen, das alle Verantwortung in dem merkwürdig leeren Haus trug.

Die ersten Schritte auf andorranischem Boden waren für mich die ersten Schritte eines Akrobaten auf dem Hochseil. In der Nacht schrien meine Nerven wie aufgebrachte Papageien zum Geräusch eines Flusses, der unentwegt über Felsen rauschte: einem hypnotisierenden, monotonen Lärm.

Am Tag versuchten wir, Ausflüge in die Berge zu unternehmen, doch wenn ich nur einen flachen Hang hinaufsteigen sollte, war ich sogleich wieder wie Catherines »Fiat« blockiert und gezwungen, wieder umzukehren. Ich war blockiert in meiner unbeschreiblichen Angst, blockiert in den Bewegungen meines Körpers.

Da begriff ich, daß durch diese Angst mein Geist, wenn Sie so wollen, dabei war, sich auf schmerzhafte Weise mit meinem Körper zu vereinigen; alle Äußerungen meines Geistes wirkten jetzt unmittelbar auf meinen Körper, auf die Materie, ein. Später sollte sich dieser Einfluß auch auf andere Gegenstände erstrecken. Ich machte mich nun ernstlich daran, dieses befremdende Verhalten zu ergründen. Mein Körper gehorchte nicht mehr den Formeln, die in meinem Geist Gültigkeit hatten, den Formeln der alten beschränkten Vernunft; mein Wille vermochte nicht mehr, meinen Bewegungsapparat in Gang zu bringen, und weil er so ohnmächtig war, mußte ich zuerst die Angst loswerden, die mich lähmte, und dann versuchen, zwischen den Bergen, meinem Geist und meinem Körper eine Übereinstimmung herzustellen. Um mich in dieser neuen Welt bewegen zu können, nahm ich mein Erbe an britischer Diplomatie zur Hilfe, ließ meine Willenskraft beiseite und versuchte mit Zartgefühl, das Einverständnis zwischen den Bergen, meinem Körper und meinem Geist zuwege zu bringen.

Eines Tages ging ich allein ins Gebirge. Zunächst vermochte ich nicht zu steigen; daraufhin legte ich mich bäuchlings auf den Hang – wobei ich das Gefühl hatte, ganz und gar von der Erde aufgesogen zu werden. Als ich die ersten Schritte bergauf machte, hatte ich die körperliche Empfindung, unter ungeheuren Anstrengungen durch einen schlammzähen Stoff zu gehen. Doch nach und nach wurde dies merklich leichter, und nach einigen Tagen bereitete es mir keinerlei Schwierigkeiten mehr, mit der Behendigkeit einer Ziege zu springen und senkrechte Mauern zu erklettern. Ich tat mir nur selten weh und verstand nun sogleich, daß es die Möglichkeit eines sehr nützlichen Einverständnisses gab; ich hatte sie bis dahin nur nie ergriffen. Am Ende erreichte ich, daß ich keinen Fehltritt mehr machte und mich in den Felsen bewegte, wie es mir gefiel.

Natürlich mußte all dies in den Augen der Spießer als etwas Befremdliches und Verrücktes erscheinen: Eine wohlerzogene junge Dame aus England, die auf den Felsen herumsprang und sich auf derart unsinnige Weise die Zeit vertrieb – das mußte auf der Stelle zu Vermutungen hinsichtlich meines Geisteszustands führen. Ich dachte kaum über den Eindruck nach, den meine Erlebnisse auf die Menschen meiner Umgebung hinterlassen mußten, und schließlich waren sie es, die gewannen.

Nachdem ich mein Einvernehmen mit den Bergen hergestellt hatte und mich mit Leichtigkeit selbst in der unzugänglichsten Umgebung bewegte, nahm ich mir vor, Einvernehmen auch zwischen mir und den Tieren herzustellen: Pferden, Ziegen, Vögeln. Es war die Haut, durch die ich mich mit ihnen verständigte, in einer Berührungssprache, die zu beschreiben mir sehr schwer fällt, seit meine Sinne nicht mehr mit der gleichen Schärfe wahrnehmen wie damals. Tatsache ist, daß ich mich Tieren im Freien näherte, dort, wo andere Menschen sie sogleich zur Flucht veranlaßt hätten. Während einer Wanderung mit Michel und Catherine zum Beispiel lief ich voraus zu einer Gruppe von Pferden und gesellte mich zu ihnen. Ich tauschte mit ihnen Zärtlichkeiten aus, bis Catherine und Michel herzukamen und die Pferde flüchteten.

Dies alles ereignete sich in den Monaten Juni und Juli. In dieser Zeit kamen immer mehr Flüchtlinge an. Michel telegraphierte meinem Vater wiederholt wegen der Einreisevisa für Spanien. Ein Priester brachte uns schließlich ein geheimnisvolles und sehr schmutziges Papierstück, das von irgendeinem Repräsentanten der I.C.I. (Imperial Chemicals) kam und uns die Weiterreise ermöglichen sollte. Wir hatten bereits zweimal versucht, die spanische Grenze zu passieren; beim dritten Mal konnten Catherine und ich mit dem kleinen Papierstück des Priesters bis Seo de Urgel durchfahren. Leider gelang es nicht auch Michel, über die Grenze zu kommen; zu zweit brachen wir darum im »Fiat« nach Barcelona auf.

Ich war erschüttert von dieser Einreise nach Spanien. Ich hielt das Land für mein Königreich; die rote Erde war das getrocknete Blut der Revolution. Die dichte Gegenwart der Toten in dieser aufgewühlten Landschaft erstickte mich. Als wir am Abend in Barcelona anlangten, war ich sehr erregt und überzeugt, daß wir so schnell wie möglich Madrid erreichen müßten. Ich schlug deshalb Catherine vor, den »Fiat« in Barcelona zurückzulassen; am folgenden Tag nahmen wir den Zug nach Madrid.

Der Umstand, daß ich eine Sprache sprechen mußte, die ich nicht kannte, spielte für mich eine sehr wichtige Rolle. Ich war nicht durch eine bestimmte Vorstellung von dem, was die Wörter bezeichneten, gehemmt und verstand ihre moderne Bedeutung nur zur Hälfte. Dies erlaubte mir, den gängigsten Ausdrücken einen hermetischen Sinn zu verleihen.

In Madrid angekommen, stiegen wir in der Nähe des Bahnhofs im Hotel International ab, das wir wenig später verließen, um uns im Hotel de Roma niederzulassen. Am ersten Abend im Hotel International aßen wir auf dem Dach zu Abend; auf einem Dach zu sein entsprach für mich einer tiefen Notwendigkeit, denn ich befand mich in einem euphorischen Zustand. In den politischen Wirren und der schrecklichen Hitze gelangte ich zu der Überzeugung, daß Madrid der Magen der Welt und mir die Aufgabe übertragen worden war, diesen Verdauungsapparat zu heilen. Ich glaubte, die Angst, die sich in mir angesammelt hatte, werde sich schließlich auflösen, und daraus erklärte ich mir die Heftigkeit meiner Empfindungen. Ich hielt mich für fähig, diese schreckliche Last auf mich zu nehmen und so eine Lösung für die Probleme der Welt herbeizuführen. Die Ruhr, die ich in der Folge hatte, war nichts anderes als die *Krankheit* von Madrid, die sich in meinen Eingeweiden manifestierte.

Einige Tage später lernte ich im Hotel Roma einen holländischen Juden kennen, Van Ghent, einen Naziagenten. Einer seiner Söhne arbeitete für den englischen Konzern »Imperial Chemicals«. Van Ghent zeigte mir seinen von Hakenkreuzen verseuchten Paß. Mehr und mehr legte ich Wert darauf, mich von sozialen Zwängen zu befreien; zu diesem Zweck verschenkte ich meine Papiere – ich weiß nicht mehr an wen – und versuchte, den Paß von Max Van Ghent zu schenken, der ihn zurückwies.

Diese Szene spielte sich auf meinem Zimmer ab: Der Blick dieses Mannes war für mich körperlich so schmerzhaft, als ob man mir mit Nadeln in die Augen gestochen hätte. Ich erinnere mich, ihm auf seine Ablehnung hin geantwortet zu haben: »Ah! Ich verstehe, ich soll ihn selber umbringen.«

Es genügte mir nicht, meine Papiere zu verschenken, vielmehr fühlte ich mich verpflichtet, mich aller Dinge zu entledigen. Eines Abends saß ich neben Van Ghent auf der Terrasse eines Cafés. Ich betrachtete die Madrider, die vorübergingen, und fühlte, daß sie vom Blick dieses Mannes besessen waren. In diesem Augenblick machte er mich darauf aufmerksam, daß ich eine kleine Brosche, die ich unmittelbar zuvor als Erinnerung an das Leiden von Madrid gekauft hatte, nicht mehr an meiner Bluse trug, und setzte hinzu: »Schauen Sie in Ihre Handtasche; Sie werden sie dort finden.« Tatsächlich war das kleine Andenken darin. Dies war für mich ein neuerlicher Beweis für Van Ghents finstere Macht. Ich stand empört auf und ging in das Innere des Cafés, entschlossen, den gesamten Inhalt meiner Handtasche unter den Offizieren, die sich dort aufhielten, zu verteilen. Keiner von ihnen wollte etwas annehmen. All dies ging anscheinend in sehr kurzer Zeit vor sich, und plötzlich fand ich mich mit zwei Offizieren allein. Van Ghent war verschwunden. Die zwei Männer standen auf und stießen mich in ein Auto. Wenige Augenblicke später stand ich vor einem Haus, dessen Fenster mit schmiedeeisernen spanischen Balkons geschmückt waren. Der eine der Männer verließ mich, und der andere führte mich in einen mit geschmacklosen Chinoiserien dekorierten Raum, warf mich auf das Bett, nachdem er mir die Kleider zerrisssen hatte, und versuchte, mich zu vergewaltigen. Ich wehrte mich so heftig und mit solcher Kraft, daß er von mir abließ und ich aufstehen konnte. Während ich vor dem Spiegel meine Kleider zu ordnen versuchte, sah ich, wie er meine Handtasche öffnete und ihren Inhalt an sich nahm. Dies erschien mir als etwas vollkommen Normales; ebenso normal kam mir vor, daß er eine ganze Flasche Eau de Cologne über meinen Kopf leerte. Danach brachte er mich im Taxi zu meinem Hotel zurück. Von dort rief ich – es war vielleicht drei Uhr morgens – den schlafenden Van Ghent an. Es erschien mir als vollkommen klar, daß allein der Anblick dieses Offizieres ihn dazu bringen würde, die Bedeutung der Brüderlichkeit zu verstehen und seine Einstellung gegenüber dem Volk zu ändern. Er beschimpfte mich wütend und legte auf. Mittlerweile hatte der Nachtportier den Mann aus dem Hotel geworfen. Ich ging in mein Zimmer hinauf und fand dort auf meinem Bett Wäsche, die Catherine gehörte und die die Wäscherin aus Versehen dort hingelegt hatte. Ich glaubte, daß Van Ghent in Anerkennung meiner Macht hatte Abbitte leisten wollen und mir deshalb dieses Geschenk schickte. Ich hielt es für unabdingbar, die Nachthemden auf der Stelle anzuprobieren. So verbrachte ich die übrige Nacht damit, kalte Bäder zu nehmen und die Hemden eines nach dem anderen anzuziehen; das eine war aus blaßgrüner Seide, das andere rosa.

Ich glaubte noch immer fest, daß es Van Ghent war, der Madrid, seine Bevölkerung und den Verkehr in der Stadt hypnotisierte, daß er die Menschen in *Zombies* verwandelte und die Angst wie Bonbons unter den Leuten austeilte, um sie alle zu seinen Sklaven zu machen.

Eines Abends, nachdem ich auf den Straßen eine ungeheure Menge von Zeitungen zerrissen hatte – ich hielt sie für ein weiteres Mittel, mit dem Van Ghent die Stadt hypnotisierte –, stand ich vor dem Eingang des Hotels und sah mit Entsetzen, daß auf der Alameda-Straße Gestalten an mir vorübergingen, die ganz aus Holz zu sein schienen; ich stürzte auf das Dach des Hotels und weinte, während ich auf die gefesselte Stadt zu meinen Füßen schaute, die ich befreien sollte. Ich ging zu Catherine hinunter und flehte sie an, mein Gesicht zu betrachten. Ich sagte ihr: »Siehst Du nicht, daß es das genaue Abbild der Welt ist?« Sie wollte mich nicht anhören und jagte mich fort. Als ich daraufhin in das Vestibül des Hotels hinunterging, fand ich inmitten anderer Personen Van Ghent und seinen Sohn vor, die mir vorwarfen, ich sei verrückt, lege ein obszönes Verhalten an den Tag und so weiter. Zweifellos hatte meine Heldentat mit den Zeitungen am Nachmittag sie erschreckt. Darauf rannte ich hinaus in den Park und spielte dort eine Weile auf dem Rasen – zum großen Erstaunen der Vorübergehenden. Ein Offizier der »Falange« brachte mich zum Hotel zurück, wo ich die Nacht damit verbrachte, mich immer wieder in kaltem Wasser zu baden.

Van Ghent war mein Vater, mein Feind und der Feind der Menschheit; ich war die einzige, die ihn besiegen konnte, und um ihn zu besiegen, mußte ich ihn verstehen lernen. Er schenkte mir Zigaretten – die in Madrid ziemlich rar waren –, und eines Morgens, als ich besonders erregt war, kam mir der Gedanke, daß mein Zustand nicht allein auf natürliche Ursachen zurückzuführen und seine Zigaretten mit Drogen versetzt seien. Aus dieser Überlegung folgte logisch zwingend, daß ich die Behörden über die schreckliche Herrschaft, die Van Ghent ausübte, informieren und Maßnahmen zur Befreiung von Madrid ergreifen mußte. Eine Verständigung zwischen Spanien und England erschien mir als die beste Lösung.

Ich begab mich deshalb in die englische Botschaft und sprach mit dem Konsul. Ich versuchte, ihn davon zu überzeugen, daß der Weltkrieg geführt werde, weil eine Gruppe von Leuten die Menschen hypnotisiere: Hitler und Co., deren Repräsentant in Spanien Van Ghent sei, und daß es genüge, sich dieser hypnotischen Kräfte bewußt zu werden, um sie zu besiegen, um den Krieg zu beenden und die Welt zu befreien, die ebenso blockiert sei wie ich und Catherines »Fiat«. Statt sich in Labyrinthen der Politik und der Ökonomie zu verlieren, müsse man an diese metaphysische Kraft glauben und sie auf alle Menschen verteilen, die dadurch ihre Befreiung finden würden. Der brave britische Bürger stellte sogleich fest, daß ich verrückt war, und telefonierte mit einem Arzt namens Martinez Alonzo, der sich völlig seiner Meinung anschloß, als er die Darstellung meiner politischen Theorien hörte.

Meine Bewegungsfreiheit endete mit diesem Tag. Ich wurde in meinem Hotelzimmer im Ritz eingeschlossen. Dort fühlte ich mich vollkommen zufrieden: Ich wusch meine Kleider und stellte aus Badetüchern verschiedene Zeremoniengewänder zusammen, um mich so auf meinen Besuch bei Franco vorzubereiten, der als erster aus seiner hypnotischen Trance befreit werden sollte. Einmal befreit, würde Franco sich mit England verständigen, England mit Deutschland und so weiter. Unterdessen gab mir Martinez Alonzo, der überhaupt nicht wußte, was er von meinem Fall halten sollte, reichlich Bromwasser und beschwor mich, ich solle nicht nackt bleiben, wenn die Kellner mir zu essen brachten. Er war verwirrt und völlig vor den Kopf geschlagen von meinen politischen Theorien, und nach vierzehntägigem Martyrium zog er sich an einen Strand in Portugal zurück. Er überließ mich der Fürsorge eines befreundeten Arztes, Alberto N.... Alberto war ein schöner Mann; ich beeilte mich, ihn zu verführen, denn ich sagte mir: »Siehe da, mein Bruder, der mich von den Vätern befreien kommt.« Seit Max fort war, hatte ich noch nicht wieder die körperliche Liebe erlebt, und ich hatte große Lust darauf. Leider war auch Alberto ein Dummkopf und wahrscheinlich zudem ein gemeiner Hund. Ich glaube aber wirklich, daß ich ihm gefiel, um so mehr, als er die Macht von Papa Carrington und seinen Millionen kannte, die in Madrid durch die I.C.I. repräsentiert wurden. Alberto führte mich aus, und ich genoß von neuem eine Art provisorischer Freiheit, die übrigens nicht lange währte.

Täglich ging ich zu Mr. Gilliland, dem Chef der I.C.I. in Madrid. Er wurde meiner Besuche bald müde, zumal ich sie dazu nutzte, ihn über die politischen Verhältnisse aufzuklären. Außerdem bezeichnete ich ihn, ebenso wie Papa Carrington und Van Ghent, als widerliches kleines Würstchen, und dies ihm selbst gegenüber, seiner Frau und seinem Hausmädchen gegenüber, gegenüber den Kellnern im Hotel und gegenüber jedem, der mir nur zuhören wollte. Er ließ Dr. Pardo kommen und ermunterte mich, ihn über die Probleme der Welt aufzuklären. Ich ging in diese erbärmliche Falle und fand mich daraufhin als Gefangene in einer chirurgischen Klinik, in der es von Nonnen wimmelte. Auch dies dauerte nicht lange; die Nonnen wurden nicht mit mir fertig. Es war unmöglich, mich einzuschließen; Schlösser und Fenster waren für mich keine Hindernisse, ich strich in meinem Zimmer umher und richtete meine Blicke auf das Dach, das mir als der einzige Ort erschien, an dem ich bleiben konnte. Nach zwei oder drei Tagen teilte Gilliland mir mit, daß Pardo und Alberto mich zum Strand von San Sebastian mitnehmen wollten, wo sie mir vollkommene Freiheit geben würden. Ich verließ die Klinik und stieg ins Auto ... nach Santander ... Unterwegs gab man mir dreimal Luminal und eine Spritze in die Wirbelsäule: Narkose. Als ich bei Dr. Moralès in Santander eingeliefert wurde, war ich ein lebender Leichnam.

Leonora Carrington

Leonora Carrington enstammt einem steinreichen, streng katholischen, konservativen englischen Elternhaus. Weil der Vater, Textilindustrieller und Präsident eines Chemiekonzerns, kein Schloß besitzt, muß sich der Parvenü selbst eines bauen. 1920 läßt sich die Familie auf Schloß Crookney bei Lancaster nieder. In Klosterschulen soll Leonora Carrington auf ein großbürgerliches Frauenleben vorbereitet werden. Aber sie pariert nicht; als man ihr das Schreiben beibringt, schreibt sie in Spiegelschrift. Zweimal muß sie nach kurzer Zeit Schulen wieder verlassen; sie sei geistig zurückgeblieben, heißt es, und benehme sich ungebärdig. 1936 darf das schwarze Schaf der Familie endlich in London Mal- und Zeichenunterricht nehmen. Sie trifft dort den 46jährigen Max Ernst, sie verliebt sich in ihn und folgt ihm nach Paris. Auf der ersten großen Surrealistenausstellung 1938 in Paris ist sie gleich mit zwei Bildern vertreten. Erste Erzählungen werden publiziert. Im Kreis der Surrealisten fühlt sie sich wohl. André Breton aß bei ihr einen Hasen mit Austern, »den sie mich nötigte, für alle jene zu verspeisen, die es lieber beim Duft bewenden ließen«, wie sie überhaupt Gäste gerne nach einem Kochbuch aus dem 16. Jahrhundert bewirtete. Es kam vor, daß sie sich in einem vornehmen Restaurant plötzlich die Schuhe auszog, um sich die Füße gelassen mit Senf zu bestreichen. 1939 kauft sie mit Max Ernst in Saint-Martin d'Ardèche ein zweihundert Jahre altes Bauernhaus samt dazugehöriger Kirche. 1940 wird Max Ernst unter dem Verdacht, ein Nazispitzel zu sein, dort verhaftet. Der Trennungsschmerz stürzt Leonora in eine schwere Krise, in deren Folge sie für längere Zeit in einem Irrenhaus in Santander festgehalten und mit regelrechten Foltermethoden behandelt wird. Sie ist 23 Jahre alt. Drei Jahre später, vom 23. bis 26. August 1943, beschreibt sie klar und mitleidlos diese Heimsuchung durch eine Geisteskrankheit. Ihrem französischen Verleger schreibt Leonora zu ihrem Manuskript: »Ich bin nicht mehr das entzückende junge Mädchen, das einmal verliebt durch Paris gegangen ist – Ich bin eine alte Dame, die viel erlebt hat, und ich habe mich verändert – wenn mein Leben etwas wert ist, bin ich das Ergebnis der verstrichenen Zeit – Ich werde nie in einer ›Jugend‹ versteinern, die es nicht mehr gibt.« Da war sie 26 Jahre alt.

Ingeborg Bachmann
1926-1973

Mit meiner verbrannten Hand schreibe ich über die Natur des Feuers

Was ich in Rom sah und hörte

In Rom sah ich, daß der Tiber nicht schön ist, aber unbekümmert um seine Kais, aus denen Ufer treten, an die keiner Hand legt. Die rostgebräunten Frachtschiffe benützt niemand, auch die Barken nicht. Sträucher und hohes Gras sind mit Schmutz beworfen, und auf den einsamen Balustraden schlafen in der Mittagshitze die Arbeiter regungslos. Noch nie hat sich einer umgedreht. Nie ist einer hinuntergestürzt. Sie schlafen, wo die Platanen ihnen einen Schatten aufschlagen, und ziehen sich den Himmel über den Kopf. Schön ist aber das Wasser des Flusses, schlammgrün oder blond – wie das Licht ihn strählt. Den Tiber soll man entlanggehen und nicht von den Brücken sehen, die als Wege zur Insel gedacht sind. Die Tiberina bewohnen die Noantri – wir anderen. Das ist so zu verstehen, daß sie, die Insel der Kranken und Toten seit alter Zeit, von uns anderen mitbewohnt werden will, mitbefahren, denn sie ist auch ein Schiff und treibt ganz langsam im Wasser mit allen Beladenen, in einem Fluß, der sie nicht als Last empfindet.

In Rom sah ich, daß die Peterskirche kleiner erscheint als ihre Maße und doch zu groß ist. Es heißt, Gott wollte seine Kirche auf einem Felsen und fest stehen haben. Diese nun erhebt sich über dem Grab ihres Heiligen, das man freilegt. So ist's der Heilige selbst, der sie in Gefahr bringt und schwächt. Trotzdem treten die großen Feste noch laut auf, mit Balletten in Purpur unter Baldachinen, und in den Nischen ersetzt Gold das Wachs. Chiesa granne divozzione poca. Noch sorgen die Armen in ihrer Behutsamkeit dafür, daß die Kirche nicht fällt, und der sie gegründet hat, verläßt sich schon auf den Schritt der Engel.

In Rom sah ich, daß dem Palazzo Cenci, in dem die unglückliche Beatrice vor ihrer Hinrichtung lebte, viele Häuser gleichen. Die Preise sind hoch und die Spuren der Barbarei überall. Auf den Terrassen morschen die Oleanderkübel zugunsten der weißen und roten Blüten; die möchten fortfliegen, denn sie kommen gegen den Geruch von Unrat und Verwesung nicht auf, der die Vergangenheit lebendiger macht als Denkmäler.

In Rom sah ich im Ghetto, daß noch nicht aller Tage Abend ist. Aber am Tag des Versöhnungsfestes wird für ein Jahr jedem im voraus verziehen. Nah der Synagoge ist in einer Trattoria die Tafel gerichtet, und die kleinen rötlichen Mittelmeerfische kommen, mit Rosinen und Pignolien gewürzt, auf den Tisch. Die Alten erinnern sich ihrer Freunde, die mit Gold aufgewogen wurden; als sie losgekauft waren, fuhren trotzdem die Lastwagen vor, und sie kamen nicht wieder. Aber die Enkelkinder, zwei kleine Mädchen in brennend roten Röcken und ein dickes blondes Kind, tanzen zwischen den Tischen und lassen die Augen nicht von den Musikanten. »Spielt weiter!« ruft das dicke Kind und schwenkt seine Mütze. Seine Großmutter beginnt zu lächeln, und der die Geige spielt, ist ganz weiß geworden und setzt einen Takt lang aus.

Ich sah auf dem Campo de' Fiori, daß Giordano Bruno noch immer verbrannt wird. Jeden Sonnabend, wenn um ihn herum die Buden abgerissen werden und nur mehr die Blumenfrauen zurückbleiben, wenn der Gestank von Fisch, Chlor und verfaultem Obst auf dem Platz verebbt, tragen die Männer den Abfall, der geblieben ist, nachdem alles verfeilscht wurde, vor seinen Augen zusammen und zünden den Haufen an. Wieder steigt Rauch auf, und die Flammen drehen sich in der Luft. Eine Frau schreit, und die anderen schreien mit. Weil die Flammen farblos sind in dem starken Licht, sieht man nicht, wie weit sie reichen und wonach sie schlagen. Aber der Mann auf dem Sockel weiß es und widerruft dennoch nicht.

In einer römischen Bar sah und zählte ich: eine Katze mit witzigen Ohren und einem fast nackten Gesicht, weißen Beinkleidern und einer honigfarbenen Weste aus einer besseren Zeit. Einen Kellner, der den Kaffee verschüttete und die Aperitifgläser überschwappen ließ. Einen kleinen Jungen mit vorgebundener Schürze, der die Tassen und Gläser wusch und nie vor Mitternacht zu Bett ging. Gäste, die kamen und gingen, und einen Gast, der immer wieder kam und von kleinen Schlucken Bitterkeit lebte.

In Rom habe ich die großen Villen gesehen, mit natürlichen Pinien und Zedern, auch Buchs, zu Phantasiegetier geschnitten. Auf dem Kapitol den Lorbeerbaum und das verräterische wilde Gras im Forum, und gehört habe ich, wenn das Gras über die verschlagenen Säulen und zerbrochenen Mauern in der Dämmerung herfiel, den Lärm der Stadt, täuschend fern und sanft das Gleiten der Autos.

Ich sah, wo Roms Straßen ausfallen, den triumphalen

Himmel in die Stadt einziehen, der sich unter kein Tor bückte und über die sieben Hügel verbreitete, blau nach Raubzügen an den Küsten Siziliens und voll von den Inselfrüchten des Tyrrhenischen Meers, unverwundet nach Überfällen ins Brigantenland der Abruzzen und schwarz von Schwalbentrauben, über den Apennin gerettet. Ich sah den gelobten Himmel aus Hermelin und den armseligen Himmel aus Sackleinwand, und ich sah in seinen größten Momenten seine Hand gelassen den goldenen Schnitt über den Dächern ausführen.

Daß jeder sich sein Haus baut, wie es ihm gefällt, habe ich oft gesehen, und daß kein Plan besser eins ans andre fügt als Zufall und der Geschmack am Einzelnen. Aber kein Geschmack reicht aus, die Abstände zu schaffen, einsame Felder für Sonne und Schatten, und kein Zufall löst die Gleichung, in der die Schwere einer Mauer die Gewichtlosigkeit eines Turms ausdrückt. In alter Leinwand stecken die Häuser; vertrocknet sind die Farben darauf. Erst wenn Licht in den porösen Stoff eindringt, erscheint die Farbe, die wir sehen; ein zu jeder Verwandlung fähiges Braun.

In Rom sah ich, daß alles einen Namen hat und man die Namen kennen muß. Selbst Dinge wollen gerufen werden. Der Ludovisische Thron ist nicht mit dem letzten Gekrönten gefallen. Säulen sind vom Tempel der Venus stehen geblieben – von diesem Tempel und keinem anderen. Der Kopf der heiligen Agnes ist geschrumpft, aber nicht zu dem einer Lederpuppe geworden. Nach vielen Päpsten wird dieser Papst in der Sänfte getragen, und der Segen gilt urbi et orbi. Die Geschlechter heißen: Corsini und Pignatelli, Ruspoli und Odescalchi, Farnese und Barberini, Aldobrandini ... Sie heißen noch so, wenn in einem Campagnaschloß die Obdachlosen ihre Eisenbetten aufstellen und ihre Wasserbehälter auf den Sarkophagen stapeln. Der Letzte der Familie ist längst weggezogen. In der Stadt sind seine Zimmer mit schwarzem Brokat ausgeschlagen; auf einem schwarzen Flügel spielt er blaublütige Chansons. Wenn er seinen Namen hört, erschrickt er. Anders war das Tier, das nicht vom Fleisch nahm, sondern in seinem Fleisch die Nahrung für eine Geschichte erzeugte, der es voranging: die Wölfin.

Ich sah, daß wer »Rom« sagt, noch die Welt nennt und der Schlüssel der Kraft vier Buchstaben sind. S.P.Q.R. Wer die Formel hat, kann die Bücher zuschlagen. Er kann sie ablesen von dem Wappenschild der vorüberfahrenden Autobusse, von der Platte eines Kanaleinstiegs. Sie ist der Ausweis der Brunnen und der besteuerten Getränke; das Zeichen der einzigen Hoheit, die ohne Unterbrechung die Stadt regierte.

Auf dem Bahnhof Termini sah ich, daß in Rom die Abschiede leichter genommen werden als anderswo. Denn die fortfahren, lassen denen, die bleiben, einen Gepäckschein auf Sehnsucht zurück. An den Bahnhof grenzt ja ein Rest der Diokletiansmauer, und gegen die neue schwebende Glaswand gestochen erscheinen drei Zypressen in einer unmißverständlichen Schrift. Das Klassische ist das Einfachste, und alte und neue Texte vertreten es gleich gut.

Wer ein Geldstück in die Fontana di Trevi wirft, um wiederzukommen, fürchtet, es könnte nicht angenommen werden. Aber er kann getrost sein. Nachts setzt sich ein Junge auf den Brunnenrand und pfeift, lockt die andern hervor. Wenn alle sich versammelt haben, legt der Junge die Kleider ab und steigt lässig ins Wasser. Mond belichtet die Szene, während er sich fröstelnd bückt und die Münzen einsammelt. Am Ende pfeift er wieder, und in seinen Händen verschmelzen alle Währungen zu Silber. Die Beute ist unteilbar unter dem Mond, denn der Junge hat das Aussehen eines Gottes gegenüber den andern, die ihre Gestalten billigen Anzügen verdanken.

Schwer zu sehen ist, was unter der Erde liegt: Wasserstätten und Todesstätten. Treppen führen hinunter zu Zisternen, die der Wind ausgetrunken hat, zu Brunnenhäusern, von Kragstein überwölbt und in weichen Tuff gehöhlt, zu Blutstropfen, die Quellen auslösten. Die Wege senken sich in die Katakomben. Ein Zündholz wird angeritzt. Seine Flamme dehnt sich nach den Sinnbildern. Für einen Augenblick erscheinen: Fisch, Pfau und Taube, Anker und Kreuz, Speise und Trank. Das Zündholz erlischt rasch, und die vor dir gehen, drängen nach oben. In der Kurve bleibt einer stehen und fragt: Woher weht der Wind?

Wenn mir Hören und Sehen verging in Rom, kam der Schirokko und hatte über den Adlerwind aus den Bergen gewonnen. Die Sonne trug dann ein Hemd und leuchtete in falschem Licht. Es ist die Zeit, in der die Unglücke zunehmen und ein liebloses Wort leicht gesprochen wird. Denn der warme Wind greift zurück auf die Wüste. Manchmal läßt er's wissen, streut roten Sand über die erschlaffte Stadt und haucht sie an, daß sie besinnungslos wird. Wenn der Schirokko geht, tut er's heimlich und mitten in der Nacht, während wir vergeßlich schlafen. Aber morgens, gegen drei, fällt Tau. Wer da wach liegen und seine Lippen feuchten könnte!

In Rom habe ich in der Früh vom Protestantischen Friedhof zum Testaccio hinübergesehen und meinen

Kummer dazugeworfen. Wer sich abmüht, die Erde aufzukratzen, findet den der andern darunter. Für den Friedhof, der an der Aurelianischen Mauer Schatten sucht, sind die Scherben auf dem Testaccio nicht gezählt, aber gering. Er hält sich eine große Wolke wie eine Muschel ans Ohr und hört nur mehr einen Ton. In den sind eingegangen: »One whose name was writ in water«, und neben Keats Versen eine Handvoll Verse von Shelley. Von Humboldts kleinem Sohn, der am Sumpffieber starb, kein Wort. Und von August von Goethe auch kein Wort. Von den stummen Malern Karstens und Marées sind einige Linien geblieben, ein Farbfleck, ein wissendes Blau. Von den anderen Stummen wußte man nie etwas.

In Rom freilich habe ich gehört, daß mancher das Brot hat, aber nicht die Zähne, und daß die Fliegen auf die mageren Pferde gehen. Daß dem einen viel und dem anderen nichts geschenkt ist; daß, wer zuviel zieht, zerreißt und nur eine feste Säule das Haus hundert Jahre aufrecht hält. Ich hörte, daß es in der Welt mehr Zeit als Verstand gibt, aber daß uns die Augen zum Sehen gegeben sind.

Zugegeben

Zugegeben, daß ich nicht mehr weiß, warum ich hier lebe; denn ich schreibe ja über Wien, oder ich bin vielmehr, wenn ich schreibe, in Wien. Und zugegeben, daß ich hier keinen Einspänner, keinen großen Braunen, keinen Kapuziner trinke, sondern einen Capuccino, und daß die Wohnungen teuer sind, aber das Essen billiger ist, daß plötzlich alle Freunde Giulio oder Giorgio oder Luciano heißen, Ginevra, Marina, Alda. Zugegeben, daß man schon in einer anderen Sprache träumt, aber angeblich bedeutet das gar nichts; man muß nämlich zählen können in einer anderen Sprache, eben das kann ich nicht, ich kann nicht multiplizieren oder dividieren oder addieren, einfach die kleinsten Operationen auf italienisch, die werde ich nie erlernen. Zugegeben, daß hier das Leben ist, wie es überall ist: eines Tages wird jemand heiraten, jemand wird einen Lehrstuhl bekommen, jemand wird sich erhängen, in eine Nervenklinik kommen; es wird alles wie überall sein, kein Kolosseum, kein Kapitol helfen darüber hinweg, und was also hilft einem dann hier zwar nicht hinweg, aber doch zu leben? Zugegeben, daß die Leute hier auch nicht besser sind als anderswo, aber fünf Minuten auf der Straße und ein kleiner Anflug von Wahnsinn, eine Versuchung, das alles ganz aufzugeben, sind dann doch plötzlich abgewendet. Zugegeben, die Leute sind etwas schöner und sehr freundlich, aber man weiß ja, was dahintersteckt. Weiß man es aber wirklich? Man weiß doch gar nichts. Mir genügt es, daß die Leute nicht unfreundlich sind, sondern freundlicher sind. Zugegeben, daß man hier aufhört, die Dinge allzu ernst zu nehmen; denn in 2500 Jahren ist viel Wasser den Tiber hinuntergelaufen, und das weiß hier wirklich jeder. Vor das Leben ist das Wort Pazienza geschrieben, also Geduld, Geduld. Hier sind Krisen, Staatskrisen, private Krisen, eher Kinderkrankheiten. Die Leute wissen schon, daß man einfach miteinander auskommen muß. Zugegeben, ich habe hier erlernt, mit den anderen auszukommen. Ich habe es wieder erlernt, aber ich gebe auch zu, wenn die Tür zufällt zu dem Zimmer, in dem ich arbeite, dann gibt es keinen Zweifel: Denken ist solitär, Alleinsein ist eine gute Sache.

Immer wieder hat Ingeborg Bachmann ihren Wohnsitz nach Italien, in ihr »erstgeborenes Land«, verlegt. Von 1953 bis 1957 lebt sie mit Hans Werner Henze zunächst auf Ischia, später in Neapel und Rom. Von 1958 bis 1962 pendelt sie zwischen Rom und Zürich, es ist ihre Zeit mit Max Frisch. 1965 siedelt sie endgültig nach Rom über.

Als sie 1953 zum ersten Mal nach Italien aufbricht, um der Enge der österreichischen Heimat zu entgehen, ist sie sehr hoffnungsvoll: »In Italien, könnte ich sagen, bin ich froher geworden, hier habe ich gelernt, Gebrauch von meinen Augen zu machen, habe schauen gelernt. In Italien esse ich gern, gehe ich gern über die Straße, sehe ich gerne Menschen an.« Sie sieht auch die Auswirkungen auf ihr Schreiben: »Nun stellte zu meinem Glück unlängst ein Kritiker einen positiven Stilwandel seit meinem Italienaufenthalt fest. Er schrieb, die neuen Gedichte wären sinnlicher, unmittelbarer und kräftiger geworden, und ich bin geneigt, ihm recht zu geben«, sagt sie 1955 in einem Interview. 1965 scheint ihr Antrieb, wieder in Rom Quartier zu beziehen, ein anderer: »Ich brauche Freiheit. Viel Freiheit ... ich sehne mich nach Frieden und suche meine Zuflucht in der Anonymität.« Sie sagt: »Denken ist solitär. Alleinsein ist eine gute Sache.« Aber sie sagt auch: »Es ist eine seltsame, absonderliche Art zu existieren, asozial, einsam, verdammt.« Aus der Freiheit, der Anonymität ist Einsamkeit geworden.

1969 spricht sie in einem Interview von ihren nächsten Plänen, sie schreibe »ein einziges langes Buch ... Es heißt Todesarten und ist eine einzige große Studie aller möglichen Todesarten ... und zugleich stelle ich mir vor, daß es das Bild der letzten zwanzig Jahre geben könnte, immer mit dem Schauplatz Wien und Österreich.« Für Ingeborg Bachmann hat mit diesem Projekt der »Todesarten« ein »Doppelleben« begonnen, eine »anstrengende oder schizophrene Art«, in Rom und gleichzeitig im Kopf in Wien zu wohnen. In *Malina*, dem ersten Band der geplanten Trilogie, erforscht sie die mörderischen

Zwänge des Lebens, ihres Lebens, denn »in dieser Gesellschaft ist immer Krieg«. Vor dem Leben, dieser »ungeheuerlichen Kränkung«, sieht sie nur eine Rettung: den Tod. Sie schreibt bis zu 18 Stunden am Tag. »Von den letzten Monaten vor der Veröffentlichung weiß ich überhaupt nicht mehr, wie ich auch nur über die Straße gekommen bin, um die nötigsten Einkäufe zu machen.«

In *Malina* zitiert sie Flaubert. Aber: »Ich zitiere nicht Flaubert, sondern es ist ein Satz, den ich gern selbst geschrieben hätte: ›Mit meiner verbrannten Hand schreibe ich über die Natur des Feuers.‹ Denn eh man sich nicht die Hand verbrannt hat, kann man nicht darüber schreiben.«

Am 17. Oktober 1973 ist Ingeborg Bachmann an den Folgen einer Verbrennung in Rom gestorben.

Anne Sexton
1928-1974

Ich fürchte mich vor dem Sterben. Und doch glaube ich, es könnte mir ein paar Vorteile bringen

Das Gespenst

Ich wurde im Jahre 1851 in Maine, in Bath, Maine, in den Vereinigten Staaten von Amerika, genauer gesagt, in Neuengland geboren. Ich war eine von zwölfen (obwohl nur acht länger als bis zum Alter von drei Jahren durchhielten), und in den Grenzen dieses Staates lebten wir zu verschiedenen Zeiten in unseren sechs Häusern, von denen vier über eine kleine Insel vor Boothbay Harbor verstreut waren. Auf dieser Insel wurden sie nicht Häuser genannt, denn es sind Sommerfrischen, und man bezeichnete sie daher als Cottages. Mein Vater, der einmal Gouverneur gewesen war, war ein enttäuschter Bauunternehmer und sagte oft zu den Zimmerleuten: »Noch ein Stockwerk höher, bitte.« Ein Haus hatte fünf Stockwerke und stand, obwohl häßlich anzusehen, fast am Rande der Felsen, die von der See mal überspült, mal wieder freigegeben wurden.

Ich war natürlich eine viktorianische Dame, jedoch – verglichen mit meinen Brüdern und Schwestern – gebildet, und mein Vater hielt Frauen für ebenso *interessant* wie Männer, oder für ebenso tüchtig. Meine Bildung erreichte im Wellesley College ihren Gipfelpunkt, und ich war sehr versiert in Sprachen, den alten und unbrauchbaren wie auch den praktikablen, denn ich verbrachte die Jahre nach dem Wellesley College damit, im Ausland meine Aussprache und die idiomatischen Drehs zu vervollkommnen. Später hatte ich eine Stelle bei einer Zeitung. Aber die füllte mich nicht ganz aus und erforderte nicht den Gebrauch der Fremdsprachen, sondern nur der Muttersprache. Glücklicherweise bin ich mein ganzes Leben lang eine unverheiratete Frau gewesen, und ich sage bewußt *glücklicherweise*, denn dadurch war es mir möglich, die Nichten und Neffen, die Großnichten und Großneffen in mein unverheiratetes Herz zu schließen. Eine ganz besonders, die Enkelin meiner Schwester, die nach mir benannt war. So wie sie meinen Namen trug, so trug ich ihren, und am Ende meines Lebens hielten sie und ihre Mutter und eine aufdringliche Krankenschwester neben mir die Stellung, als ich verschied. Ich erlebte den Tod zweimal. Einmal mit vierundsechzig, als mein Gehör erlosch und mich der schmachvollste Wahnsinn befiel. Als nächstes den halbenTod von sechzig Schockbehandlungen, nach denen ich immer noch taub war wie ein Schellfisch – ein halbes Leben bis siebenundsiebzig, das ich an mehreren, Pflegeheime genannten Plätzen verbrachte. Ich starb an einem heißen Tag in einem Gitterbett und hatte Windeln an. Wie ein Kleinkind zu sterben ist nicht wünschenswert und kaum erträglich, denn es wird Angst in dich hineingelöffelt, und Radios spielen in deinem Kopf. Ich, die Suffragette, ich von den fliederfarbenen Täschchen, ich, die ich mich immer zum Essen umzog und mir meinen Stolz bewahrte, starb wie ein Kleinkind mit entblößten Brüsten, meine Korsage, mein Kamisol waren weggeschlossen, und alle anderen Möglichkeiten, mich zu bedecken, an die ich gewöhnt war, auch. Ich hätte es vorgezogen, daß ein Waidmann mich erlegte wie einen Elch, anstatt so dahinzusabbern.

Von meinem Leben wäre mehr zu sagen, doch in diesem Augenblick liegt mir daran, drängt es mich hauptsächlich danach, Ihnen von meinem Leben als Gespenst zu erzählen. Leben? Nun, wenn etwas geschieht und es ein paar erhebende Momente gibt, ähnelt dies denn nicht dem, was man Leben nennt? Jedenfalls, ich *störe* die Lebenden, spiele ein bißchen verrückt, schlüpfe ihnen in den Kopf wie ein Radio oder wie eine grelle Fackel, die plötzlich erlischt, und gebe mich dann zu erkennen. (Ohne irgendeine Erklärung!) Ich kann ein Stöhnen in den Hund meiner Namensschwester eingeben, wenn ich meine Meinung sagen will. (Ich habe immer gern meine Meinung gesagt!) Es ist *ihr* Leben, über dem ich schwebe, denn schließlich trägt sie ja meinen Namen, und dies gibt einem Gespenst ein gewisses Recht, von dem keiner etwas weiß, wenn sie das Neugeborene mit einem Namen ausstatten. Irgendwie spürt sie – leugnet es jedoch, so gut sie kann –, daß es Gespenster tatsächlich gibt. Dennoch muß man feststellen, daß sie höchst ungern in ein Haus einzieht, das nicht neu hergerichtet worden ist, daß sie höchst ungern innerhalb von Mauern lebt, die flüstern und Geschichten aus anderen Leben erzählen könnten. Das ist ihre Gespenstertheorie. Doch wie so viele hat sie den idealen Fehler gemacht, den Fehler zu meinen, ein Gespenst gehöre zu einem Haus, einem früheren Zimmer, wohingegen dieses Gespenst (und ich kann hier nur für mich selber sprechen, denn wir Gespenster dürfen uns nicht darüber unterhalten, wie wir unser Handwerk ausüben) doch zu dem Menschen gehört, der mir geblieben ist, der sie stört, der in ihr Menschen-Ich eindringt, in sie, der man einmal meinen Namen gegeben hat. Vermutlich gibt es Hausgespenster, die über die Dachböden schleichen, auf denen sie einst ihre Schätze horteten, und Geschirr von den Regalen fegen, aber sicher bin ich mir dessen nicht. Die Engländer glauben das wohl nur deshalb, weil sie ihre Schlösser von einer Generation an die nächste weitergaben. Ein amerikanisches Gespenst macht vielleicht etwas ganz anderes, denn die heute lebenden Menschen sind mobil, die leitenden Angestellten werden ständig von einer Stadt in die nächste versetzt und schleppen ihre Familien mit sich mit. Aber das weiß ich nicht, denn ich spuke bei meiner Namensschwester, und die lebt in den Vororten von Boston – abgesehen von ein paar Umzügen von einem neuen Haus ins nächste. Ich folge ihr, wie ein Jagdhund der Fährte folgt, und solange sie atmet, werde ich zur Mittagsstunde in ihr Fenster spähen und ihr zuschauen, wenn sie ihren Wodka trinkt, und ich kann auch, falls ich das möchte, einen Tropfen einer Krankheit in ihr Glas fallen lassen, um ihr eine kleine Lektion über derartige Schwächen und Unvollkommenheiten zu erteilen. Vor fünf Jahren gab ich ihr eine gebrochene Hüfte. Ich legte sie auf dem Operationstisch lahm, und als ich dem Chirurgen über die Schulter schaute, sagte er »zertrümmert«, als er eine letzte Röntgenaufnahme machte, bevor er mit dem Messer hineinschnitt, und da war die Namensschwester nun, die Hüfte zerbrochen wie ein Kristallpokal, und später lag sie mit zwei acht Zentimeter langen Schrauben in der Hüfte in einem Schmerz, der während der Geburt zweier Kinder nur eine Andeutung von Schmerz gewesen war. Ein Verlangen nach Morphium beherrschte ihre Stunden, und das Bewußtsein läutete in ihrem Kopf wie eine Totenglocke. Sie hatte zu jener Zeit eine schwere Sünde begangen, und ich fand es so empörend, daß ich meine Schmerzgabe so einschneidend und heftig ausfallen lassen mußte. Solange das Morphium wirkte, war ihr Verstand völlig klar, doch wenn es nachließ, nippte sie einen Tropfen Wahnsinn, und auch das war eine Andeutung der Dinge, die noch geschehen sollten. Später probierte ich es mit schleichenden Fiebern, die recht schwer zu diagnostizieren waren, und als dann die Welt Sommer wurde und die grünen Blätter wisperten, setzte ich mich auf ein ums andre Blatt und rief mit einer Stimme aus meiner Jugend und schrie: »Komm zu uns, komm zu uns!«, bis sie schließlich alle Jalousien am Haus herabzog, um die Blätter draußen zu halten – so gut es eben ging. Dann sind da die kleinen Dinge, die ich tun kann. Ich kann ihr nachts das Kissen unter dem Kopf wegziehen und sie so flach liegen lassen, wie ich lag, als ich starb, und auf diese Weise in ihre Träume kriechen und ihr meinen Tod ins Gedächtnis zurückrufen, wenn es nicht sogar ihr eigener ist. Ich halte mich keineswegs für eine böse, sondern im Gegenteil für eine gute Erscheinung, ich versuche, sie an ihre Yankee-Herkunft zu erinnern, bis zur Mayflower und zu William Brewster zurück, oder bis zu Königen und Königinnen des Kontinents zurück, die heirateten und untereinander heirateten. Sie wird in allem zu modern, und wenn ein Mann in sie eindringt, stehe ich immer neben dem Bett und passe auf und befehle ein Kind herbei, damit es mit meinem Namen benannt wird. Ich *beobachte* die Kopulation nicht, weil sie ein mir fremdes Tun ist, doch ich weiß sehr genau, was sie bedeuten sollte, und habe oft hoffnungsvoll ein paar ihrer Anti-Baby-Pillen herausgeklaubt. Doch ich fürchte, das ist eine vergebliche Hoffnung. Sie ist vielleicht schon zu alt, um zu empfangen, oder wenn sie doch empfinge, könnte das Produkt unvollkommen sein. Wenn ich dort neben ihrem Bett stehe, während dieser Mann in sie eindringt, summe ich ihr ein kleines Lied in den Kopf, das wir uns ausgedacht haben, sie und ich, als sie acht war, und das wir später jahrelang jedes Jahr sangen. Wir hatten uns die glücklichen dreizehn Mal über dem Mistelzweig geküßt, der unter einem großen Kandelaber und zwei Türrahmen hing. Dieser Mistelzweig war *unser* Brauch und *unser* Tun, und er knüpfte den Knoten mit jedem Jahr fester. Das Lied, das sie sang, verfolgte mich im Alterswahnsinn, und nun träufele ich es ihr ins Ohr, und anfangs spürt sie ein seltsames Summen, so als sei eine Fliege in ihrem Hirn gefangen, und dann füllt das Lied ihren Kopf aus, und ich bin erleichtert.

Sie spürt, daß ich da bin, wenn sie Speisen zubereitet, die nicht nach meinem Geschmack sind, oder wenn sie die Geschwindigkeitsbegrenzung überschreitet oder links abbiegt, wenn da LINKS ABBIEGEN VERBOTEN steht. Denn ich spiele in ihrem Kopf das Lied »The Stanley Steamer«, weil Mr. Stanleys Frau eine gute Freundin von mir war und wir einen denkwürdigen Ausritt von Boston nach Portland machten, und die Pferde waren gar nicht glücklich, aber wir hielten uns an alle Vorschriften und waren vorsichtig – obwohl, wie ich hinzufügen muß, auch ein bißchen eingestaubt und wund am Ende der Reise.

Es ist bedauerlich, daß sie meine Gewandtheit in Fremdsprachen nicht geerbt hat. Aber es kann nicht alles weitergegeben werden, die Gene befördern manches, doch längst nicht alles. *Viel* bedauerlicher ist, daß sie nicht meine Begabung für die englische Sprache geerbt hat. Hier mische ich mich am meisten ein, schreibe *meine* Wörter auf ihr Papier, und wenn sie es bemerkt, fragt sie sich, wie das zugegangen ist, und nennt es »ein Geschenk der Muse«. Ach, wie süß ist das! Wie anbetungswürdig! Wie das Lied vom Mistelzweig das Metall des Todes durchbricht und weitersingt, aus zwei Mündern singt und mich zu einem loyalen Gespenst macht. Loyal, wie ich bin, spüre ich doch schon lange, daß in ihrem Leben etwas fehlt, eine Erfahrung, die sie machen muß, um ganz zu werden, um wirklich lebendig zu sein. Obwohl man sagen könnte, dies sei Teufelswerk, glaube ich das nicht (der Teufel treibt sich bei den Lebenden herum, und sie muß ihn Tag für Tag hinausschubsen, aber erst muß er in sie eindringen, wie er während der Jahre meiner Taubheit und Verrücktheit in mich eingedrungen war). Deswegen hielt ich es nur für recht und billig, eine derartige Krankheit auf die Scheibe Zitrone zu träufeln, die vergangenen August um vier Uhr nachmittags in ihrem Tee schwamm. Es ging sofort los und war am Ende nicht mehr zu bändigen. Erst wurden aus der Teetasse zwei Teetassen, dann drei, dann vier. Die Zigaretten, die sie in ihrer Verwirrung anzündete, schmeckten wie Dung, und sie trat sie aus. Danach schaltete sie das Radio ein, doch alle auf der Skala vorhandenen Sender übertrugen nur die Namen und die Daten von Toten. Sie schaltete schnell wieder aus, doch es hörte nicht auf zu spielen. Die Hündin rannte ihrem Schwanz nach und ging dann auf die Holzmöbel los, bellte den Mond an, als ob ihre beiden Körper in die Irre gegangen wären. Da saß sie ganz still. Sie sagte sich immer wieder, daß sie »V« wählen müsse, die Vermittlung, konnte es aber nicht. Sie schloß die Augen, doch die klappten immer wieder auf und sahen, wie die Gegenstände in der Küche sich vervielfachten, breiter wurden, sich ausdehnten wie Gummi, und wie ihre Farben sich veränderten und häßlich wurden, und die Zitrone schwamm in den sich vervielfachenden und sich teilenden Teetassen wie etwas, das aus Neon gemacht war.

Als ihr Mann nach Hause kam, war sie wie versteinert und konnte nicht sprechen, und obwohl ich ihr viele Wörter in den Kopf gestopft hatte, waren sie wie ein Spiel und hatten sich vermischt und ihre Bedeutung verloren. Er schüttelte sie; sie schwankte hin und her. Er redete, er redete. Eine Stunde mindestens versuchte er, eine Reaktion aus ihr herauszuholen, und rief dann den Doktor an, und sie kam ins Massachusetts General, halb getragen, halb stolpernd wie eine Betrunkene, die Füße taub wie Radiergummis, die Beine schmelzend und wieder fest werdend, und passierte die angebrachten modernen physikalischen und neurologischen Untersuchungen, EEG, EKG etc., doch die Fliege in ihrem Kopf summte immer noch, und das Radio übertrug weiter die Todesanzeigen, und als sie sie mit einem Krankenwagen in eine Nervenklinik fuhren, konnte sie ihren Namen nicht in die Aufnahmepapiere eintragen und sagte schließlich: »Ohne Namen.« Sie konnten, diese Psychiater und Hilfsschwestern, nichts Genaues feststellen, und an den meisten Tagen kann sie nicht schlucken. Die Tranquilizer, die sie in sie hineinspritzten, eine Sorte nach der anderen, haben *darüber* keine Macht. Ich werde ihr ein Jahr damit geben, auf die Sekunde genau ein Jahr, und während dieser Zeit werde ich ständig an ihrer Seite sein und den Teufel von ihr fortstoßen, obwohl zu meiner Zeit niemand da war, der ihn von mir fortgestoßen hätte. Sie macht jetzt eine große Angst durch, doch ich bin bei ihr, ich halte ihr die Hand, und das spürt sie auch, obwohl sie davon überzeugt ist, daß die Nadeln alle mit Novocain gefüllt sind, denn so ist die Wirkung in ihren Gliedern und Teilen. Dennoch, der leichte Druck meiner Hand und der Klang des Lieds vom Mistelzweig müssen ein Trost für sie sein. Genau jetzt schreien sie sie an und erfüllen sie mit außerordentlichem Grauen. Doch irgendwie, das weiß ich genau, ist sie zweifelsohne froh, daß ich nicht gegangen bin. Und das habe ich auch nicht vor.

Anne Sexton

Als Anne Sexton 1974 »Das Gespenst« schreibt, befindet sie sich auf dem Höhepunkt ihrer schriftstellerischen Karriere. Sie hat alle Auszeichnungen, Preise und Stipendien erhalten, die amerikanische Dichter bekommen können. Sie hat eine Professur für Creative Writing an der Universität Boston. Ihre Lesungen sind gesellschaftliche Ereignisse. Die Auftritte der attraktiven Frau mit der Figur eines Mannequins gleichen denen einer Performance-Künstlerin. Meist stellt sie sich mit ihrem bekanntesten Gedicht vor: »Ich bin ausgezogen, eine besessene Hexe ... Eine solche Frau wird mißverstanden ... Ich war eine von dieser Art.« Mißverstanden und allein gelassen fühlte sich Anne Sexton ein Leben lang. Gleich nach der High school hat die Tochter aus wohlhabendem Hause geheiratet. 1953 wird Tochter Linda, 1955 Joyce geboren. Die um Perfektion bemühte Mutter und Ehefrau wird ein Opfer des amerikanischen Traums. Eine Wochenbettdepression bricht aus, die sich zu einer manischen Depression auswächst. Seit 1956 ist Anne Sexton stets in psychiatrischer Behandlung, sie hält sich mehrfach in der Psychiatrie auf. Sie unternimmt Selbstmordversuche. Wird abhängig von Alkohol und Schlaftabletten, mit denen sie den Rückzug ins Vergessen sucht. Immer wieder beschreibt sie ihre Selbstmordversuche als den Weg, an den Ort zurückzugelangen, wo Nana war. Nana, das war die unverheiratete Journalistin Anna Ladd Dingley, ihre Großtante, zu der sie in ihrer Kindheit eine besonders enge Beziehung hatte. Sie bezeichnete sie als ihren Zwilling. Als Nana 1943 ihr Gehör verliert und in der Psychiatrie behandelt wird und später in ein Pflegeheim eingewiesen wird, macht Anne sich heftige Vorwürfe, und seit ihrem ersten Zusammenbruch fürchtet sie, einmal wie Nana in der Irrenanstalt zu enden. Und einsam zu sterben. »Gedichte und nur Gedichte haben mir das Leben gerettet«, sagte Anne Sexton einmal. 1973 läßt sich Anne scheiden, die beiden Töchter haben sich längst von ihr entfernt. Dabei war ihr die stabile häusliche Umgebung so wichtig. Konnte sie ohne ihren Mann, trotz vieler Liebschaften, nicht leben. In Gesellschaft hält sie die Fassade aufrecht, aber allein ist sie völlig vereinsamt. »Ich störe die Lebenden, spiele ein bißchen verrückt, schlüpfe ihnen in den Kopf wie ein Radio oder wie eine grelle Fackel«, sagt Annes viktorianische Namensschwester in »Das Gespenst«. Am 4. Oktober 1974 bringt sich Anne Sexton um. Sie steigt in ihrer Garage in ihr Auto, schaltet das Radio ein, läßt den Motor an.

Sylvia Plath

1932-1963

Das Leben stürmt mit solcher Heftigkeit auf mich ein, daß ich mich manchmal frage, wer ich bin

Natürlich war Constantin viel zu klein, aber auf seine Weise sah er gut aus, mit hellbraunem Haar und dunkelblauen Augen und einem lebendigen, herausfordernden Gesichtsausdruck. Er hätte fast Amerikaner sein können, so braun war er und so gute Zähne hatte er, aber ich erkannte sofort, daß er keiner war. Er hatte etwas, was den amerikanischen Männern, denen ich begegnet bin, fehlte, und zwar Intuition.

Von Anfang an glaubte Constantin mir, daß ich kein Protegé von Mrs. Willard war. Einmal hob ich eine Augenbraue, dann stieß ich ein trockenes, kleines Lachen aus, und sehr bald brieten wir Mrs. Willard am offenen Feuer, und ich dachte: »Diesem Constantin macht es nichts aus, daß ich etwas zu groß bin und nicht genug Sprachen kann und nicht in Europa war, hinter all dem sieht er mich so, wie ich wirklich bin.«

Constantin fuhr mich in seinem alten, grünen Cabriolet mit rissigen, bequemen, braunen Ledersitzen und heruntergeklapptem Verdeck zur UN. Er erzählte mir, seine Bräune käme vom Tennisspielen, und als wir so nebeneinandersaßen und in der offenen Sonne die Straßen entlangflogen, nahm er meine Hand und drückte sie, und ich war glücklicher, als ich je gewesen war, seit ich im Alter von neun Jahren mit meinem Vater in dem Sommer, bevor er starb, die heißen, weißen Strände entlanglief. Und als Constantin und ich in einem dieser lautlosen, ausgepolsterten Säle in der UN saßen, neben einem strengen, muskulösen russischen Mädchen ohne Make-up, die Simultanübersetzerin war wie Constantin, dachte ich, wie merkwürdig, es war mir noch nie vorher aufgefallen, ganz glücklich war ich nur bis zu meinem zehnten Geburtstag gewesen.

Trotz Pfadfinder und Klavierstunden und Wasserfarbenmalen und Tanzstunden und Segelkurs, und bei allen diesen Sachen hielt mich meine Mutter ziemlich kurz, und trotz des College, mit heimlichen Zusammenkünften im Morgengrauen vor dem Frühstück, mit Blaubeerkuchen und den Päckchen neuer Ideen, die jeden Tag explodierten – war ich nie wieder glücklich gewesen. Ich starrte durch das russische Mädchen in dem zweireihigen, grauen Kostüm hindurch. Sie rasselte ein Idiom nach dem anderen in ihrer eigenen, unerlernbaren Sprache herunter – Constantin sagte, das sei das schwierigste daran, weil die Russen nicht die gleichen Idiome wie wir hätten –, und ich wünschte mir von ganzem Herzen, ich könnte in sie hineinkriechen und den Rest meines Lebens damit verbringen, ein Idiom nach dem anderen auszustoßen. Glücklicher würde ich deshalb wohl nicht werden, aber es wäre wieder ein kleiner Stein Nützlichkeit unter den ganzen anderen Steinchen. Dann schienen Constantin und die russische Übersetzerin und die ganze Gesellschaft von schwarzen und weißen und gelben Männern, die sich da unten hinter den beschrifteten Mikrophonen stritten, wegzutreiben. Ich sah ihre Münder lautlos auf- und zugehen, als säßen sie auf dem Deck eines abfahrenden Schiffes und hätten mich in der Mitte eines riesigen Schweigens ausgesetzt.

Ich begann alles das zusammenzuzählen, was ich nicht konnte. Ich fing mit dem Kochen an.

Meine Großmutter und meine Mutter kochten so gut, daß ich ihnen alles überließ. Sie versuchten immer wieder, mir ein Gericht beizubringen, aber ich sah zu und sagte nur: »Ja, ja, ich verstehe«, während mir die Anweisungen wie Wasser durch den Kopf flossen, und dann ruinierte ich immer alles, was ich kochte, so daß mich schließlich niemand mehr aufforderte, es noch einmal zu tun.

Ich erinnere mich an Jody, meine beste und einzige Freundin während des ersten Jahres auf dem College, sie machte mir eines Morgens bei sich zu Hause Rühreier. Sie schmeckten ungewöhnlich, und als ich sie fragte, ob sie irgend etwas Besonderes hineingetan hätte, sagte sie, Käse und Knoblauchsalz. Ich fragte, wer ihr das beigebracht hätte, und sie sagte, niemand, sie hätte sich das einfach ausgedacht. Aber schließlich war sie praktisch veranlagt und wollte im Hauptfach Soziologie studieren.

Kurzschrift konnte ich auch nicht.

Das bedeutete, ich würde nach dem College keine gute Stellung bekommen. Meine Mutter sagte immer wieder, niemand würde mich nur mit Hauptfach Englisch nehmen. Aber eine Englischabsolventin, die Kurzschrift konnte, war schon etwas anderes. Von allen Seiten würde ich Angebote bekommen. Ich würde bei den aufsteigenden jungen Männern gefragt sein und einen aufregenden Brief nach dem anderen diktiert bekommen.

Die Schwierigkeit war nur, ich haßte die Vorstellung, Männern irgendwie zu dienen. Ich wollte meine eigenen aufregenden Briefe diktieren. Außerdem schienen diese kleinen Kurzschriftzeichen in dem Buch, das mir meine Mutter zeigte, genauso schlimm zu sein wie: t gleich Zeit und s gleich die zurückgelegte Strecke.

Meine Liste wurde länger. Ich war eine schrecklich schlechte Tänzerin. Ich konnte den Takt nicht halten. Ich konnte keine Balance halten, und immer wenn wir im Turnunterricht einen schmalen Balken mit ausgestreckten Händen und einem Buch auf dem Kopf entlanggehen mußten, fiel ich herunter. Ich konnte weder reiten noch Ski fahren, die beiden Dinge, die ich am liebsten getan hätte, weil das zuviel Geld kostete. Ich konnte weder Deutsch sprechen noch Hebräisch lesen noch Chinesisch schreiben. Von den meisten der merkwürdigen fernen Länder, die die UN-Männer vor mir vertraten, wußte ich nicht einmal, wo auf der Landkarte sie lagen.

Als ich da im schalldichten Herz des UN-Gebäudes zwischen Constantin, der Tennis spielen konnte und simultan übersetzen, und neben dem russischen Mädchen saß, das so viele Idiome kannte, kam ich mir das erste Mal im Leben schrecklich unzulänglich vor. Das Schlimme war, ich war immer unzulänglich gewesen, ich hatte nur noch nie darüber nachgedacht.

Ich war nur gut im Einsammeln von Stipendien und Preisen, und diese Epoche ging zu Ende.

Ich kam mir vor wie ein Rennpferd in einer Welt ohne Rennbahnen oder wie ein Fußballstar, der sich plötzlich auf der Wallstreet und in einem Geschäftsanzug sieht, die Tage des Ruhms sind zu einem kleinen, goldenen Pokal auf dem Kaminsims zusammengeschrumpft, auf dem Pokal ist ein Datum eingraviert, wie das Datum auf einem Grabstein.

Ich sah mein Leben so verzweigt vor mir wie den grünen Feigenbaum in der Erzählung.

Am Ende jedes Zweiges winkte und blinzelte wunderbare Zukunft, wie eine fette purpurfarbene Feige. Die eine Feige war ein Mann und ein glückliches Heim und Kinder, und die andere Feige war eine berühmte Dichterin, und die nächste Feige war eine brillante Professorin, und eine andere Feige war E. G., die großartige Redakteurin, und eine andere Feige war Europa und Afrika und Südamerika, und eine andere Feige war Constantin und Sokrates und Attila und eine Menge anderer Liebhaber mit komischen Namen und ausgefallenen Berufen, und eine andere Feige war eine Olympiasiegerin, und unter und über diesen Feigen hingen noch viel mehr Feigen, die ich nicht genau erkennen konnte. Ich sah mich in der Gabelung des Feigenbaumes sitzen, ich verhungerte, nur weil ich mich nicht entschließen konnte, welche Feige ich nehmen sollte. Ich wollte jede einzelne, aber eine auszuwählen hätte bedeutet, alle anderen zu verlieren, und während ich dort saß und nicht fähig war, mich zu entscheiden, begannen die Feigen schrumpelig zu werden und schwarz, und eine nach der anderen fiel auf den Boden, mir vor die Füße.

Constantins Restaurant roch nach Kräutern und Gewürzen und saurer Sahne. Während der ganzen Zeit in New York hatte ich so ein Restaurant nie gefunden, ich war nur auf diese ›Himmlische Hamburger Lokale‹ gestoßen, wo riesige Hamburger serviert werden und Tagessuppe und vier Sorten von besonderem Kuchen, an einer sehr sauberen Theke, einem langen, blitzenden Spiegel gegenüber.

Um in das Restaurant zu kommen, mußten wir sieben

schwach beleuchtete Stufen in eine Art Keller hinuntergehen.

Reiseplakate waren auf die rauchgeschwärzten Wände geklebt, so wie Fenster mit Aussicht auf Schweizer Seen und japanische Berge und afrikanische Steppen, und auf Flaschen steckten dicke staubige Kerzen, die seit Jahrhunderten ihr farbiges Wachs Rot über Blau über Grün in einer feinen, dreidimensionalen Spitze geweint zu haben schienen und einen Lichtkreis auf jeden Tisch warfen, wo Gesichter blühend und wie Flammen hingen. Ich weiß nicht mehr, was ich aß, aber nach dem ersten Mundvoll fühlte ich mich sehr viel besser. Es war mir, als ob meine Vision von dem Feigenbaum und den ganzen dicken Feigen, die verschrumpelten und zur Erde fielen, sehr gut aus der gänzlichen Leere eines leeren Magens entstanden sein konnte.

Constantin füllte unsere Gläser immer wieder mit süßem griechischen Wein, der nach Kiefernrinde schmeckte, und ich merkte, wie ich ihm erzählte, ich würde Deutsch lernen und nach Europa fahren und eine Kriegsberichterstatterin werden wie Maggie Higgins.

Als wir dann bei Yoghurt mit Erdbeermarmelade angekommen waren, fühlte ich mich so wohl, daß ich beschloß, mich von Constantin verführen zu lassen.

Ich wußte genau, wie es zu machen war.

In dem Augenblick, als die Autoreifen auf dem Kies der Ausfahrt wegspritzten und das Geräusch des Motors verklungen war, sprang ich aus dem Bett und zog mir schnell die weiße Bluse und den grüngemusterten Rock und meinen schwarzen Regenmantel an. Der Regenmantel fühlte sich noch immer feucht an vom Tag vorher, aber das würde bald nichts mehr machen.

Ich ging hinunter und nahm ein blaßblaues Kuvert vom Eßtisch und kritzelte in großen Buchstaben sorgfältig auf die Rückseite:

»Ich mache einen langen Spaziergang.«

Ich stellte die Nachricht so auf, daß meine Mutter sie sofort sah, wenn sie hereinkam.

Dann lachte ich.

Das Wichtigste hatte ich vergessen.

Ich rannte hinauf und zog einen Stuhl an den Schrank meiner Mutter. Dann kletterte ich hinauf und griff nach der kleinen grünen Kassette im obersten Fach. Das Schloß war so schwach, daß ich den Metalldeckel mit bloßen Händen hätte abreißen können, aber ich wollte die Sache ruhig und ordentlich machen.

Ich zog die obere rechte Schublade der Kommode meiner Mutter auf und holte den blauen Schmuckkasten aus seinem Versteck unter den duftenden Taschentüchern aus irischem Leinen. Ich nahm den kleinen Schlüssel von dem schwarzen Samt. Dann schloß ich die Kassette auf und nahm die neue Flasche mit den Pillen heraus.

Es waren mehr, als ich gehofft hatte.

Es waren mindestens fünfzig.

Wenn ich gewartet hätte, daß meine Mutter sie mir jede Nacht gab, hätte es fünfzig Nächte gedauert, um genug zusammenzuhaben. Und in fünfzig Nächten wäre das College wieder losgegangen, und mein Bruder wäre aus Deutschland zurück gewesen, und es wäre zu spät gewesen. Ich legte den Schlüssel wieder in den Schmuckkasten in das Durcheinander von billigen Ketten und Ringen, stellte den Schmuckkasten wieder in die Schublade unter die Taschentücher, tat die Kassette zurück oben in das Fach und stellte den Stuhl auf den gleichen Platz des Teppichs, von wo ich ihn weggezogen hatte.

Dann ging ich in die Küche hinunter. Ich drehte den Hahn auf und füllte mir ein großes Glas Wasser ein. Dann nahm ich das Glas Wasser und die Flasche mit Pillen und ging in den Keller hinunter.

Bleiches Unterwasserlicht sickerte durch die Schlitze der Kellerfenster. Hinter der Ölheizung war etwa in Schulterhöhe eine dunkle Öffnung in der Wand, die unter die Terrasse führte. Nachdem der Keller schon ausgehoben war, hatte man später die Terrasse am Haus angebaut über dieser geheimen Höhlung mit bloßem Erdboden.

Ein paar alte verfaulte Holzstücke für den Kamin verschlossen die ganze Öffnung. Ich schob sie etwas zurück. Dann stellte ich das Glas Wasser und die Pillenflasche nebeneinander auf die flache Oberfläche eines der Hölzer und zog mich selbst hinauf.

Ich brauchte eine ganze Weile, mich mit dem Körper in die Öffnung zu heben, aber nach vielen Versuchen gelang es mir endlich, und ich kauerte wie ein Kobold im Maul der Dunkelheit.

Die Erde unter meinen bloßen Füßen schien freundlich, aber kalt. Ich überlegte mir, wie lange es gewesen war, seit dieses Stück Erde die Sonne gesehen hatte.

Dann schob ich die schweren, staubbedeckten Holzstücke eines nach dem anderen vor die versteckte Öffnung. Die Dunkelheit fühlte sich dick an wie Samt. Ich griff nach dem Glas und der Flasche und kroch vorsichtig auf den Knien mit gesenktem Kopf zu der hintersten Wand.

Spinnweben berührten mein Gesicht, weich wie Motten. Nachdem ich den schwarzen Mantel wie meinen eigenen süßen Schatten um mich geschlungen hatte, schraubte ich die Flasche auf und nahm eine Pille nach der anderen mit Schlucken von Wasser dazwischen.

Zuerst geschah nichts, aber als ich langsam zum Boden der Flasche kam, begannen mir rote und blaue Lichter vor den Augen aufzublitzen. Die Flasche glitt mir aus den Fingern, und ich legte mich hin.

Die Stille zog fort und deckte die Kiesel und Muscheln und alle die billigen Trümmer meines Lebens auf. Dann sammelte sie sich am Rande der Vision, und in einer heranstürzenden Welle trieb sie mich in Schlaf.

Sylvia Plath

»Heute habe ich einen Regenmantel gekauft ... mit einem leichtsinnigen rosa Futter, das gut zu meinen Augen paßt, weil ich noch niemals je etwas Rosafarbenes hatte, und er war viel zu teuer«, schreibt Sylvia Plath im Frühjahr 1953 in ihr Journal. Sie bereitet sich auf ein großes Ereignis vor: Auf Einladung von *Mademoiselle*, der »Zeitschrift für schicke junge Frauen«, sollte sie nach New York kommen. Sie verläßt also ihre Familie und das Smith College in Boston, das sie seit 1950 mit einem Begabtenstipendium besucht, aber die Redaktionsarbeit scheint die ans Schreiben gewöhnte Sylvia Plath eher zu belasten. Sie zweifelt an ihren Fähigkeiten, und »das Leben stürmt im Moment mit solcher Heftigkeit auf mich ein, daß ich mich manchmal frage, wer ich bin«. Am Ende ihres Aufenthalts ist sie so verwirrt und zornig, daß sie all ihre Kleider aus dem Hotelfenster wirft. Zur Welt der Mode will die Zwanzigjährige nicht gehören. Als sie zu Hause eintrifft, erfährt sie, daß sie zu einem Literaturseminar nicht zugelassen worden ist. Sie gerät in eine Depression, die sie den Sommer über durch Elektroschock behandeln läßt. Am 24. August versucht sie, sich das Leben zu nehmen. Als Sylvia danach wieder ans Smith College zurückkehrt, empfängt man sie als akademischen Star, als die Autorin, die alle Wettbewerbe gewonnen und die, weil sie schwer arbeitete, einen Zusammenbruch erlitten hat. Aber Sylvia notiert in ihrem Tagebuch, sie habe den Selbstmord von Virginia Woolf wiederholt. Die liebt sie, seitdem sie *Mrs. Dalloway* gelesen hat. 1958 notiert die ehrgeizige Plath in ihrem Tagebuch: »Ich werde besser sein als sie«, und sie schreibt auch: »Keine Kinder, bis ich es geschafft habe.«

Als Sylvia Plath Ende der fünfziger Jahre *Die Glasglocke* schrieb, hatte sich ein Großteil ihrer Wünsche, die sie in ihrem Roman Esther Greenwood formulieren ließ, erfüllt. Ihre erste Gedichtsammlung war erschienen, sie publizierte ihre Kurzgeschichten in vielen Zeitschriften, sie hatte einen berühmten Mann, Kinder, ein Haus. Aber im Oktober 1962 trennt sich Ted Hughes von seiner Frau. Sie ist deprimiert, weil sie nicht beides sein kann: eine Frau, wie es die Norm diktiert, und eine Schriftstellerin, wie es ihrer Begabung entspricht. Im Januar 1963 erscheint *Die Glasglocke* in England unter dem Pseudonym Victoria Lucas, einen Monat später bringt sich Sylvia Plath in ihrer Wohnung in London um.

Nachbemerkung

Auf der ›Suche nach Shakespeares Schwester‹, nach all den unbekannt und stumm gebliebenen Dichterinnen vergangener Jahrhunderte, sagte Virginia Woolf 1928: »Wenn jede von uns fünfhundert (Pfund) im Jahr hat und ein Zimmer für sich allein; wenn wir an die Freiheit gewöhnt sind und an den Mut, genau das zu schreiben, was wir denken; wenn wir dem gemeinsamen Wohnzimmer ein bißchen entronnen sind und menschliche Wesen nicht immer nur in Beziehungen zueinander sehen, sondern in Beziehung zur Wirklichkeit; und auch den Himmel und die Bäume oder was immer es sein mag, als das sehen, was sie sind ... wenn wir der Tatsache ins Auge sehen – denn es ist eine Tatsache –, daß es keinen Arm gibt, auf den wir uns stützen könnten, sondern daß wir allein gehen und daß unsere Beziehung eine Beziehung zur Welt der Wirklichkeit und nicht zur Welt der Männer und Frauen sein sollte, dann wird diese Gelegenheit kommen, und die tote Dichterin, die Shakespeares Schwester war, wird den Körper annehmen, den sie so oft abgelegt hat. Sie wird, wie ihr Bruder das vor ihr tat, ihr Leben aus den Leben der Unbekannten ziehen, die ihre Vorfahrinnen waren, und wird so geboren werden.«

Inzwischen ist eine ganze Reihe von ›Shakespeares Schwestern‹ bekannt, ja berühmt geworden. Sie verschwinden nicht mehr in den ›fast unbeleuchteten Korridoren der Geschichte‹. Ingeborg Bachmann, Djuna Barnes, Tania Blixen, Sylvia Plath, Anne Sexton, Marina Zwetajewa, um nur einige der in diesem Band vorgestellten Schriftstellerinnen zu nennen, sind Klassikerinnen der Literatur des 20. Jahrhunderts. Sie haben ihr Geld durchs Schreiben verdient, und vermutlich hatten sie ›ein Zimmer für sich allein‹. Alle hier versammelten Autorinnen verbindet eines: sie sind ausgebrochen, haben zurückgelassen, was sie einschränkte, haben sich couragiert einen eigenen Lebens- und Bewegungsraum gesucht. Nicht alle haben ihn dauerhaft bewohnen können. Denn mit dem Verlassen der Konventionen verloren einige von ihnen nicht nur ihre Fesseln, sondern zugleich jeden Rückhalt: Es gab niemanden, der die Künstlerin in der Frau unterstützt hätte. Denn wo der ausbrechende, alle Regeln sprengende Künstler hoch angesehen ist und aller Unterstützung sicher sein darf, wird die ausbrechende Künstlerin stigmatisiert, weil sie gegen ihre weibliche Rolle verstößt.

Anne Sexton, Liebling der literarischen Szene im Amerika der 60er und 70er Jahre, bekannte, daß ihr das Schreiben das Leben gerettet habe. Dennoch notiert sie in ihr Tagebuch: »Ich fürchte mich vor dem Sterben, und doch glaube ich, es könnte mir ein paar Vorteile bringen.« Sie hat sich schließlich ums Leben gebracht, ebenso wie ihre Schriftstellerfreundin Sylvia Plath, wie Ingeborg Bachmann, wie Marina Zwetajewa – wie Virginia Woolf selbst.

Mit den in diesem Band gesammelten Texten – Ausschnitten aus Romanen, Erzählungen, Briefen, Tagebucheintragungen und Reisebeschreibungen – gewähren einundzwanzig Autorinnen Einblick in ein Leben jenseits der Konvention. Manche von ihnen verunglückten, weil sie es wagten, bis zum Äußersten zu gehen.

Meine Textsammlung trägt vorsätzlich den Charakter eines Musterkoffers: Kleine Anschauungsstücke des jeweiligen Werks werden gezeigt, an denen sich Interesse entzünden kann, Faszination, der Wunsch, mehr, das Ganze des hier en miniature Vorgeführten kennenzulernen.

Meine im Anschluß an die Originaltexte notierten biographischen »Graffiti« können nicht mehr sein als Streiflichter. Sie möchten die portraitierten Frauen aus der Vergangenheit herausheben, möchten einladen, sich mit ihnen und ihrem Leben zu befassen, sich mit ihnen anzufreunden – obwohl und gerade weil Djuna Barnes sagt: »Das Schreckliche ist nicht, daß all diese Dinge geschehen konnten, sondern daß sie alle vorbei sind.«

Susanne Gretter

Autorinnen- und Quellenverzeichnis

George Sand. 1804-1876
Liebe Freundin, Du hast Dich mir anvertraut. Brief an Marie Dorval vom 22. Juni 1833
In: George Sand. Nimm Deinen Mut in beide Hände. Übersetzt und herausgegeben von Annedore Haberl.
© 1990 Deutscher Taschenbuch Verlag, München. Seite 77-80
Seit 1832 war ich mit Madame Dorval befreundet
In: George Sand. Geschichte meines Lebens. Aus ihrem autobiographischen Werk ausgewählt und mit einer Einleitung versehen von Renate Wiggershaus.
© Insel Verlag Frankfurt am Main 1978. Seite 145-152

Charlotte Brontë. 1816-1855
Shirley und Caroline
In: Charlotte Brontë. Shirley. Aus dem Englischen von Johannes Reiher und Horst Wolf. insel taschenbuch 1145.
© Gustav Kiepenheuer Verlag, Leipzig und Weimar 1967. Seite 224-236

Helene von Druskowitz. 1856-1918
Männertafel. Normalsätze für das männliche Geschlecht; Frauentafel. Maximen für Frauen
In: Helene von Druskowitz. Der Mann als logische und sittliche Unmöglichkeit und als Fluch der Welt. Pessimistische Kardinalsätze.
© Kore, Verlag Traute Hensch, 1988. Seite 61-77

Colette. 1873-1954
Ich habe Renée nie traurig gesehen
In: Colette. Diese Freuden. Aus dem Französischen von Maria Dessauer.
© der deutschsprachigen Ausgabe Suhrkamp Verlag Frankfurt am Main 1983. Seite 77-88

Sir Galahad. 1874-1948
Zur Dämonologie des Haushaltes
Aus: März, 1. Dezemberheft 1907

In: Sibylle Mulot-Déri. Sir Galahad. Porträt einer Verschollenen.
 Seite 176-178

Isabelle Eberhardt. 1877-1904
Dank sei dem einzigen Gott gesagt. Isabelle Eberhardt an Ali Abdul Wahab. Brief vom 22. August 1897
In: Isabelle Eberhardt. Briefe an drei Männer. Herausgegeben und mit Kommentaren versehen von Marie-Odile Delacour und Jean-René Huleu unter Mitarbeit von Faiza Abdul Wahab. Mit einem Vorwort von Hans Christoph Buch. Deutsch von Gerhard Döhler.
 Seite 73-83

Virginia Woolf. 1882-1941
In jenem ersten Sommer sagte Vanessa eines Nachmittags zu Adrian und mir
Aus: Old Bloomsbury
In: Virginia Woolf. Augenblicke. Skizzierte Erinnerungen. Aus dem Englischen von Elizabeth Gilbert. Mit einem Essay von Hilde Spiel.
 Seite 228-232

Tania Blixen. 1885-1962
Die Mottos meines Lebens (Übersetzt von Hanns Grössel)
In: Tania Blixen. Mottos meines Lebens. Betrachtungen aus drei Jahrzehnten. Ins Deutsche übertragen von Sigrid Daub, Walter Boehlich, Hanns Grössel und Hans Hjort. Mit einem Vorwort von Sigrid Daub.
 Seite 306-319 (nach Ausgabe Rowohlt Taschenbuch Verlag)

Edith Sitwell. 1887-1964
In Ungnade, weil ein Mädchen
In: Edith Sitwell. Mein exzentrisches Leben. Autobiographie. Aus dem Englischen von Karl A. Klewer. Seite 31-35

Katherine Mansfield. 1888-1923
Der Tod. Tagebucheintrag vom 15. Dezember 1919
In: Katherine Mansfield. Tagebuch. Vollständige Ausgabe. Herausgegeben und übersetzt von Dr. Max A. Schwendimann. © der deutschen Ausgabe 1975
Deutsche Verlags-Anstalt GmbH, Stuttgart. Seite 266-270

Adrienne Monnier. 1892-1955
Raymonde Linossier. Aus dem Französischen von Nicolaus Bornhorn
Deutsche Erstveröffentlichung
In: Les Gazettes.
© Mercure de France 1961. Seite 63-69.
Der Beitrag ist enthalten in dem im Herbst 1994 im Insel Verlag erscheinenden Band: Adrienne Monnier, Jedwedes Ding in seiner Glückseligkeit zu sehen. Schriften 1917-1953. Aus dem Französischen von Nicolaus Bornhorn. Herausgegeben und mit einem Nachwort versehen von Carl Buchner

Djuna Barnes. 1892-1982
Plötzlich sagte Dr. Matthew O'Connor
In: Djuna Barnes. Nachtgewächs. Roman. Deutsch von Wolfgang Hildesheimer.
© 1959 by Verlag Neske Pfullingen. Alle deutschen Rechte vorbehalten durch den Suhrkamp Verlag. Frankfurt am Main. Seite 166-175

Marina Zwetajewa. 1892-1941
Ich schreibe auf meinem Dachboden
Aus: Dachbodennotizen.
In: Marina Zwetajewa. Auf eigenen Wegen. Tagebuchprosa. Moskau 1917-1920. Paris 1934. Übersetzung und Nachwort von Marie-Luise Bott.
© Suhrkamp Verlag Frankfurt am Main 1987. Seite 111-116

Zelda Fitzgerald. 1900-1948
Schumanns hohe Parabeln fielen in den schmalen Backsteinhof
In: Zelda Fitzgerald. Schenk mir den Walzer. Roman. Aus dem Amerikanischen und mit einem Nachwort von Anita Eichholz.
Copyright © 1984 by Rogner & Bernhard GmbH & Co. Verlags KG, München. Seite 155-163

Annemarie Schwarzenbach. 1908-1942
Allein auf den neuen Fährten ... wieviel erträgt ein Herz?
In: Annemarie Schwarzenbach. Das glückliche Tal. Roman. Herausgegeben und mit einem biographischen Nachwort versehen von Charles Linsmayer. Ullstein Taschenbuch. Seite 68-79

Simone Weil. 1909-1943
Brief an eine Schülerin (1934)
In: Simone Weil. Fabriktagebuch und andere Schriften zum Industriesystem. Aus dem Französischen übersetzt und mit einer Einleitung versehen von Heinz Abosch.

Seite 32-37

Unica Zürn. 1916-1970
Warum ist sie nach Frankreich gekommen?
Aus: Der Mann im Jasmin
In: Unica Zürn. Der Mann im Jasmin. Dunkler Frühling. Mit einem Nachwort von Ruth Henry und einem Essay von Jean-François Rabain. Ullstein Taschenbuch. Seite 14-25

Leonora Carrington. Geb. 1917
Es ist jetzt genau drei Jahre her, daß ich in die Klinik von Dr. Moralès eingeliefert wurde
In: Leonora Carrington. Unten. Aus dem Französischen von Edmund Jacoby.
 Seite 9-29

Ingeborg Bachmann. 1926-1973
Was ich in Rom sah und hörte
Zugegeben
In: Ingeborg Bachmann. Werke. Herausgegeben von Christine Koschel, Inge von Weidenbaum, Clemens Münster. Vierter Band. Essays. Reden. Vermischte Schriften. Anhang.

Anne Sexton. 1928-1974
Das Gespenst. Aus dem Amerikanischen von Silvia Morawetz
Deutsche Erstveröffentlichung
In: Anne Sexton. Words for Dr. Y. Uncollected Poems with Three Stories. Edited by Linda Gray Sexton. Houghton Mifflin Company Boston 1978. Seite 81-101

Sylvia Plath. 1932-1963
Natürlich war Constantin viel zu klein
Ich wußte genau, wie es zu machen war
In: Sylvia Plath. Die Glasglocke. Aus dem Amerikanischen von Christian Grote.

Literatur

Amrain, Susanne. Virginia Woolf: »Gleichmut – üben Sie sich in Gleichmut, Mrs. Woolf!«, in: WahnsinnsFrauen (Hg. Sibylle Duda/Luise F. Pusch), Frankfurt 1992

Barney, Natalie Clifford. Colette. Aus dem Französischen von Ulrike Becker. In: Frei und Frau. Sieben eigenwillige Lebensbider, Bensheim und Düsseldorf 1993

Beach, Sylvia. Shakespeare and Company. Ein Buchladen in Paris. Aus dem Amerikanischen von Lilly v. Sauter, Frankfurt 1982

Beicken, Peter. Ingeborg Bachmann, München 1992

Belkina, Marija. Die letzten Tage der Marina Zwetajewa. Aus dem Russischen übertragen von Schamma Schahadat und Dorothea Trottenberg, Frankfurt 1991

Bell, Quentin. Virginia Woolf. Eine Biographie. Aus dem Englischen von Arnold Fernberg, Frankfurt 1980

Blixen, Tania. Briefe aus Afrika. Herausgegeben und eingeleitet von Frans Lasson. Aus dem Dänischen übertragen von Sigrid Daub, Stuttgart 1988

Brontë, Charlotte. Über die Liebe. Herausgegeben von Elsemarie Maletzke. Übertragen von Eva Groepler und Hans J. Schütz, Frankfurt 1988

Bruccoli, Matthew J. Some Sort of Epic Grandeur. The Life of F. Scott Fitzgerald, New York 1991

Colette. Meine Lehrjahre. Deutsch von Uli Aumüller, Reinbek bei Hamburg 1980

Eberhardt, Isabelle. Sandmeere 1. Tagwerk. Im heißen Schatten des Islam; Sandmeere 2. Notizen von unterwegs. Vergessenssucher. Islamische Blätter. Herausgegeben von Christian Bouqueret. Aus dem Französischen übertragen von Grete Osterwalder. Mit einem Vorwort von Hans Christoph Buch, Reinbek 1983

Endres, Ria. Werde, was du bist. Literarische Frauenportraits, Frankfurt 1992

Errera, Eglal. Isabelle Eberhardt. Eine Biographie. Aus dem Französischen von Gio Waeckerlin Induni, Basel 1989

Feinstein, Elaine. Marina Zwetajewa. Eine Biographie. Aus dem Englischen von Hans J. Schütz, Frankfurt 1990

Field, Andrew. Djuna Barnes. Eine Biographie. Aus dem Englischen von Ingrid von Rosenberg, Frankfurt 1992
Fitzgerald, Zelda. The Collected Writings. Edited by Matthew J. Bruccoli, London 1992
Fleischmann, Uta (Hg). Wir werden es schon zuwege bringen, das Leben. Annemarie Schwarzenbach an Erika und Klaus Mann. Briefe 1930-1942, Pfaffenweiler 1993
Gidion, Heidi. Sylvia Plath: »All die alten Anker«, in: WahnsinnsFrauen (Hg. Sibylle Duda/Luise F. Pusch), Frankfurt 1992
Gnüg, Hiltrud und Renate Möhrmann (Hg.). Frauen Literatur Geschichte. Schreibende Frauen vom Mittelalter bis zur Gegenwart, Frankfurt 1989
Gronewold, Hinrike. Helene von Druskowitz: »Die geistige Amazone«, in: WahnsinnsFrauen (Hg. Sibylle Duda/Luise F. Pusch), Frankfurt 1992
Hapkemeyer, Andreas (Hg). Ingeborg Bachmann. Bilder aus ihrem Leben. Mit Texten aus ihrem Werk, München 1983
Kaever, Katharina. Die Nachtwachen der Djuna Barnes, Bremen 1985
Koschel, Christine und Ingeborg von Weidenbaum (Hg.). Ingeborg Bachmann, Wir müssen wahre Sätze finden. Gespräche und Interviews, München 1991
Lottman, Herbert. Colette. Eine Biographie. Aus dem Französischen von Roseli und Saskia Bontjes van Beek, Wien 1991
Maletzke, Elsemarie. Das Leben der Brontës. Eine Biographie, Frankfurt 1989
Mansfield, Katherine. Briefe. Herausgegeben von Vincent O'Sullivan. Aus dem Englischen von Eike Schönfeld, Frankfurt 1992
Middlebrook, Diana Wood. Zwischen Therapie und Tod. Das Leben der Dichterin Anne Sexton. Aus dem Amerikanischen von Barbara von Bechtolsheim und Silvia Morawetz, Zürich 1993
Milford, Nancy. Zelda. Die Biographie des amerikanischen Traumpaares Zelda und F. Scott Fitzgerald. Aus dem Amerikanischen von Gertrud Baruch, München 1987
Miller, Elaine. Mag kommen was kommen will und soll: Die Beziehung zwischen Ellen Nussey und Charlotte Brontë. In: ... und sie liebten sich doch. Lesbische Frauen in der Geschichte 1840-1985, Göttingen 1991
Plath, Sylvia. Die Bibel der Träume. Erzählungen. Prosa aus den Tage-

büchern. Aus dem Amerikanischen von Julia Bechstein und Sabine Techel, Frankfurt 1987

Plath, Sylvia. Briefe nach Hause. 1950-1963. Ausgewählt und herausgegeben von Aurelia Schober Plath. Aus dem Englischen von Iris Wagner, Frankfurt 1992

Scholl, Sabine. Unica Zürn. Fehler Fallen Kunst, Frankfurt 1990

Schwendimann, Max A. (Hg). Katherine Mansfield. Eine Ehe in Briefen. Aus dem Englischen von Max A. Schwendimann, München 1970

Sexton, Anne. The Complete Poems. With a Foreword by Maxine Kumin, Boston 1981

Sexton, Anne. A Self-Portrait in Letters. Edited by Linda Gray Sexton and Lois Ames, Boston 1979

Sexton, Anne. Words for Dr. Y. Uncollected Poems with Three Stories. Edited by Linda Gray Sexton, Boston 1978

Sitwell, Edith. Englische Frauen. Aus dem Englischen von Karl A. Klewer, Frankfurt 1992

Sitwell, Edith. Englische Exzentriker. Eine Galerie höchst merkwürdiger und bemerkenswerter Damen und Herren. Aus dem Englischen, mit einem Vorwort und einer Nachbemerkung von Kyra Stromberg, Berlin 1991

Stevenson, Anne. Sylvia Plath. Eine Biographie. Aus dem Englischen von Manfred Ohl und Hans Sartorius. Übertragung der Gedichte von Friederike Roth, Frankfurt 1989

Stromberg, Kyra, Djuna Barnes. Leben und Werk einer Extravaganten, Berlin 1989

Tomalin, Claire. Katherine Mansfield. Eine Lebensgeschichte. Aus dem Englischen von Eike Schönfeld, Frankfurt 1990

Wagner-Martin, Linda. Sylvia Plath. Eine Biographie. Ins Deutsche übertragen von Sabine Techel, Frankfurt 1990

Weil, Simone. Cahiers. Aufzeichnungen. Erster Band. Herausgegeben und übersetzt von Elisabeth Edl und Wolfgang Matz, München 1993

Wiggershaus, Renate, Virginia Woolf. Leben und Werk in Texten und Bildern, Frankfurt 1987

Woolf, Leonard. Mein Leben mit Virginia. Erinnerungen. Herausgegeben und aus dem Englischen übersetzt von Friederike Groth, Frankfurt 1988

Woolf, Virginia. Tagebücher 1. 1915-1919. Herausgegeben von Klaus Reichert. Deutsch von Maria Bosse-Sporleder, Frankfurt 1990

Woolf, Virginia. Ein Zimmer für sich allein. Aus dem Englischen von Renate Gerhardt, Frankfurt 1981
Zürn, Unica. Das Weisse mit dem roten Punkt. Unveröffentlichte Texte und Zeichnungen, Berlin 1981
Zwetajewa, Marina. Im Feuer geschrieben. Ein Leben in Briefen. Herausgegeben und aus dem Russischen übersetzt von Ilma Rakusa, Frankfurt 1992